岩波現代文庫

増補 エル・チチョンの怒り

メキシコ近代とインディオの村

清水 透
Toru Shimizu

学術 427

岩波書店

まえがき

『エル・チチョンの怒り』の初版が、東京大学出版会の「シリーズ　新しい世界史」(全一二巻)の第一〇巻として刊行されたのは一九八八年だ。それが今、増補版に姿を変えて、岩波書店から改めて世に送り出されることとなった。筆者として嬉しい限りだ。

文献研究からフィールドワークに重点を移しはじめたのは一九七九年。以来これまでのおよそ四〇年、僕はメキシコ最南端チアパス州のマヤ系インディオのチャムーラ村(二〇一〇年の人口約七万七〇〇〇人)を中心に、フィールドワークと聞き取りをくり返してきた。その間、問題関心は一貫して、書かれない人々、書かれるだけの人々の、歴史における主体性をいかにして掬い上げるかにあった。さらにその根底には、チアパスという一地方、チャムーラというインディオの村、そしてそこに生きる一家族＝ロレンソ一家が歩んできたミクロな歴史を辿ることによって、従来描かれきたメキシコ史、さらには「近代」というマクロな時代の姿それ自体を逆照射すること、そこに究極的な問題意識があった。[*] 地方史、村落の歴史、家族史、個人史、こうしたミクロな歴史も、徹底的に拘ってみれば、個的な歴史に終わることはない。従来の歴史の方法からは見えにくい、ミクロを突き抜けるマクロの歴史の実態の、少なくとも一部が見えてくるはずだ。

＊　清水透「コロンブスと近代」歴史学研究会編『世界史とは何か——多元的世界の接触の転機』(講座世界史第一巻)東京大学出版会、一九九五年、および清水透『ラテンアメリカ五〇〇年——歴史のトルソー』岩波現代文庫、二〇一七年を参照されたい。

インディオ社会を本格的に研究対象とする契機となったのは、『エル・チチョンの怒り』の四年前に出版した『コーラを聖なる水に変えた人々——メキシコ・インディオの証言』(インディアス群書2、現代企画室)だ。二部から構成された同書の第一部は、メキシコの文化人類学者リカルド・ポサスが一九四九年に出版した『フアン・ペレス・ホローテ』の翻訳、第二部は筆者の依頼に応えて、第一部の主人公であるフアンの長男ロレンソ・ペレス・ホローテ(ロル)が語ってくれたライフ・ヒストリーである。全体をとおして、インディオの語りをできるかぎり忠実に活字化した二世代記の体裁をとっているが、国家や非インディオ世界という外部世界とのせめぎあいの中で、独自の世界観と宇宙観を自己再編してゆく村意識のあり方に焦点を当てた。

本書の第I部を構成する『エル・チチョンの怒り』は、前著の「せめぎあい」と「自己再編」という基本的視座を引きつぎつつ、「今」の背景にある一九世紀半ばから一九八八年に至るメキシコの近代化過程と、それに対するインディオ社会の対応の在り方に焦点が絞られている。スペインによる征服以来、およそ三〇〇年にわたる植民地支配をつうじて、「文明」側＝都市・国家が築いてきたインディオ社会に対する支配の構造は、基本的に独立によっても変化せず、「近代化」はその構造をむしろ強化し、固定化する過程であった。一方、メキシコ革命(一九一〇―四〇年)以後現代にいたる過程で、インディオ社会内部にも、さまざまな矛盾が露呈しはじめる。『エル・チチョンの怒り』の最終章では、そうした植民地的支配秩序と、そのもとで変質をとげた村の秩序が、ようやく一九七〇年代に入り歴史的転換期を迎え、ともに液状化しはじめた状況を明らかにした。この作品では、文献資史料とともに、ロレンソの語りやその語りに対立する語りを大幅に取り込んでいる。

その後二〇一三年に発表した「砂漠を越えたマヤの民――揺らぐコロニアル・フロンティア」(増谷英樹・富永智津子・清水透『オルタナティヴの歴史学』有志舎)では、ファンからかぞえて四世代目に当たるロレンソの孫ファニートの米国への越境という、きわめて現代的な問題に焦点を当てた。「越境」を決意させた直接・間接的原因、就労地へ着くまでの生々しい現状、厳しい労働現場の問題など、ファニートを中心に、越境者たちの語りと留守家族の語りを軸に構成されている。しかし「越境」という現象は、国家間の単なる人の移動の問題ではない。この作品でも、歴史的支配構造の「揺らぎ」、植民地的秩序の液状化という前著の視座を引きついでいる。

本書では、第Ⅰ部に『エル・チチョンの怒り』をほぼ完全にそのまま再録し、第Ⅱ部では、「砂漠を越えたマヤの民」の構成を一部変更し、一九七〇年代にはじまる激変を象徴する現象として「越境」の問題を扱う。さらに、二〇一九年夏の調査結果にもとづいて、最新の村の状況とロレンソ一家の現状について紹介する。

本書は全体として、近代化に翻弄されながらも、「われわれ」を自己再生しようとする、極貧にあえぐインディオの村と、そこに住む家族の歴史物語である。同時に、『コーラを聖なる水に変えた人々』と合わせてお読みいただければ、四世代にわたるロレンソ一家の物語としても、お楽しみいただけるであろう。いずれにせよ本書は、広く一般読者の皆様に歴史読み物として楽しんでいただきたい、との願いに貫かれている。明治維新前後にはじまるわが国の近代化の過程、その中で、沖縄の人々やアイヌ、そして農村に生きる人々が、どのような歴史をたどってきたか。こうした問題と重ね合わせてお読みいただければ、インディオの歴史も、遠い世界の話ではなく、意外と身近に感じていただけるかもしれない。

歴史研究者の方々にとっても、歴史の方法、歴史叙述の方法の面で、ひとつの刺激剤の役割を果たせれば、と願っている。

凡　例

【第Ⅰ部】

＊ 本文中の引用などの出典については、(　)内に著者名(または文献名)、出版年、引用頁の順に略記した。

＊ 同一著者の同じ年の文献は、出版年の後に①②という数字を付して区別した。文献名などの詳細は、二四九―二六八頁の「第Ⅰ部　資料・文献一覧」を参照されたい。

＊ 本文中の(CT-Chis.…)は、筆者による聞き取り資料の録音テープ番号を意味する。なお、話者に迷惑を及ぼす危険性のある引用については、氏名を伏せた。

＊ スペイン語、ツォツィル語のカタカナ表記は、原音と日本語のアクセント位置が一致していない場合に限り音引を付し(マリーア、カルゴ)、「ン」で終わる単語の場合は、不一致の場合も音引を付していない(カイシュラン)。

＊ ツォツィル語の人名は、ロル(ロレンソ)、ミケル(ミゲル)、シャリック(サルバドール)を除き、すべてスペイン語名を使用した。

＊ 本文中の人口や役職者関連等のデータは、一九八八年段階の記録としての意味を重視し、その後変化している場合も、手を加えていない。また、「現在にいたるまで……」「今日もなお……」といった文言も、一九八八年段階の状況を表現している。

【第Ⅱ部】

＊　引用資料・文献については、引用箇所の末尾に注番号を付し、各章の末尾に書誌情報を示した。

第Ⅰ部・第Ⅱ部を通じて、とくに出典が示されていない写真・図表は筆者が撮影・作成したものである。

目　次

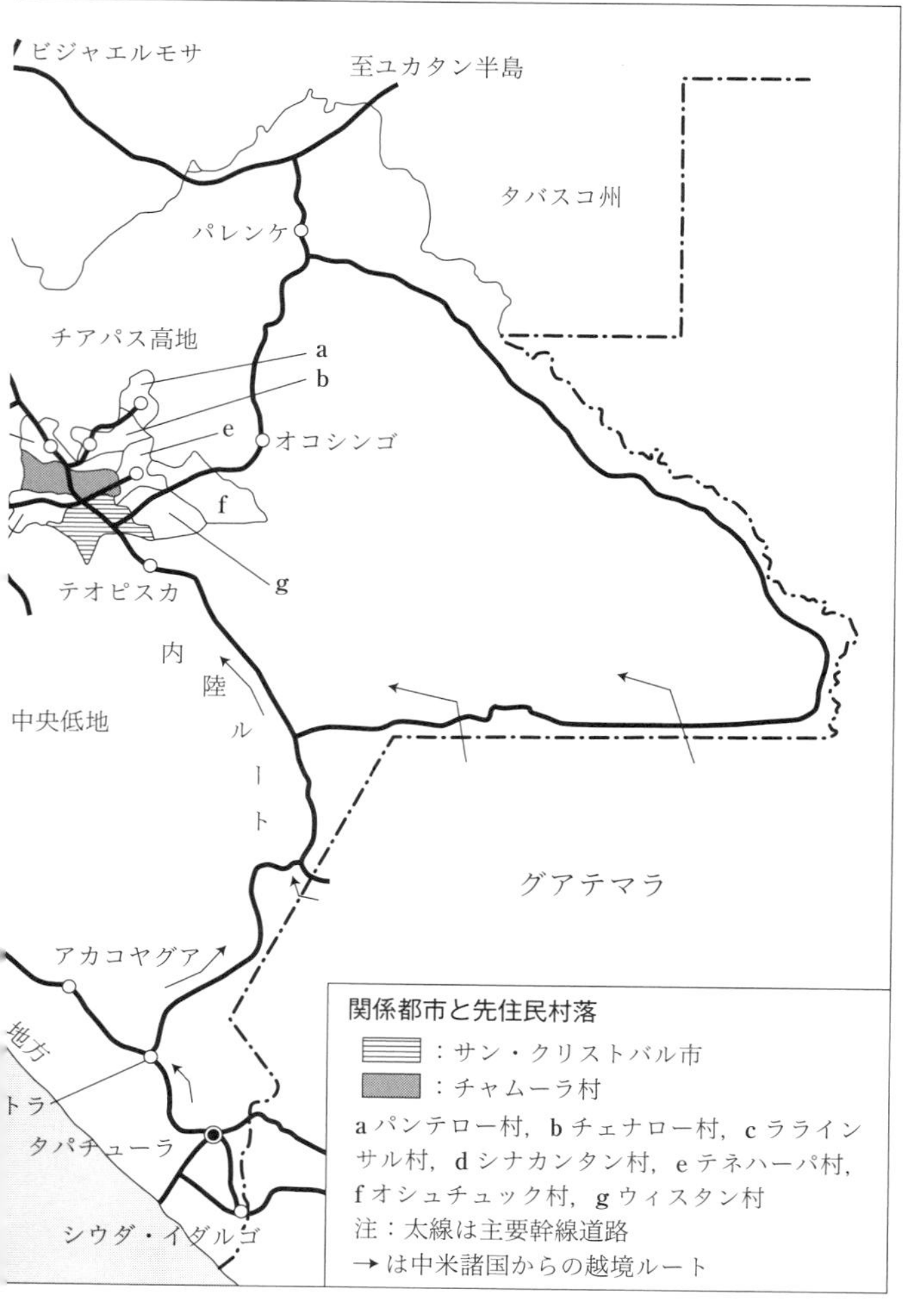

ビジャエルモサ
至ユカタン半島
タバスコ州
パレンケ
チアパス高地
a
b
e
オコシンゴ
f
g
テオピスカ
内陸ルート
中央低地
グアテマラ
アカコヤグア
地方
トラ
タパチューラ
シウダ・イダルゴ
関係都市と先住民村落
：サン・クリストバル市
：チャムーラ村
a パンテロー村，b チェナロー村，c ララインサル村，d シナカンタン村，e テネハーパ村，f オシュチュック村，g ウィスタン村
注：太線は主要幹線道路
→は中米諸国からの越境ルート

チアパス州の位置については次ページの「メキシコ全図」参照。

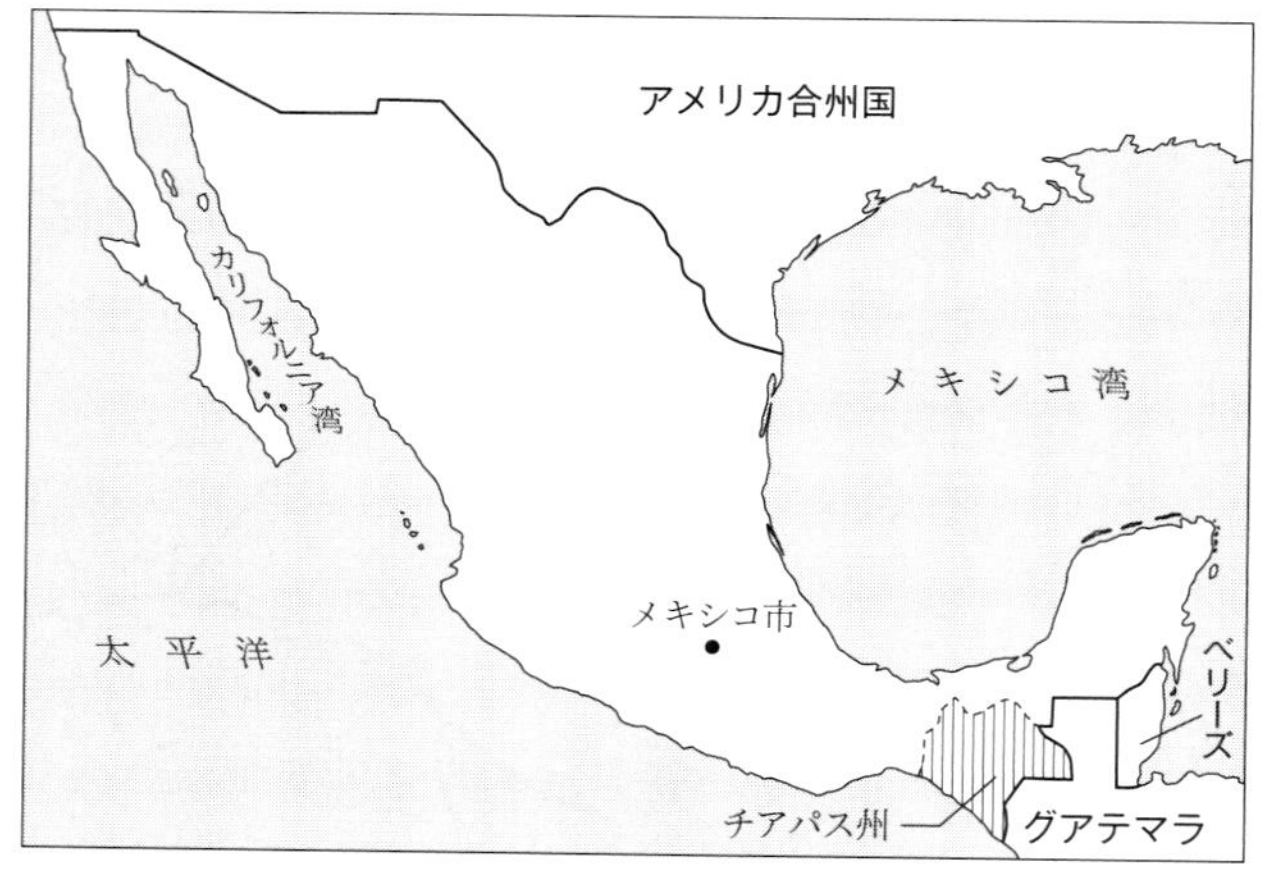

メキシコ全図

第Ⅰ部　エル・チチョンの怒り

プロローグ　熱い雪

サン・クリストバルの朝

その日も、人口五万ほどのメキシコの田舎町サン・クリストバルは、いつもと変わらぬ朝を迎えた。北回帰線のはるか南、緯度はちょうどフィリピン中央部に当たるが、海抜二一〇〇メートルの高原盆地。乾期のおわりが近づいた四月の中頃でも、朝夕はセーターが欲しい。一六世紀の初頭、スペイン人がこの町を建設して以来、毎朝時を告げてきたサント・ドミンゴ教会の鐘の音が、ひんやりとした町の空気をつきぬける。その音に目覚めたかのように、小高い丘に建つサン・クリストバル教会からも、ソカロ(町の中央広場)の大聖堂からも、町のあちこちからいっせいに鐘の音がわきあがり、四方を囲むチアパス高地の山肌にこだまする。耳をすませば、夜露で冷えた石畳の道を、ただ黙々と急ぐインディオの足音が、ヒタヒタ、ヒタヒタと聞こえてくる。

黒い貫頭衣(かんとうい)に七分ズボン、オレンジの麻袋をかついだテネハーパのインディオ、白地のシャツに、極彩色の真四角の胸飾りをあしらったカンクックの男、派手なピンクの貫

図1　サン・クリストバルの朝　町なかの丘に建つサン・クリストバル教会からソカロ(写真中央)を眺む.

頭衣にシュロの帽子をかぶったシナカンタンの男、黒や茶の巻きスカート、白地のブラウスに明るいブルーのショールをはおったチャムーラの女。キャベツ、炭、花、七面鳥、鶏、卵、バナナ、松葉。サン・クリストバルを中心に広がるチアパス高地のさまざまなインディオ集団が、色とりどりの民族衣装を身にまとい、それぞれが、村の特産物を手に朝市めざして集まってくる。そのなかを時折り、出稼ぎ帰りのインディオを満載したトラックや、村々と町を結ぶマイクロバスが、土埃(つちぼこり)を舞いあげて走り抜ける。

植民地時代のはじめから、あたり一帯の行政と経済の中心であったこの町も、一九世紀の末、チアパス州の州都の地位をトゥクストラに奪われてからは、植民地社会の

図2　サン・クリストバルの朝市　買物にきたチャムーラ母娘(中央)とラディーノの女(左)．朝市はチアパス高地のさまざまなインディオ集団とラディーノの日常的な接点である．

面影をとどめる静かな田舎町となりかわった。しかし、チアパス高地に点在する四〇以上のインディオ集団にとって、サン・クリストバルは今も、彼らの日常生活に不可欠なラディーノ(非インディオ系住民＝混血)の町であり、また個々の集団が、自分とは異なったインディオ集団と交流できる数少ない場でもある。

フェルナンドの不安

その朝、市場に近い裏通りに面した、こぢんまりとしたホテルの中庭では、住み込みのボーイ、フェルナンドが、いつものように庭の落葉を掃いていた。彼の目には、トンネルのようなコロニアル風の玄関の構えをとおして、裏通りの一角がくっきりと見える。ちょうど、暗い縁どりのスライドのひとこま、ひとこまの画像のように、そのなかを時折りチャムーラが、あるいはシナカンタンの村人たちが、足ばやに通りすぎる。

今日は朝から雨なのか、それにしてもいやにうす暗い。ふと手をやすめ天をあおいだフェルナンドの目に、はっきりと二つに割れた空が飛びこんできた。水平線のかなたから黒いうねりが押し寄せてくるように、北の方角から朝焼けの青空を削りとりながら、真っ黒い雲が静かに近づいてくる。……雨期にしては早すぎる。一瞬、いやな予感が脳裏をよぎった。

「それから三〇分もたたなかった。裏通りが急に騒がしくなったんだ。チャムーラやシナカンタンの連中が、空を見ながら走っていく。何人も何人も、さっきとは反対の方に向かって逃げていくんだ。雨やあられならザーッと音が聞こえてくるのに、音もなく降(ふ)ってきた。でも雪じゃない、解けないんだ。掃いたばかりの中庭がうっすらと粉で白くなって、丘の上の教会も、すごい霧みたいに、もうぜんぜん見えない。村に居た頃はこんなことはなかった。町に出てきてからも初めてだ。急に、村の母さんのことが心配になった。」

「このホテルに置き去りにされたばかりの頃も、母さんに会いたくてしかたなかった。そうなんだ、親父(おやじ)は俺を売り飛ばしたんだ。だって、札束をもらってくとこ、

図3　フェルナンドが働いていたホテル　今朝も，市場へ向かうチャムーラの母子が通りすぎる．

俺はこの目で見たんだよ。俺が一一のときだ。でも、そのうちに忘れたよ。ここの旦那さんも奥さんも、ちゃんと仕事さえやってれば、いつも優しくしてくれた。気がついたら、スペイン語を話してた。村の言葉は話せなくなってたんだ。……中庭に立ってても通りが見えなくなってくる。一〇分もたたないうちに、夜みたいに暗くなってきた。おかしい、確かに変だ。六年間、忘れかけていた母さんに、ただ会いたくなった。急に、村に戻ろうと心に決めた。」(CT-Chiapas, 830913. 以下 CT-Chis.…と略す)

物乞いにホテルに立ち寄るインディオに、日頃フェルナンドは優しかった。

その優しさは、哀れみの心をもった町の人間が、従順で貧しい村の人間に示す優しさであり、町の人間になりかけていたフェルナンドの、いわば優越した心の表われだったのかもしれない。しかし今、黒雲と降りしきる灰の中で、その彼の胸に突然、村の心が甦ってゆく。

チャムーラの村では……

同じ頃、サン・クリストバルの北に隣接する、山あいのチャムーラの村では、スコールが過ぎ去る直前の夕暮時のように、空一面どす黒い雲が覆い、太陽のまわりだけが、ぽっかりと異様なまでにまぶしかった。わずかに伸びたトウモロコシの畑も、いつもなら羊が群れる草原もすでに雪景色にかわり、男たちが毎朝、薪をとりに入るモンテ(入会地)の樫や松の葉も、すっかり白い粉で覆われていた。

アドベ(日焼きレンガ)の壁に草葺(ぶ)きの家、ブロックの壁に瓦屋根の家、どの家からも村人たちが飛びだしてくる。神に捧げるロウソクを買いに、男が走る。松の小枝とロウソクを手に、小走りで教会へ急ぐなん組もの家族づれ。夫婦のあとを幼な子が、泣きながら追ってゆく。五、六頭の羊を懸命に追いながら部落へと走る娘。おかまいなしにトウモロコシ畑を突っ切ってゆく。いつもなら若芽一本いためても叱りつける村人も、今はそんな余裕はない。草原には、濃さをます灰の霧のなかに、置き去りにされた羊が一

図 4　**チャムーラ村の中心，サン・フアン・チャムーラ**　広場を囲んで東側に教会が，南側(写真右)に小学校と村役場があり，周辺には村役たちの住居が点在する．1950 年代(上)には草葺きだった家も，80 年代後半には瓦屋根が多い(下)．

頭、見るまにかすんで消えてゆく。バサッ、バサッ、と空から小鳥が降り、灰にまみれて地べたでもがく。野兎が戸惑いがちに、そのわきを走り去る。刻一刻と、乳白色の世界は、闇に包まれてゆく。

人口五万人ほどのチャムーラの人々は、サン・クリストバルからおよそ七キロほど離れた谷間の部落、サン・フアン・チャムーラを中心に、宗教と祭り、そして村役制度を維持しつつ独自の社会を営んでいる。チアパス高地の数あるマヤ系のインディオ集団のなかで、最後までスペイン人に抵抗した彼らではあったが、ひとたび征服に屈してからは、一七一二年のインディオの大反乱にも参加せず、従順にキリストの教えに従ってきたかのようにみえる。いま彼らは、自分たちの宗教はカトリックだといい、人間を総称する言葉として、「クリスチャノ」(キリスト教徒)というスペイン語語源の単語を、日常彼らが話すツォツィル語にとり込んでいる。サン・フアンを守護神として崇め、カーニバルをはじめ村の年間の生活サイクルを刻む数多くの祭りも、雨乞いの儀礼[*]をのぞけば、すべてカトリックに由来する。そのチャムーラの教会の管理責任者であるロル(ロレンソ・ペレス・ホローテ)は、その日の様子をつぎのように語ってくれた。

＊　長老たちの合議にもとづいて、もっとも有能な呪医に司式を依頼し、五月三日に三つに分かれた「地区(バリオ)」のそれぞれの「十字架の丘」(calvario)でとりおこなわれる。時期的には、トウモロコシの種まきから一週間ほど後に当たる。

「そう、あの日はちょうど「シュロの主日*」の一日前の土曜日**だ。わしらの村では、毎年その日に教会でシュロを編んで、翌日、神父様に祝福を与えてもらうことになっている。夜が明けると、わしは六時か七時頃に家を出て仲間のとこに立ち寄ったんだ。もう朝飯はすんだかい。そろそろ出かけないか、八時にはみんな集まるはずだ。二人でサン・フアンに向かって歩こうとしたその時だ。空がおかしい。ただの雲じゃない。なあ、噂あったろう。まさか、あの山の怒りじゃ……」

「実は二、三カ月前に、こんな噂があった。ツォンテウィッツ***が怒って灰が降る。それでこの世が終わるって。最初は多分、夢でそのことを知ったイロル(呪医)の誰かが言ったんだろう。みんな、もうすぐだ、もうすぐだといって怖がっていた。だが、いつまでたっても山は怒らない。そのうちに、誰もそんな話はしなくなった。……五分もたたないうちに、目の前の草の葉が真っ白になる。どんどん日暮どきみたいに暗くなる。やっぱりあの噂は本当だったのか……」

「それでもわしらは教会へ向かった。道の途中でひどい降りになって、教会に着く頃はもう灰が目に入って痛い。マヨルドモ(教会に安置されている聖像の世話役)たちはすでに集まっていた。みんな、どうしよう、仕事やるかね。わしは止めにしたほうがいいと思う。噂にあったあの山の怒りが、本当になっちまったようだ。わしらはどうなるか分からん。この世が終わり、みんな死ぬことになるのかもしれん。家に帰って女房にいうんだ。娘や息子、孫たちみんなをこの教会に集めるんだ。どうせなら、みんな一緒のほうがいい。」

＊ Domingo de Ramos. 四旬節最後、聖週間(復活祭直前の週)の日曜日。

＊＊ 一九八二年四月四日。

＊＊＊ 標高およそ二九〇〇メートルのチアパス高地の最高峰でチャムーラの聖山。

一六世紀の植民地様式を思わせる、素朴な石造りの教会。床には悪霊をはらう松葉が敷きつめられ、薄暗い壁に並ぶなん体ものカトリックの聖像に、集まってきた村人たちが何十本ものロウソクを捧げ、松脂香(まつやにこう)の煙がもうもうと漂う。多くの女たちが世の終わりに怯(おび)え、泣きくずれ、男たちとともにすがるように神に祈る。すすり泣きと祈りの言葉が共鳴し、漂う煙に溶けてゆく。片隅では、村長を中心に、黒い貫頭衣に赤い房飾りのシュロの帽子をかぶった村役たちも集まっている。しかし、いっこうに相談がまとまる様子もない。

突然、政府が建てた小学校で働く、チャムーラの若い教師が口を開いた。

「山の怒りだ、神の怒りだなんて、馬鹿なこと考えるんじゃない。どこか遠くの火山が噴火しただけの話だ。」

その言葉は、すくなくともロレンソの耳には、村人を見くだす、吐きすてるような響きがあった。集まった村人も、ラディーノの服を着た彼の言葉に、誰ひとり耳をかそうとはしない。しかしもう一人、古びてうす茶に染まった貫頭衣に身をつつんだシュンという名の老人が話しだすと、状況はがらりと一変した。

「村の衆、聴くんだ。いいか、わしにとってはこれが二度目だ、灰が空から降ってきたのは。最初は、まだわしが餓鬼だった頃だ。今また灰が降ってきたが、これで死ぬことはない、この世が終わることはないのだ。ただ、大切な羊が草を喰えなくなっちまう。野菜もこのままじゃ、みんなだめになっちまう。すぐ家に戻ることだ。井戸にはふたをしたほうがいい。今のうちに羊の餌を家に運びこむ。野菜をつくっているんなら、それも今のうちに運びこむんだ。問題は雨だ。トウモロコシのためにも羊のためにも、雨が降ってくれなけりゃ、みんなだめになる。灰がおさまったら、できるだけ早く、みんなで雨乞いをやることだ。」

図5　チャムーラの老人

「わしらはみんな、それぞれ部落の家に向かおうと教会を出たが、昼前だというのにあたりは夜だ。ただ暗いだけじゃない。四、五メートル先も見えない。道を探しながらようやく家にたどりつくと、女どもはまた泣きだす。泣くんじゃない。死ぬことはなさそうじゃないか。ほら聴いてごらん、ラジオもいっている、死ぬことはありません、落ち着いて下さい、恐がることはありませんて。」(CT-Chis. 850913)

毎日チアパス州政府が、五つのインディオの言語で放送している「ラジオ・チアパス」は、その日一日中、サン・クリストバルのスタジオからチアパス高地の村々に向けて、村に戻れなくなったインディオの名を一人一人読みあげ、彼らがみな元気だと伝えた。また、灰は火山エル・チチョン(別名チチョナル)の噴火によるものであること、その火山は、サン・クリストバルの北西およそ八〇キロと遠く心配することはない、と繰り返し呼びかけた。その翌日も火山灰は降りつづけた。しかし、年寄りの話とツォツィル語の放送に支えられて、チャムーラの多くの村人たちの心は、徐々に静まっていった。

この間も、すべてのチャムーラが教会へ出かけ、あるいは家の祭壇にひざまずき神に祈りつづけたわけではない。サン・フアンから三キロほどの部落、ペテフに住むシャリックもその一人であった。その日は珍しく、彼は部落の家にいた。ここ一〇年以上、アメリカやフランスからやってくる文化人類学者のインフォーマント(情報・資料を提供してくれる調査協力者)、あるいは通訳として働いてきた彼は、ほぼ完全にスペイン語とツォツィル語の二言語をあやつり、スペイン語でタイプライターも打てれば、ある程度の音声表記の知識すらある。この仕事のおかげで、コーヒー・プランテーションへ出稼ぎに行くこともなくなり、瓦屋根にコンクリート・ブロックの家に住めるようにもなった。しかし、しだいに自分の家よりも、サン・クリストバルの外国人の家に寝泊まりすることが多くなり、仕事のない時はほかの学者を訪ねあるき、それでも仕事がなければ酒を飲む。

その朝彼は簡単な食事をすませ、外へ出て気がついた。あたりは暗く風はない。細かい雪のような粉が降り、あたり一面なにも見えない。

「どうなっちゃうんだ、わしらは。……死ぬんだよ、あんた、この世が終わるんだよ。女房はそう言って家に飛びこむと、祭壇に額をすりつけるようにして泣きながら祈った。屋根は瓦だが、灰がどんどん家のなかまで入ってくる。隠れようがない。わしは、本当にこれでおしまいだと思った。もう祈ってもしょうがない。仕方ねえよ、ついに来たんだ、死ぬ時が。どうせ死ぬんなら、と思ってわしは仲間のとこに酒を飲みに出かけたんだよ。いま思えば馬鹿な話だが……」(CT-Chis. 850904 ①)

シャリックはそれから二日間、この世の終末に怯える妻と老婆、そして一人息子を家に置いたまま、ただ飲みつづけたという。

追い返されたフェルナンド

フェルナンドはいたたまれず、買ったばかりのジャンパー一枚ひっかけて、ホテルを飛びだした。御主人がなにか言ったのも、もう耳に入らない。バスの溜まり場まで行ってみる。ついさっきまでインディオたちで賑わっていた市場は、すでにガランとした広場と化し、灰をかぶったマイクロバスが二、三台見えるだけだ。シモホベルの村までおよそ一四〇キロ、彼にとっては三日強の距離。フェルナンドは今きた道を逆に、インディオたちが逃げ去った、同じ石畳の道を歩き始める。街角にたむろするラディーノたちが声をかけても、心はひたすら、すでに村にあった。

「町を抜ける頃、車はノロノロ、みんなライトをつけて走ってた。すぐに山道に入る。松や樫の樹が繁ったとこはまだ道だとわかる。そのうちに、足が踝まで沈みこむ。そうなんだ、灰がすごいんだ。どんどん暗くなってきて、すごい霧の夜みたいに、二メートル先も見えない。道を探しながら山道をのぼる。ときどき、ドサッと樹から灰が落ちてくる。誰にもすれちがわない。だんだん怖くなってきた。」

「昼過ぎ頃だったかもしれない。ぼんやりと赤い光が見えた。助かったと思った。車のうしろのライトだったんだ。動けなくなったとこだった。でも、運転してたのは同じ村の出のやつで、急にまた元気が出た。仲間ができたんだ。二人で村まで歩くことにしたが、でも、そのあとが大変だった。本当に一歩一歩なんだ。急坂になるとずるずる滑る。下りになっても同じことだ。腹はすくし、喉はからから、鼻から口から灰だらけで、口のなかがジャリジャリする。でも、ただ歩いたよ。」

何日かかったか、フェルナンドにもわからない。少なくとも四日間は歩きつづけたはずだ。懐かしい村。村の入口で仲間と別れたときも、灰はまだ降りつづいていた。人の姿はなく、死んだような村に犬の吠え声だけが聞こえる。一軒一軒、這いずるようにして家をたしかめる。ようやく、目のまえに現われた家。六年前、父親の手にひかれて、なにも知らぬまま出た家。

「この家だ、と思ったとたんに力が抜けて、気が遠くなりそうになった。入口の木戸をたたいて、母さん、母さんって言ったんだ。でも出てきたのは親父だった。父さん、俺だよ、フェルナンドだよ、みんな大丈夫かい。」

しかし、どうしたことか、父親の反応は冷たかった。

「ひでえじゃないか、親父は戸口に立ちふさがって、俺を怒鳴りつけるんだ。なんで帰ってきやがったんだ、ラディーノのかっこうなんかしやがって。だから山が怒るんだ。だから神が怒るんだ。喋れないんか、村の言葉が。帰れ、帰るんだ。……親父の言葉はわかっても、スペイン語しか出てこない。親父は銃を持ち出してきた。すぐあとを、おふくろが追うようにして飛び出してきた。なんで入れてくれないんだ、って言ってみたけど、どうしようもなかった。あとは、よく覚えてない。ただ逃げたんだ。おふくろがなにか叫んでた。でも、殺られると思って必死に逃げた。……村を出たのは俺じゃない。親父が俺を町につれてって、ホテルに置いてったん

だよ。おふくろには、もう会えない。……」(CT-Chis. 830913)

フェルナンドは、酒を飲むたびにこの話を繰り返し、幼な子のように袖で涙をぬぐった。父親のこの仕打ちは、今でもフェルナンドには理解できない。妻に内緒で売り飛ばした息子。その息子の突然の帰宅に、ただ慌てたためなのか。それとも、町の人間、すなわちラディーノになってしまった人間に対する、村の人間の頑(かたく)なな心の表われなのか。いずれにせよそれが、村と町、インディオとラディーノの狭間(はざま)にあった一人の人間への、村からの宣告であったことに変わりはない。

内なる荒野

一九八二年三月、突然、タバスコ州に近いチアパス州北部の無名の小山が隆起をはじめ、水蒸気爆発をともないつつ猛烈な噴煙をまきあげた。六月に噴火がおさまるまでに、山の高さは一三〇〇メートルを超え、降灰と火山泥流は、付近のソケの村をいくつか壊滅させ、家畜は絶滅し、死者二〇〇〇、被災者は九五万人に達した(Hurtado Martinez, 1982参照)。降灰はチアパス高地のみならず、メキシコの広範な地域におよんだが、とくにメキシコでもインディオ集団の多いチアパス州では、人々の間にこの世の終末の到来への恐怖のみならず、さまざまな反応を引き起こした。町と村の狭間で揺れ動く一人の青年。同じ村のなかでも、終末にただ怯える村人の群れと、彼らを見くだす村の教師。

図 6　噴煙をあげるエル・チチョン(写真提供：Vicente Kramsky Coello)

その両者を静かにたしなめる一人の老人。そしてもう一人、「文明」と接しながらもラディーノにはなりきれず、同時に、村の人間としての根をも失いつつある村人……。いずれにせよ、エル・チチョンの爆発が引き起こした人々の反応のなかに、チアパス一帯に生活する人々の、きわめて複雑に重層化された意識の構造の一端を見てとることができる。そして、スペイン人による征服に始まった支配的社会＝町と「村」との間のせめぎあいの歴史が、今もなお厳然と脈を打ちつづけていることに気づくのである。

スペイン人による「発見」と征服を契機として、ラテンアメリカ社会は生まれた。そこに以前から住みついていたインディオと、征服者として侵入してきたスペイン人。その両者にアフリカから連れてこられた黒人も加わって、アメリカ大陸にはさまざまな混血が産みおとされた。今メキシコは、一般に混血＝メスティソの国と呼ばれている。しかしメキシコ＝メスティソという図式化は、現在メキシコの支配的文化を担う人々が、欧米、アフリカ、インディオのいずれからも自己を区別する際に主張する、支配的社会のひとつのイデオロギーにすぎない。こうした図式のもとでは、重層化された意識の構造が覆い隠され、現存する多様な価値が否定されるばかりでなく、支配的社会のもとで生き抜いてきたさまざまな集団の、過去と現在における歴史へのかかわりも、見失われることとなる。

確かに、メキシコに限らずラテンアメリカのどの地域にも、おそらく血のうえで純粋なインディオを見いだすことはできない。しかし「混血の国」メキシコにおいても、公用語のスペイン語集団のほかに、相互に意志疎通が不可能な言語集団は五六にもおよび、俗に○○族と呼ばれるエスニック集団の数はその数倍に達する。いずれも外部世界・支配的社会との政治的・経済的関係に組み込まれながらも、これらエスニック集団の実態はきわめて多様である。排他的生活領域を維持し、独自の宗教観と社会組織、そして族内婚などを軸とするきわめて求心性の強い集団が多数存在する一方、共同性の大半をすでに失い言語のみを維持しているかにみえる集団もある。いずれにせよ、エスニック集団に属する人口は、征服以後五〇〇年近くもの時をへた今日においても、メキシコの総人口の五分の一とも四分の一ともいわれる規模を維持している。

「熱い雪」に対する反応が、同じチャムーラ社会のなかでも多様であったように、征服以後インディオ社会に押し寄せた外部世界のさまざまな圧力に対しても、個々のエスニック集団により、また同じ集団内部においても、多様な対応が見られたはずである。しかし、彼らの反応がひとつの大きな蠢(うごめ)きとして表面化し外部世界と対峙するのは、「発見」に続く征服の時代を除けば、一九世紀後半から始まる近代化の時代が初めてであった。

メキシコでは、一八二一年の独立につづく政治的混乱と財政破綻は外国勢力の侵略を招き、一八四八年には、米墨戦争の敗北により領土は半減した。アメリカ合州国は必ずや強大化しメキシコを脅かす。テキサスの領土を譲渡してくれれば、われわれは緩衝国としてアメリカの侵略からメキシコを守ることができる。ユートピア社会主義のコロニーのゆき詰まりに直面したロバート・オーエンは、独立直後のメキシコに対し、在英大使をつうじてテキサスの割譲を依頼しているが、そのオーエンの予測は、わずか二五年にして的中してしまったのである。内部分裂を回避して領土を防衛すること、そのためには近代市民社会の理念を基礎に、強力な近代国家の建設を早急に実現する必要がある。こうして一八五四年を境として(この年、連邦派によるアユトラ革命が始まる)メキシコはレフォルマ(改革)の時代に突入し、五七年には自由主義的な憲法が発布され、ようやく近代国家の建設へ向けて、第一歩が踏み出された。しかし、その前に立ちはだかったのは、旧体制の主軸であった保守派やカトリック教会だけではなかった。

アメリカ大陸はスペイン人によって発見され、征服され、インディオ文明は滅ぼされていたはずであった。しかし、一九世紀の半ばにおいてもなお、アルゼンチンのパンパ、ブラジルのアマゾン密林地帯、そしてチリ南部には、未征服地域との接点＝フロンティアが存在していたのである。メキシコの場合皮肉にも、フロンティアは米墨戦争による「領土」の喪失によって消滅したのが実態といえるが、* 近代国家の建設へ向けて一歩踏み出した時、その前に立ち現われたのは、既に征服され滅ぼされていたはずの内なるフロンティア、内なる荒野であった。すなわち、「文明」社会みずからが三〇〇年以上にわたりその下に固定化してきた「野蛮」の蠢きであり、滅ぼされていたはずのインディオと呼ばれる民衆の、「村」の論理であった。

＊　一八四八年の和平協定第一一条のなかで、メキシコは領土割譲の条件として、アパッチ、コマンチェの南進を阻止するための国境警備をアメリカ側に義務づけている(De la Torre et al., 1974: 234)。

第1章　語る偶像

1　クスカットの反乱と植民地的秩序の危機

追いつめられた「文明」

「祖国をともにし祖国を愛する者たちに告ぐ。我らが州で、カスタ(人種を基礎とした身分)相互の戦いにつきものの、ありとあらゆるおぞましさをもって、カスタ戦争が始まっている。既にこの町(サン・クリストバル)の周辺で、政府軍と土人の群れとの間に二度にわたる激烈な戦闘が交わされたが、我方は敵方に甚大な損失を与え撃退した。しかし残念ながら我方にも、多くの貴重な生命が失われたことを認めざるを得ない。土人たちの村々の行政区内にあるアシエンダ(大農園)は今や壊滅状態にあり、農園主とその妻、そして幼気(いたいけ)な子どもたちまでもが狂気と野蛮の犠牲となり、あるいは連れ去られる事態も起きている。野蛮なる者たちの怒りのなかに、哀れみの心も思慮も期待することはできない。何故なら、彼らの仕掛けた戦争の目的は、特定の信念や党派の勝利ではなく、ひとつの人種(非インディオ系住民)を全て、決定的に根絶することにあるからである。彼らの戦争は、特定の一部住民に対するものではなく、我らが全州に対する挑戦である。しかも土人たちは、数のうえで我々の三倍の勢力を誇っている。今まさに必要なことは、我々の武器、我々の資財、そして我々の知性、勇気、規律をもってこの事態に立ち向かうことである。たとえみずから戦闘そのものに参加できなくとも、全て、なにがしかの資財をもって参加することはできる。弾薬、火薬、武器、資金、軍需物資、食糧、その他手元にあるいかなる物でも歓迎する。それらは全て、この戦いを支えることができる。

市民的秩序をともにする州民に訴える。団結と兄弟の愛を。これをもってすれば、野蛮は必ずや文明の前に敗退する。文明とは、全ての力のなかで最も強力な力なのだ。……それゆえにこそ訴える。……野蛮なる本性の息の根を止めるため、一人の男性として立ち上がるよう。さもなくば家庭の平和は、怒り猛(たけ)る野蛮なる本性によって覆されることとなる。いつ何時も、みずからの傍らには最良の同胞と友がいる。そのことを堅く信じ、立ち上がるよう訴える。一八六九年六月二二日、チアパス州知事ホセ・パンタレオン・ドミンゲス」(Reina, 1980: 53-54)

その前日、婦女子も含む全人口一万人たらずのサン・クリストバルの町は、山刀と斧で武装したチャムーラを中心とする五〇〇〇人のインディオの群れに包囲されていた。

図7　大聖堂のあるサン・クリストバルの町の中心，ソカロ　州知事は政庁(手前)から「文明」の防衛と「野蛮」の撲滅を町の人々に訴えた．

当時チアパス州の総人口はおよそ一九万人、そのうち一三万人がインディオで、その圧倒的多数はツエルタル語、ツォツィル語系のインディオであった。しかも、人口およそ一万四〇〇〇を誇るチャムーラは、サン・クリストバルの町のすぐ北に隣接するインディオ村落で、行政的にも同じサン・クリストバル行政区(デパルタメント)に属していた(*Brújula*, 1869; Molina, 1934: 360)。チャムーラの反乱は、すでにツォツィル語系の他の集団にも飛び火し、さらにツェルタル語系の地域にも波及しつつあった。圧倒的な「野蛮」と追いつめられた「文明」、喰うか喰われるかのその両者の対決は、一七一二年のツェルタル系インディオの大反乱以来、サン・クリストバルの町を支配してきた一五七年にわたる「平和」の終焉であり、「文明」の最大の危機の到来を意味した。

見棄てられた「大地のへそ」

サン・ファン・チャムーラから直線距離にして北におよそ八キロ、未舗装の山道をチエナロー村の方向へ二〇キロほど行くと、緑の山あいにぽっかりと赤銅色の山肌が浮かびあがる。集落の面影はなにひとつ見当たらないそのあたり一帯を、今も村人はツァハルヘメルと呼ぶが、当時はそこにもチャムーラの部落があった。一八六七年一二月二二日の白昼、羊番をしていたその部落の娘アグスティーナの足元に、空から黒い石が三つ降ってきたという。娘はその石を家に持ち帰り祭壇に祭ると、隣近所の人々のあいだに、神のお告げだという噂が一気に広まり、間もなくその噂は、チャムーラの村役ペドロ・ディアス・クスカットの耳にも届いた。

年が明けて一月一〇日、クスカットはその石を娘から預かり、家に持ち帰って木箱に収めるが、その夜彼は、コツコツ、コツコツと音を立てる箱にはっと目を覚ます。石が語りかけている……。クスカットにとってもそれは、やはり神が差しむけた使いであった。「ツァハルヘメルの語る石」、その噂はチャムーラのみならず、ミトンティック、チエナロー、ラライサル、テネハーパの村々にも急速に伝わり、ツァハルヘメルは次第に、神の住まう所＝「大地のへそ」であったサン・フアン・チャムーラに代わり、あたり一帯の巡礼の地と化してゆく(Pineda, 1888: 72; Molina, 1934: 365-366)。

チャムーラ教区の司祭ミゲル・マルティネスにとって、それは他ならぬ邪教の復活であった。二月の中頃に司祭みずからツァハルヘメルを訪れ、「語る石」を引き渡すよう説得すると、村人たちは抵抗もせず石を司祭に手渡した。しかしクスカットは、今度は土偶を作りインディオの着物をきせてリボンで飾る。

「恵みをお与え下さるために、偶像が天から降りてこられた。お供えをもって集まるように。」

近隣の村々に伝令が走る。箱のなかの偶像が神のお告げを語ると、アグスティーナはその声を集まった村人たちに伝える。司祭はその偶像も取り上げるが、クスカットはそれにも懲りず、さらに二、三体の土偶を作る。

「あの偶像はアグスティーナがある晩身籠もったものだそうだ。つまりアグスティーナは〈神の母〉なんだ。」

司祭の心配をよそに、村人の信仰はますます高まっていった(Pineda, 1888: 78)。

チャムーラを中心とする不穏な動きは、インディオ村落の土地を蚕食しながら所領を拡大しつつあったサン・クリストバルの支配層にとっても、もはや放置できる段階ではなかった。町の行政官は軍を派遣してクスカットを捕らえ、州政府当局に身柄を引き渡す。しかし、行政官の意図とは裏腹に、州政府は即刻彼を釈放してしまったのである。すでにメキシコはレフォルマ(改革)の時代にあり、チアパス州も一八六一年以来改革派の知事が就任していたが、あい変わらず保守色の強いサン・クリストバルの町を避け、州政府の拠点はチアパ・デ・コルソに置かれていた。州政府は、信教の自由を保障した五七年憲法をたてにクスカットを釈放したが、その背景には、征服以来チアパス全域を支配してきたサン・クリストバルの町の保守派と、新興の町々の改革派との対立が孕(はら)まれていたといえる。

「チアパのお役人様たちは、われわれのやりたいことをやる自由、信じるものを信じる自由を保障して下された。」(Pineda, 1888: 75)

近代市民社会の根本原理のひとつ「信教の自由」も、村人からすれば、遠い昔からの当然の原理であった。彼らにとって、ラディーノ社会の内部対立は問題ではない。信じるものを信じる自由、それを保障してくれるのが彼らにとっての権威であり、もはやサン・クリストバルのラディーノにも、白人の司祭にも従う理由はなかった。

その年の四旬節の祭りには、サン・フアン・チャムーラの広場も教会も人はまばらで、市はすでに市もすたれた。それに引きかえツァハルへメルはますます多くの村人を集め、市は連日賑わいをみせはじめる。そしてついに八月三〇日のサンタ・ロサの祭りがやってきた。チャムーラの祭りは必ず、「大地のへそ」であるサン・ファン・チャムーラでおこなわれるのが常であった。ツァハルへメルで初めておこなわれたその祭りで、クスカットはみずから、「神の母」に従う女たちに洗礼を施したのである。すでに彼は、れっきとした司祭であった。それだけではない。チャムーラのみならず「語る偶像」を信じる村々の従来の村役にかえて、彼は読み書きのできる者のなかから、各村の代表を任命したのである。これを境にツァハルへメルは、チャムーラを中心とする広範な地域の社会的、宗教的そして経済的な中心となりかわり、各村の教会や市は人々から見放され、ラディーノの支配者が決めた行政区も完全に無視された。一〇月に入りチアパス州は豪雨にみまわれ、「語る偶像」への信仰はさらに多くのインディオ村落へと広まってゆく。征服時代にカトリック教会が村々にあてがった個々の守護聖人は見放され、チャムーラの守護聖人サン・ファンも「大地のへそ」も、ともに征服以来初めて、村人に見棄てられたのである(Molina, 1934: 367–368; Pineda, 1888: 73)。

救世主ガリンド

一二月二日、ついに行政官は再び軍隊を派遣、礼拝堂を破壊しアグスティーナとクスカットを捕らえた。しかし、「語る偶像」はすでに、しっかりと村人の心をとらえていた。そして翌六九年の復活祭の金曜日、ツァハルへメルの十字架は、聖なる血で染まることとなる。指導者を奪われた村人たちは、「神の母」アグスティーナの弟(一〇または一一歳)を十字架にかけ、救世主の出現を待ったのである(Pineda, 1888: 76–77)。

はからずも、数カ月とたたぬうちに救世主は現われた。村人たちが待ち望んだその救世主は、五月中頃に妻と弟子一人を伴って村に到着し、集まった村人に語りかける。

「私はこの州の市民(ベシーノ)(特権を与えられた町の住人)ではない。そなたたちに手を貸すため、ただそれのみのため、長く苦しい旅を続けてきた。ユカタンの地では、われわれの仲間は……ラディーノに勝利し自由の身となった。*今では誰も命ずる者はなく、いかなる租税の支払いも求める者はいない。メキシコ国北部のアパッチも戦いに立ち上がり、かなりの成功を収めている。州内の土地、そして州の外にある土地も全てそなたたちのものだ。私の命ずる全てに従ってくれるなら、そなたたちがこの世の全ての主となれるよう、私はここにとどまることにする。そうすることが、サントたち(神々)の御意志に報いることでもある。」(Pineda, 1888: 78)

＊　一八四七年から一九〇四年まで続いたユカタン・マヤの大反乱。「カスタ戦争」の名で知られるこの反乱は、一時ユカタンの州都メリダを陥落の危機に陥れた。

夫を奪われ一人家を守っていたクスカットの妻も口を開いた。

「今ご到着のこの方は、天から降りてこられた。この方は、私の夫をお救い下さるお気持ちだ。この方のご命令とあれば、なんなりと従わねばならない。なんとなればこの方こそ、我らが父サン・マテーオ様、このご夫人こそ、我らが母サンタ・マリーア様、そしてお連れの方は、我らが父サン・バルトロメ様なのだから。」(Molina. 1934: 370-371)

救世主はチャムーラではなかった。またチャムーラ以外の村のインディオでもなかった。メキシコ市に生まれ、当時サン・クリストバルに住むラディーノの教師イグナシオ・ガリンドだったのである。ラディーノの彼がなぜインディオに身を投じたのか。彼がフーリエ主義の無政府主義者であったという説もあるが(García de León, ――: 15)、その真偽についても彼の素性についても、確実な史料は見つかっていない。かつて、ドミ

図8　サン・クリストバルの町に立つラス・カサス像

ニコ修道会士であったバルトロメ・デ・ラス・カサス神父が、チアパスの司教としてサン・クリストバルの町に着任したのは、この地域一帯の征服が完了して二〇年たらずの一五四五年である。インディオを酷使する植民地各地の現状を目のあたりにしていた彼は、スペインによるアメリカ大陸の支配そのものの正当性に疑問を抱き、スペインへ帰国の後もインディオ保護のために筆を揮(ふる)った(ラス・カサス、一九八七参照)。今、サン・クリストバルの町は彼の名をとって、正式名をサン・クリストバル・デ・ラス・カサスという。その彼が、植民地帝国スペインの国賊、カトリック教会の裏切り者として聖俗の双方から非難されたように、ラディーノ社会にとりガリンドは、「野蛮」の扇動者、「文明」の敵対者に他ならなかった。しかも彼は、ラス・カサス神父にもまして戦闘的であった。神父が法をめぐってペンと弁舌で闘いを繰り広げたとするなら、ガリンドは武力をもって直接「文明」に挑戦したのである。

ガリンドはさっそく村人をいくつかの隊に分け、その内の一人を総指揮官に任命し、チャムーラの聖山ツォンテウィッツを拠点に軍事訓練を開始する。サン・クリストバルの町には一気に不安が高まるが、チアパ・デ・コルソ在住の州知事は事態の深刻さに目をつぶり、なおも援軍の派遣を拒否する。その間ついに、事態はラディーノに対する殺戮(さつりく)へと発展したのである(Molina, 1934: 371–372; Pineda, 1888: 79)。

救世主ガリンドの出現からおよそ一カ月。六月一二日の白昼であった。ガリンドは、偶像一体を持ち去ったチャムーラ教区の司祭他三名を一〇〇〇人以上の群衆で包囲し、町へ逃れようとする彼ら全員を殺害する。さらにその翌日から三日間にわたり、ミトンティック、チェナロー、チャルチウイタン、ララインサル、サンティアゴ、サンタ・マルタ、マグダレナス、プラタノス、パンテローの村々のラディーノの農園を一気に襲撃し、奴隷同然の状態にあった何千人ものインディオを解放した。襲撃・焼き討ちにあった農園は一〇を超え、殺されたラディーノは、チャルチウイタン村の教区司祭や小学校教師を含め成人男女七九人、子どもの犠牲者も二〇人を上まわった。そして一七日には、農園から解放されたインディオを軍勢に加え、ガリンドはクスカットの救出にサン・クリストバルへと向かったのである(*Espíritu del Siglo*, 1869 ①②; Pineda, 1888: 81–84)。

鉄砲、槍、斧、こん棒、石投げ縄で武装した七〇〇〇人のインディオ。それを迎え撃つサン・クリストバルの兵力は、九〇名の武装兵士と一〇〇人たらずの市民、そしてようやく州政府が派遣した軍司令官と三〇名の兵士であった。圧倒的に反乱側に有利な状況のもとで、軍司令官はガリンドに交渉を求め、クスカットとアグスティーナの釈放を迫るガリンドに対し、司令官は二人の釈放に同意する。しかしそれには条件があった。ガリンド本人と妻、そしてガリンドの弟子の三人は、三日間に限り人質とならねばならなかったのである。そのような条件をなぜ飲んだのか、理由は知る由もない。いずれにせよ夜に入りインディオたちは包囲網を解き、釈放された「神の母」アグスティーナと司祭クスカットを先頭に、村へと向かうインディオの長蛇の黒い影が、町をとり囲む山肌に音もなく吸い込まれていった。

ガリンド一行の釈放の日、約束の六月二〇日になっても、ついにガリンドは戻ってこなかった。クスカットは翌二一日、五〇〇〇人のインディオを率いてサン・クリストバルを攻撃し、何千人もの町の女たちは、子どもを連れて狭い市内をあちこちと、安全な場所を求めて逃げ惑う(Pineda, 1888: 101)。夜に入り戦いは中断し、政府側の死者一〇〇人近く、インディオの死者も四〇人以上にのぼったが、インディオの兵士たちはなおもガリンドの釈放を確信し村へ凱旋した。日没とともに市民の間にはますます恐怖が支配する。しかし実はその頃、州知事みずから三〇〇〇の軍勢を従えてサン・クリストバルへ到着し(Manguen et al., ──: 5)、しかもすでに、インディオの救世主ガリンドの命は、あと数日を残すのみとなっていた。

2　植民地支配と「幼な子」たちの秩序意識

サン・クリストバルの「平和」

チアパスにおけるインディオ社会と白人社会との間には、それまできわめて安定した秩序が保たれていたかに見えた。メキシコ中央高原部や北部のインディオ集団の多くが、布教による「精神的征服」以後も波状的な抵抗を繰り返してゆくのとは対照的に、チアパスでは全植民地期をつうじて、二つのインディオ反乱が記録されているにすぎない。一五三二―三三年のチアパ・デ・コルソを中心とするチャパネコ人の反乱、そして一七一二―一三年のカンクックを中心とするツェルタル語系の諸集団の反乱である。前者が征服直後の反乱であるなら、一定の植民地的秩序が成立して以後の、本来の意味での反乱は一回のみということとなる。しかもチャムーラは、一五二八年に征服者たちの支配下に入って以後植民地の秩序を乱すことは一度たりとなく、彼らが蜂起したのは、独立後のこのクスカットの反乱が初めてであった。*

* Casarrubias, 1951; Castañón Gamboa, 1979; De Vos, 1978; 1979; 1985; Díaz del Castillo, 1960; Klein, 1970; Martínez Peláez, 1977; Pineda, 1888; Thompson & Poo, 1985; Trens, 1942 参照。

サン・クリストバルの町は(当初シウダ・レアルと呼ばれた)チャムーラの征服直後に建設され、あたり一帯の植民地統治の拠点となる。しかし、メキシコから中米にかけてのスペイン植民地の中心は、ヌエバ・エスパニャ副王領の首都メキシコ市とグアテマラ総督領の拠点グアテマラ市であり、チアパスはちょうどその中間に位置した。メキシコ中央高原部では、一五四〇年代の末に北部のサカテカスで大銀山が発見されるとともに、食糧・牧畜生産地域が銀山と結合しつつ発展するが、チアパスでは大鉱山の発見もなく、産業は、征服以前から貨幣として利用されていたカカオ豆、染料としてヨーロッパに輸出されたコチニールとインド藍、そして牧畜のみであった。そのため、メキシコのなかでもインディオの人口密度がきわめて高い地域のひとつであったにもかかわらず、経済的にも政治的にも、つねにチアパスは植民地社会の辺境でありつづけ、白人社会の発展も微々たるものであった。一五五五年に約五〇家族のサン・クリストバルの白人人口は、一七世紀の初頭には一時二〇〇家族を超えるが、それ以後は逆に急速に減少し、一七三四年にはわずか三五家族、チアパス全域でも四九家族となった(Gerhard, 1979: 159; MacLeod, 1980: 183; Gage, 1969: 358–359; Larson & Wasserstrom, 1982: 386; Favre, 1973: 50)。

チアパス高地に点在するマヤ系のインディオ村落に取り囲まれた、孤立した辺境の町。しかし一貫してサン・クリストバルは、チアパス一帯を支配する唯一の「文明」の拠点として、またメキシコが独立して以後も、チアパス州の州都としてその威信をからくも保ちつづけてきた。「平和」なチアパス、そのなかでも一貫して白人の支配に従順であったかにみえるチャムーラ。しかしその「平和」が、ひとえにサン・クリストバルという支配的社会にとっての平和であり、メキシコの他の地域同様、それが、征服後徐々に形成されていった植民地的秩序を前提とする、あやうい「平和」であったことに変わりはない。

永遠なる「幼な子」

植民地支配は、アメリカ大陸に「インディオ」という新たな社会的範疇を生み出した。かつてそこに住んでいた人々は、誰もお互いを「インディオ」と呼ぶことはなく、また自分を「インディオ」だと認識する者もいなかった。それは、征服者・植民者が、被征服者・被支配者を一括して、彼らに与えた歴史的・社会的範疇であり、被支配者を総称する代名詞であった(ボンフィル・バターヤ、一九八五参照)。「新大陸」の領土はスペイン王に帰属し、その土地は王の責任において臣下たるスペイン人に下賜され、そこに住むインディオは、主人たる植民者に従い奉仕する義務がある。征服者の社会は「理性ある者」たちの集まる文明社会であり、被征服者の社会は「理性なき者」たちの野蛮な世界である。したがって植民者は、彼らをキリストの教えにそって保護し、教育し、文明へと導かねばならない。こうした考えは、すでに一五一二年の「ブルゴス法」で明らかにされ、二九年のスペイン王室会議でも確認されていた(Borges, 1960: 222; Mendieta, 1971: 449)。

植民地的秩序の基本構造は、まずなによりも、この征服者と被征服者＝インディオという二重構造を前提としていたが、そこにはひとつの矛盾が孕まれていた。メキシコの植民が始まった一五二〇年代の初期に、すでにカリブ海地域のインディオは絶滅の危機に瀕していたのである。植民地開発を進めればインディオ人口は減少する。植民者のみならず、金・銀に依存していた王室財政にとっても、人口の減少はきわめて深刻な問題であり、教会にとっても、教会堂の建設や所領の生産活動をささえる労働力の減少、さらには重要な財政基盤のひとつである十分の一税と寄進の減少をも意味した。植民地の現場では、教会と植民者との対立が表面化する。教会は人口減少の原因を、植民者によるインディオの虐待にあるとして植民者を告発する。植民者は、すでに大土地所有者に成長しつつある教会を、自由な開発を阻止する存在として批判する(Ricard, 1966 参照)。

しかし、インディオの激減という現実を前に、王権・植民者・教会の三者は、一五四二年の「インディアス新法」に、ひとつの妥協点を見いだすこととなる。インディオの無償労働や奴隷化は禁止され、植民者にインディオの管理を委託するエンコミエンダ制(encomienda)も段階的に廃止される。さらにスペイン人社会とインディオ社会との間に居住制限がもうけられ、インディオ社会には最低限の土地と一定の自治権が認められ法的に「保護」される。同時に、植民者が「秩序あるかたちで」インディオ労働力を活用できる新たな制度、すなわち、各村落に一定期間労働力の提供を義務づける、有償の労働力調達制度＝レパルティミエント制(repartimiento)も確立された。この法のなかで、教会の位階制に基礎をおく身分制的社会観と世俗社会の経済論理は、「インディオ保護」という形で妥協点を見いだし、それ以後の植民地社会における両者の相互補完・相互依存の関係が規定された(Ricard, 1966: 235 参照)。

一六世紀後半にヌエバ・エスパニャで活躍したフランシスコ会士ヘロニモ・デ・メンディエタは、教会を批判する植民者に対し反論した、ある聖職者の言葉を紹介している。

「兄弟たちよ、もし私たちがインディオを保護しなかったなら、今頃あなた方(植民者)に仕えてくれる者はいなかったでありましょう。私たちがインディオを庇護し、彼らの生命を維持すべく働いているのは、まさにあなた方兄弟に仕えてくれる人間を確保するためなのです。インディオを庇護し彼らに教育を与えることによって、私たちはあなた方に奉仕し、あなた方の良心の重荷を軽くしているのです。あなた方がインディオの身を引き請けた裏には、彼らにキリスト教の教理とキリスト教徒としての生き方を教える義務があったはずです。しかしながらあなた方は、インディオが死に絶えつつある今もなお、彼らに奉仕を求め、彼らが持っている全て、いや、持っていないものまでも提供させること、それ以外なんら関心を払ってはいないのです。もしこのままインディオが死に絶えたなら、誰があなた方に仕えてくれるのでしょう。」(Mendieta, 1971: 316)

教会は引きつづき布教をつうじて「精神的征服」を続行し、植民地的秩序のなかにインディオを固定する。さらに一定の「保護」を与えることによって、インディオという非白人集団を底辺にすえた身分制社会の存続と拡大を保証する。一方世俗社会は、こうして教会によって「保護」されたインディオの労働力を基礎に生産を維持し、教会に対し寄進と十分の一税を保証したのである。植民者と教会、その両者の間には、実際にはその後もつねに対立がつづく。しかしいずれにせよカトリック教会は、植民者の社会とインディオ社会との間に立つ仲介者として植民地的秩序の形成をうながし、そしてインディオは、その秩序のなかで永遠に白人社会に仕えるべき「幼な子」として、社会の末端に固定されたのである。

生まれ変わる村

チアパスでこの「新法」が適用されたのは一五四九年だが、これによりインディオの奴隷化は禁止され、運搬労働に彼らを無償で狩り出すタメメス(tamemes)と呼ばれる慣習も廃止された(Sherman, 1979: 144)。同じ年、チャムーラの村を委託されていたペドロ・ソロルサノのエンコミエンダを含め、チアパス全体で一五のエンコミエンダが廃止され、一六世紀末までには、残るエンコミエンダの大半も消滅した(Ximénez, 1977: 512–514)。しかしこの「新法」によって、インディオの状況が改善されたわけではない。インディオは基本的に奴隷ではなくスペイン国王の臣下としての身分を認められたが、同時に、すべての成人インディオは人頭税の納入を義務づけられたのである。また労働収奪の形態も、無償労働が禁止されたとはいえ、チアパスでも新たにレパルティミエント制が導入されている(Ximénez, 1977: 512–513; De Vos, 1979: 17)。

一五七九年、シウダ・レアル（サン・クリストバル）の判事ファン・デ・ラ・トビーヤは、チャムーラの村役たちに対し、つぎのように命じている。

「スペイン人の市民（ベシーノ）ペドロ・オルテス・デ・ベラスコに八人のインディオを農作業のために提供すべし。個々のインディオに対しては、週四レアル（＝半ペソ）が支払われる。なお労働提供が履行されない場合、村役たちに科料一〇トストン（＝五ペソ）が課せられる。」(Sherman, 1979: 202)

村人たちは、サン・クリストバルに住む白人入植者たちの畑仕事や家の建設に、町の道路や教会の建設・修復作業に狩り出される一方、人頭税の支払いのために男はトウモロコシ生産に、女は機織り作業に追われる。しかも、生産物の十分の一は教会税として納めなければならない。村の土地は徐々に町の人間に削りとられ、森の木は切り倒され羊の放牧地が拡大する。そのうえ食糧生産も困難となった彼らに、入植者がもたらした疫病が追い討ちをかける。ラス・カサスが司教としてシウダ・レアルに着任した一五四五年、そして七六年から一六世紀末にかけ、チアパスは波状的な疫病の蔓延にみまわれる(Favre, 1973: 41)。征服後およそ五〇年でインディオ人口が十分の一以下に低下したメキシコ中央高原部に比べれば(Cook & Borah, 1971: viii)、チアパスにおける減少は、比較的穏やかであったが、しかしここでも一六世紀後半から人口の激減がはじまり(Favre, 1973: 40)、一五七〇年には一一万四〇〇〇、一六七〇年には七万五〇〇〇、さらに一七六一年には六万六〇〇〇人へと減少する(Gerhard, 1979: 159; MacLeod, 1980: 98–100; Favre, 1973: 44)。

村を形づくっていた部落が、ひとつ、またひとつと消えてゆく。所によっては村そのものが消滅する。人口の減少は、効率的な布教にとっても貢納の取りたてにとっても、大きな障害となった。こうして一六世紀の中頃より、チアパスでは既存のインディオ村落が強制的に解体され、あるいは複数の村落が統合されてゆくこととなる。

コングレガシオン(congregación)またはレドゥクシオン(reducción)とよばれる村の再編政策がメキシコでもっとも活発に実施されるのは、一六世紀末から一七世紀初頭にかけてだったが(Semo, 1975: 74. 清水、一九八一、八―九頁、宮野、一九八七、一九八八参照)、チアパス高地では、早くも一五四〇年代の末からドミニコ会の手で村の統合が進められた。一七世紀末から一八世紀初頭にかけ、グアテマラを拠点に布教にたずさわったドミニコ会士フランシスコ・ヒメネスによれば、チャムーラの場合、一五四七年に近隣のアナルコ村ともうひとつの小村がドミニコ会士の指導のもとでチャムーラに統合され、新たな居住空間を与えられている(Ximénez, 1977: 467, 515)。そして現在の「大地のへそ」＝サン・フアン・チャムーラに教会が建設され、村の守護聖人はサン・フアンと定められた。従来の神々に仕えてきた者たちの権威は強制的に排除され、村人のなかから教会組織を支える役職者が任命されたが、彼らの権限は、教会と聖像の日常的な管理、祭りの組織、

図 9　チアパス高地の布教の拠点サント・ドミンゴ教会　かつてラス・カサスもここに居を構えていた.

十分の一税の取りたて、教会所領を耕作するための労働力の組織化といった教会の管理的側面に限定され、宗教上の権威は白人の教区司祭に集中したのである。

抑圧と共に生きる知恵

物理的な村の破壊と強制的な再編、従来の宗教的権威の失墜と、強要される新たな祭り、新たな権威。さらに町の人間への労働奉仕と重税。メキシコでは一般に、インディオ集団はこうした外圧に対し、武装反乱、集団逃亡などさまざまな抵抗を試み、ときには、農園から逃亡した黒人たちが形成した逃亡奴隷社会と融合することもあった(メジャフェ、一九七九、四五頁)。また村人のなかには、インディオであることをやめる者も続出する。

個別に村を離れ町へ移り住み、またはバゴス(vagos)と呼ばれる放浪者集団を形成したのである。

しかし、およそ三〇〇年におよぶ植民地支配を生き抜き、集団としてのまとまりを維持できたのは、征服者から強要された新たな神＝イエス・キリストと、新たな権威＝スペイン王を受け入れ、その新たな神と権威と、共に生きる柔軟性を備えた集団のみであったようだ(清水、一九八七②参照)。しかしそれは、西欧的キリスト教や植民地体制そのものを彼らが受け入れたことを意味するわけではない。神父が持ち込んだ聖像の裏に土偶の神をそっと置き、従来の神に祈り続ける。こうした初期の抵抗が徐々に姿を消す段階を経て、最終的に彼らは、目には見えない外来の権威を、あくまでも自分たちを守ってくれる自分たちの神・権威＝不可視の権威としてみずからの秩序意識・神意識の中核として取り込んでゆく(第3章一三七—一四一頁参照)。

こうして形成されてゆく新たな秩序意識のなかで、彼らが直接接触する植民地官僚や神父たちは、「不可視の権威」の代理人に過ぎなかったようだ。代理人の要求が、自分たちを守ってくれるはずの「不可視の権威」の意志ではないと判断すれば、彼らは抵抗を試みる。スペイン人が書き遺した記録には、反乱に立ち上がったインディオが、「スペイン王万歳」「イエス・キリスト万歳」と雄叫びをあげたという話が登場する例がある。こうしたことも、彼らの秩序意識のもとでは、何ら矛盾するものではなかったと言える。そして、要求を拒否しても、村の死を意味しないなら、黙って要求を拒否しつづける。

一五五〇年あたりから教会やヌエバ・エスパニャ副王の間には、一〇〇以上ものインディオ言語をかつてのアステカ王国の言語ナウァトル語へ統一すべきだとの意見が高まり、一五七〇年にはスペイン王フェリーペ二世もその考えに同調する。逆に、一七七〇年以降はスペイン語化政策が全面的に打ち出され、インディオ言語の使用は禁止され、言語面でも差別が強化される(Heath, 1972: 24-44)。これらの言語政策はともに完全な失敗に終わるが、植民地当局が押しつけてくる言語を無言のまま拒否しつづけたのは、他ならぬインディオだったのである。

こうした外部世界とのせめぎあいの過程で、彼らは外来のさまざまな要素を取り込み、自己の現代化をはかることも忘れなかった。時代時代に応じて自己再生を追求するインディオ社会の具体的な姿は、さらに本書のなかで順次明らかにされるが、植民地時代の村の統治組織の再編のあり方も、その一例だといえる。一六世紀の前半には、インディオ村落の住民は貴族層(プリンシパレス)と平民(マセウァル)とに二分され、貴族層には馬や武器を所持できる特権が与えられ、村の役職者もこの貴族層から選出され世襲とされていた。村役には租税の徴収や労働調達の義務が課せられた反面、村役たちからなる「インディオ議会」(Cabildo de Indios)が設置され、一定の裁判権が付与された。一六一八年に役職者の任期は一年とされ世襲制は廃止されるが(*Recopilación*, 1973: 200)、外部権力と結合した特権層が村内部に定着するにしたがって平民の反乱があいつぎ、一七八二年には貴族・平民の法的な差別は解消され、全ての村人に村役の選挙・被選挙権が認められる。また役職者の選出をめぐる町の行政官や聖職者の介入に対しても反発は強く、一六二二年には聖職者の介入が、一七五八年には行政官の介入が禁止されるにいたった(Aguirre Beltrán, 1981: 39–49)。なおチアパスでも、「新法」がこの地域に適用された一五四九年に、各村に「インディオ議会」が設置され、村長には町の住人に提供すべき労役と貢納の徴収が義務づけられる一方、死刑罰を除く刑の執行権も与えられている(Ximénez, 1977: 513; Favre, 1973: 30–31)。

征服以後のインディオ村落は、チャムーラの例も含め、多くの場合植民地支配によって統合、再編された、いわゆる行政村であり、擬制的共同体である。また村役を中心とする村内部の統治制度も、元はといえば、征服をつうじて外部世界から強要されたものであった。しかし彼らは、わずかに認められた自治権をてこに、その制度を徐々にみずからの手の内に取り込み、裁判権を軸として村人の結束を維持し、新たなアイデンティティの再編へと活用してゆくのである。

メキシコのスペインからの独立をつうじて、王権と教会によるそれまでのインディオに対する「保護」は取り払われ、憲法上は全てがメキシコ国民となった。しかし、つねに抑圧されながらも圧倒的多数を維持するインディオと少数派の白人、物理的劣性におかれたインディオと優位な白人社会、この両者のせめぎあいを基礎とする植民地的秩序の基本構造は独立以後も変化なく、その抑圧的な秩序と、「不可視の権威」を中軸とするインディオ社会の秩序とがせめぎあうきわめて微妙な緊張関係が、いわばチアパスの「平和」に他ならなかったのである。

3　レフォルマ、反乱、そして近代国家

私的所有権と「エデンの園」

独立を間近にひかえた一八一四年、チアパス在住のスペイン人は三四〇〇人(人口比二・六%)、混血二万一五〇〇人(一六・五%)、それに対しインディオは、全人口のおよそ八〇%に当たる一〇万五〇〇〇人であった(García de León, 1985, vol. I: 140)。当時のメキシコ全土の人口構成が、白人二三%、インディオ五三%、混血二四%であった(Othón de Mendizábal, 1946, vol. II: 559-571)とするなら、チアパスでは白人対インディオという二重構造が、独立期においてもきわめて明瞭な形で維持されていたといえる。

一八一〇年一二月、メキシコの独立を宣言したミゲル・イダルゴは、奴隷の解放とともに人頭税や労働力提供など、それまでインディオに課せられていた一切の義務の撤廃

を宣言した(De la Torre et al., 1974: 49)。これによって、すべてが対等な市民となるはずだったが、しかし現実は理想から大きくかけ離れていた。独立後もチアパスでは、一八二七年九月まで奴隷制は存続し(García de León, 1985, vol. I: 149)、インディオに課せられた人頭税も労働力提供の義務も、ともに廃止されることはなかった(Wasserstrom, 1983: 107-108)。しかも、それまで王権がインディオ村落に保証してきた最低限の土地とその共同体的な所有形態、そして村に与えられていた一定の自治権はともに脅かされはじめ、植民地的秩序の中核的役割をはたしてきたカトリック教会の権限も大幅に後退する。いわば「幼な子」は、物理的劣勢のままに庇護のもとからはずされ、近代国家建設の大波のなかに投げ出されることとなる。

一八二四年に初の「植民法」が中央政府によって公布され、共同体および教会の土地を除く土地の売却が国家の手によって始まるが(García de León, 1985, vol. I: 147)、チアパスでも二六年の「農地法」をかわきりに、州政府の手でつぎつぎと自由主義的な農地法が公布される。その目的は、私的所有権の原理にもとづいて所有権の未確定な土地を売却し、財政赤字を補填することにあったが、その最大の犠牲となったのがインディオ村落の土地であった。

まず一八二六年九月の農地法では、すべての荒蕪地（バルディーオ）(baldío)とともに共同体の共同耕作地（プロピオス）(propios)が対象となる。これらの土地は購入したい者の要求にもとづいて売却され私的所有地へと転換され、新たな所有者はその土地に居住し耕作をおこなうかぎり、土地と生産物に対する税を一〇年間免除されることとなる。

村の共同耕作地をひきつづき確保するためには、村は州政府に申し出て土地代金を支払わねばならないが、そのような余裕がインディオ社会になかったことはいうまでもない。植民地時代に土地争いから訴訟にもちこまれた土地については、村の権利を証明する証拠資料を提出することはできる。しかし共同耕作地であれエヒード(共同体の森、湖沼、放牧地などの入会地)であれ、あるいは村人個々人の土地であれ、大半の村の土地は、私的所有権の原理に対してはほぼ完全に無防備であった。植民地官僚の支配から脱却し今やみずから支配者となった町の住民にとって、インディオ村落の土地はすべて荒蕪地、すなわち誰も所有者のいない所有権未確定地であった。

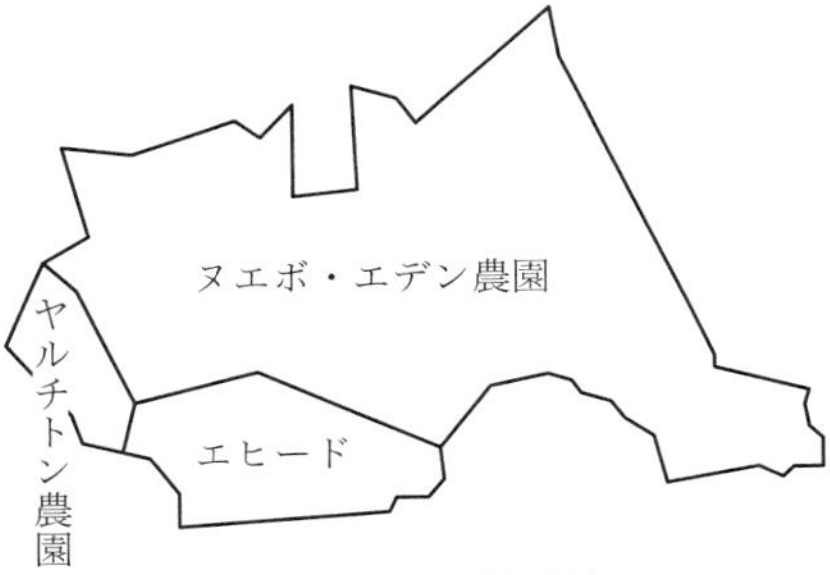

ヌエボ・エデン農園
ヤルチトン農園
エヒード

出典：Wasserstrom, 1983: 121.

図 10　チャムーラ村の土地(1855 年)

一八二〇年代の末から、チアパス高地のチロン、バチャホン、シモホベル等のインディオ村落ではエヒードが削りとられ、村は農園に包囲されてゆく(García de León, 1985, vol. I: 149)。三〇年代初頭には早くも、チアパス高地に住むインディオの三分の一が土地を失い(Wasserstrom, 1983: 119)、四四年までにウィスタンやテネハーパでは農地の大半が奪われ、シナカンタン、アマテナンゴ、チエナロー、テオピスカの土地不足も、すでに深刻な状況に達していた。そして土地をからくも保持できた村人も、収穫物を担保に町の人間から借りた前借り金で苦しんでいたという(Wasserstrom, 1983: 120–129)。

状況はチャムーラの村も同じであった。チアパス一帯の最高峰ツォンテウィッツ(二九〇〇メートル)を抱えたチャムーラの村は、チアパス高地のなかでも最も高度が高く、植民地社会のラディーノにとっては魅力の少ない土地であった。そのため一八世紀の末においても、村の領域のなかにサン・クリストバルの白人が所有する農園は、ヤルチトン農園ただひとつであった。しかし一九世紀の半ばに入り、そのチャムーラの村もようやく私的所有権の猛威に侵されることとなる。一八四六年副知事であったラモン・ラライン サルは、チャムーラの土地のおよそ八割を購入し、そこを「ヌエボ(新)・エデン農園」と名づけたのである(Wasserstrom, 1983: 90–91, 120–129)。「新たなエデンの園」、いうまでもなくその土地にも村人が住んでいた。彼らは先祖から受け継いできた土地の権利を、いわば一夜にして奪われたが、その土地から追いたてられたわけではない。行政区も以前とかわらずチャムーラ行政区に属し、サン・フアン・チャムーラを中心とする村の組織にも祭りにも、チャムーラの村人として参加できる。しかしながら、そこに住みつづけ自分の土地を耕作する権利を確保するためには、新たな農園主のために働くことが条件であった。

本来、荒蕪地を意味した「バルディーオ」は、こうして農園に囲い込まれ義務を負わされたインディオそのものをも意味するようになる。先祖伝来の土地を政府の手で売却され、ラディーノの農園に組み込まれたバルディーオは、週に四日から五日を地主のために働くこととなるが、こうしたインディオのバルディーオ化を基礎とする共同体の土地の収奪と農園の拡大が、チアパスにおけるこの時代の普遍的現象であった。

一八四九年六月に公布された州法でバルディーオの義務は緩和されたが、この法律も二年を経ずして廃止され、しかもその第五条で定められていた体罰については、その後も効力を失わなかった。いわく「主人はシルビエンテ(下僕)が犯す敬意の欠如や不服従に対し、監禁、鎖や足枷(あしかせ)による束縛をもって罰することができる。」(Wasserstrom, 1983: 125, 296; Trens, 1942: 472-474)

一八五六年六月の「永代所有禁止法」(レルド法)にはじまるレフォルマ(改革)時代の一連の近代的法整備も、インディオ村落とラディーノ社会との関係に限定するなら、すでに独立直後から始まる、このバルディーオ化の集大成であった。私的所有の原則を絶対不可侵の原理とし、団体による不動産の所有を禁じたこの法律は翌年の憲法の条文にも盛りこまれ、インディオ村落における共同体的所有は、全面的に法的根拠を失うこととなる。「レルド法」公布の四カ月後から、チアパス各地ではラディーノの牧場が急速に拡大し(García de León, 1985, vol. I: 156)、六〇年代にはチェナローの土地は三分の一に、ミトンティックは四分の三に減少したという(De Vos, 1979: 19–20)。チャムーラの村では、あいかわらずヌエボ・エデン農園の支配がつづくが、クスカットの「語る偶像」が現われたツァハルヘメル部落も、実はその「エデンの園」のほぼ中央部だったのである。

揺らぐ権威

インディオは、王権の「庇護」からはずれたとたんに、村の存続基盤である土地の権利を奪われ、生活を維持するための労働時間も、大半はラディーノ農園に費やされるはめとなった。この土地収奪と農奴化を、クスカットの反乱の原因として指摘する向きもあるが(De Vos, 1979; Reina, 1980)、はたして原因はそれだけだったのであろうか。植民地的秩序はそれ自体抑圧の構造を前提としている。しかし同時に、村の存続を保証してくれる権威を、インディオの側が「不可視の権威」として認知している点にも特徴があった。独立によって王権は権威を失い、その代理人＝植民地官僚は追放される。そしてもうひとつの権威イエス・キリストの代理人であったはずの教会も、レフォルマに始まる近代化の時代の到来とともに、根底から揺らぎ始めるのである。

かつて植民地時代に、農業・運輸・金融など、鉱山開発を除くほぼ全ての経済分野に進出し、製糖工業部門では植民地で最先端の技術を誇っていたイエズス会を例外とすれば、*一般に教会による経済活動は活発とはいえなかった。独立後も、大部分の土地は民間人に貸し出して小作料をとるにとどまり、農業経営そのものには教会は無関心であったという(Bazant, 1971: 11)。しかし教会は、独立後もなお広大な農地のほか数多くの借家も所有し、民間人はおろか国家にも、年利五〜六％で資金を融資していた。独立によるスペイン本国人の追放とともに資本が大量に流出し、財政破綻に苦しんでいたメキシコに、さらに米墨戦争が追い討ちをかける。その一九世紀前半のメキシコで、安定した財源を確保していたのは教会のみだったのである。同世紀中頃に教会堂、修道院、借家、農地等の不動産、そして貸し出していた資金等をふくめ、メキシコの教会財産は合計でおよそ一億ペソに達し、国富の少なくとも二〇％から二五％を占めていたという(Bazant, 1971: 13, Chap. 7)。しかも、信仰の厚い地主たちが遺言状をつうじて教会に土地を寄進する慣習も、依然すたれてはいなかった。誕生に始まり、洗礼、婚姻、死亡、墓地管理にいたるまで、住民の生活全般を管理していたのもカトリック教会であり、教育も一般に、フランシスコ会などの修道会あるいは修道院の管理下にあった(Bazant, 1971: 10)。

＊　一八世紀にはその経済力を基礎に、南米のパラグアイとメキシコ北西部に、イエズス会士とインディオからなるキリスト教王国の建設を意図するが、植民地人、王権の双方から反発

を受け、一七六七年に全植民地から追放された。

近代国家への移行にとって、国家は国民の管理を教会から切り離し、みずからの統制下に移す必要がある。また、国民経済をメキシコに成立させるうえでも、国の富を「死者の手（マノス・ムエルタス）」(富を握りしめた死後硬直した手に例え、教会はこのように呼ばれた)から「自由の手（マノス・リブレス）」の中に解き放たねばならない。一八三三年の教会税の廃止によってその具体化の第一歩が踏み出され、さらにレフォルマの時代に入り、教会の支配力はその根底から崩されてゆく。

それまでの農地法では、教会財産は対象外とされていたが、前述のとおり一八五六年六月、大蔵大臣レルドが公布した「永代所有禁止法」(レルド法)は、聖俗をとわず団体が所有している一切の不動産の、第三者への譲渡を規定した。これによって、インディオ社会の共同体的所有が全面的に否定されるとともに、教会も教会堂、修道院、司教座の建物を除き、不動産を借り受けている者にはそれを有償で譲渡しなければならず、新たに不動産を取得することもできなくなった(Meyer, 1973 ①: 68–70; Bazant, 1971: 52–56)。

「レルド法」の原則は、翌五七年に制定された憲法の第二七条に受け継がれるが(Meyer, 1973 ①: 70; De la Torre et al., 1974: 287–291)、さらに五九年七月には「教会財産没収法」(ファアレス法)が公布され、教会の没落は決定的となる。教会堂、礼拝堂すらも無償で国家に没収され、農地や修道院の建物は評価額の三分の二以上の価格で競売に付される。

教会保有の抵当権や債権も国家に没収され、ドミニコ会、フランシスコ会などの修道会はもとより信徒団など教会が組織した信徒の団体も解散を命じられた(De la Torre et al., 1974: 295–296; Matute, 1973: 154; Bazant, 1971: 167–169)。

一方、市民生活一般についても、一八五七年一月の市民登録法(Matute, 1973: 153)で、全国民に出生、婚姻、移籍、死亡、信仰についての登録を義務づけ、従来教会が管理していた戸籍関係の登録も全て国家に移管される。さらに五七年憲法では、主権在民と基本的人権とともに、信教の自由、思想・表現の自由が明記され(Bazant, 1971: 167–170)、五九年の「ファアレス法」では、政教の完全な分離が打ち出される。カトリック教は他の宗教と対等な地位に引き下ろされ、公教育機関での宗教教育、宗教儀礼も禁止された(De la Torre et al., 1974: 295–296)。こうして法制上は、インディオであれラディーノであれいかなる国民も、カトリック教会から完全に自由な市民となりかわったのである(Matute, 1973: 155–156)。

一八四〇年までに、チアパスのインディオ村落の村組織のなかにはラディーノの事務官が配置され、時折り教区司祭との対立もみられたが、一般に教会はサン・クリストバルを拠点とする保守派に守られて、比較的安定した地位を維持していた。一八五〇年代中頃にはじまる教会権力の放逐の動きも、したがってチアパスでは教会と保守派の拠点サン・クリストバルに対する、トゥクストラやコミタンなど新興の町々の対立として展開する。一八五五年一〇月、自由主義派のアルバレス将軍が大統領に就任すると、チアパスでも保守派に代わりアンヘル・アルビーノ・コルソが州知事としてサン・クリストバルに着任する。しかし翌月、州東部でファン・オルテーガが反旗をひるがえすと、サン・クリストバルの保守派は彼を支援する。五六年一月、司教は中央政府の反教会的動きを批判、三月には墓地の管理権をめぐり州政府と対立、六月には教会財産への国家の介入に抗議し抵抗をつづけるが、翌月、ついにチアパスでも「レルド法」が施行され、一八六一年一月までに、一連のレフォルマ法がすべて施行された（Trens, 1942: 568-578, 661-682）。パンタレオン・ドミンゲスが州知事に就任したのは六四年の一二月であったが、それまでに州政府は、サン・クリストバル、トゥクストラ、チアパ・デ・コルソを転々としたのである。

征服時代以来三〇〇年以上にわたり、サン・クリストバルはチアパスのインディオにとって、抑圧の拠点であると同時に、司教・植民地官僚といった目に見える聖俗の権威が居を構える場でもあった。今やその教会の権威は地に落ち、王に代わるべき不可視の権威も、独立以後一向に定まる気配はない。こうした状況に追い討ちをかけるかのように、メキシコは一八六四年六月から二年以上にわたり、ナポレオン三世の傀儡（かいらい）マキシミリアン皇帝の支配下に入った。六五年にはインディオ共同体の所有権の復活と、バルディーオの解放が宣言され、さらに六六年には、インディオ村落への土地の分配も計画された(Meyer, 1973 ①: 87, 95–102)。インディオにとっては皮肉にも、メキシコの自由主義派でも保守派でもない外国の傀儡政権が、村の存在を認めてくれる新たな権威となるはずであった。しかし、チアパスの自由主義派はついに最後までマキシミリアンの支配下に入ることを拒否し、一八六七年皇帝を支えていたフランス軍がメキシコより撤退すると、教会・保守派と自由主義派との抗争も最終的に後者の勝利に帰着する。クスカットの偶像が語り始めるのは、こうして、村の土地がラディーノに侵され、しかもラディーノ社会と彼らを取り結んできた権威の代理人すべてがチアパスから姿を消した、まさにその直後だったのである。

村へ戻ったチャムーラ

州知事ホセ・パンタレオン・ドミンゲスが、「野蛮」の撲滅を市民に呼び掛けて一週間。その間に救世主ガリンドと弟子の二名を処刑し、反撃の準備は整った。六月三〇日、政府軍の襲撃で戦況は一挙に逆転し、七月三日には、ついにツァハルヘメルは廃墟と化す。州政府はすかさずチャムーラの村長として、新たにサルバドール・ゴメス・トゥチニを指名し、急ぎ村の立て直しをはかる。一方、クスカットはそれ以後も一年近くにわたり、主として農園から解放されたインディオおよそ八〇〇人を指導して、サン・ファンの北およそ一五キロのシシムと呼ばれる部落を拠点に抵抗をつづけるが、ついに一八

出典：Reina, 1980: 52.

図 11　「クスカットの反乱」の広がり

七〇年七月二七日、三日間の戦闘の末、シシムも政府軍の手に落ち、一〇月の末、政府軍はチアパス高地を離れた。クスカットは翌年、隠れ家の洞窟で死体となって発見されるが、アグスティーナの行方は、もはや村人の誰ひとり知る者はいなかった(Molina, 1934: 376–385; Pineda, 1888: 97–118)。

「語る偶像」の出現から三年足らず。チャムーラを中心とするインディオの反乱は物理的に完全に敗北し、新たな「大地のへそ」を軸とする救世主を求める運動も、二〇〇人のラディーノ、八〇〇人のインディオの命とともに潰えた。そして、反乱に参加したインディオはそれぞれの村へ戻り、再び元の秩序が回復する。しかしインディオは、すべてを再び失ったのであろうか。かつて一七一二年の大反乱の際、インディオは物理的敗北を喫したにもかかわらず、ラディーノや教会は、それまでインディオ村落に確保していた権利を、もはや取り戻すことはできなかった。クスカットの反乱は、とりわけカトリック教会とインディオ村落とのその後の関係に、重大な足跡を残した。チアパス高地における教区司祭はすべて、この反乱を契機に、サン・クリストバルに引き揚げざるを得なくなり、インディオ村落における影響力は大幅に減退したのである(Köhler, 1975: 148)。近代国家の建設にとってもそれが、思いも寄らぬ成果であったことはいうまでもない。教会勢力の打破、教会と民衆の分離という、国家の近代化にとって不可欠な事業の総仕上げに、インディオの反乱が結果として大きく寄与したことは、まさに歴史の皮肉であった。

反乱は、国家の近代化に寄与しただけではない。この反乱に参加した村落は、チャムーラをはじめ、チェナローー、チャルチウイタン、ラ゠インサル、サンタ・マルタ、パンテローー、サンティアゴ、マグダレナスなど多くにおよび、その住民の合計は七万六〇〇〇人に達する。行政的にも三行政区、言語的にもツォツィル語、ツェルタル語の二言語地域にまたがっていた(Manguen & Montesinos, 1979: 85; Molina, 1934: 360)。近代化の波が村々を襲い植民地的秩序が揺らぎはじめたとき、インディオは、行政村、教区、農園といった外圧による分断や再編によって定められた境界とは関わりなく、新たな「大地のへそ」を中心に、新たな統合を目指したのである。

チアパスに限らず、一九世紀の中頃から後半にかけての時代は、まさにインディオ反乱の時代であった。[*] そのなかには一部非インディオ系の農民反乱も含まれ、個々のケースにより反乱の条件も展開の過程も微妙に異なるとはいえ、基本的には、近代化の建設に対するインディオの反応であり、支配的社会にとって、一九世紀後半はまさに、「野蛮」の蠢きの時代であった。

＊ 主な反乱だけでも、中央高原部では一八四二―四三年、四四年、四九年（ゲレーロ州）、一八四八年、四九年、六八年（メキシコ州）、一八四八―四九年、五二年（モレーロス州）、一八五〇―五二年（メキシコ州からイダルゴ州にかけ）、一八五三年（モレーロス、メキシコ、ゲレーロ各州にまたがる地域）、一八五四年（モレーロス、イダルゴ、ゲレーロ各州）、一八五七年（ミチョアカン州）でそれぞれ反乱があり、太平洋岸では一八四四―四五年（オアハーカ州）、一八五五―五七年（ハリスコ州）、一八五七―八一年（ナヤリー州）、一八七五―八七年（ソノーラ州）、また一八五七―八一年には太平洋岸部から中央高原部にわたる広大な地域（ナヤリー、ハリスコ、シナロア、サカテカス、ドゥランゴ各州）で大反乱があった。またメキシコ湾岸部では一八四五―四九年、五三年（ベラクルース州）、一八四七―一九〇四年（ユカタン州）の反乱が記録されている。

これらの反乱のなかにも、複数のインディオ集団が結合する例が頻繁に現われている。ユカタン半島の「カスタ戦争」の際も、反乱開始から一年とたたない一八四八年のはじめ、マヤの指導者はオアハーカ州北西部のソヤルテペック村に使者を送り、村人に決起を促している。その使者の話では、すでにオアハーカ州南部とベラクルース州にも使者が派遣され、それぞれ反乱への参加を呼び掛けていた（Reina, 1980: 238）。ユカタンの州都メリダからその村まで、およそ一五〇〇キロの距離があり、当時バス、鉄道の便がなかったことはいうまでもない。そして両者は、言語の系統も完全に異にしているのである。

植民地支配が「インディオ」という社会的範疇を生み出したとするなら、メキシコの近代化の過程は、その範疇に一括して強引に押し込まれてきたさまざまな集団に、言語の相違を越えたわれわれ＝インディオという新たな共同意識を生み出す、ひとつの契機であったのかもしれない。そして支配的社会は、物理的勝利にもかかわらず抹消できない「野蛮」の力を認めざるを得ず、その「荒野」に対する恐れが、インディオに対するさらなる差別と抑圧を強めることとなる。

サン・クリストバルの町の歩道は狭く、車道より一メートル近くも高い場所もある。再び「平和」を取り戻したラディーノはその歩道を歩く。そして町に出てきたインディオたちは、一段と低い車道を牛馬とともに、ただ黙々と歩み続ける。彼らが歩道を歩くことを許されるのは、ようやくメキシコ革命も末期に近づいた、一九三七年であった(Favre, 1973: 94)。

第2章　黒い貨幣と祭り

1　サン・クリストバルの黄昏

遷　都

植民地時代以来、周辺部一帯のインディオ村落をなかば独占的に支配してきたサン・クリストバルの支配層は、一九世紀後半に入り、トゥクストラ市を中軸とする新興勢力の台頭に直面し、新たな経済基盤を見いだせないままに没落の道を辿り始めていた。そして遂に一八九二年、州知事エミリオ・ラバーサの決断にもとづき、州都は最終的にサン・クリストバルからトゥクストラへ移される。それは、サン・クリストバルの歴史的優位の崩壊を意味しただけでなく、この町を中心に成立していたチアパス高地一帯の秩序の、根本的な変化を物語る象徴的な事件であった。

本来、サン・クリストバルが植民地官僚と手を組んだエリート社会であったのに対し、トゥクストラは少数の植民地生まれの白人＝クリオーヨと、村・白人社会の双方から排除された混血の人々を中心に形成された田舎町であった。しかしこの町は、植民地行政の中心メキシコ市や大西洋航路の港町ベラクルース市から、サン・クリストバルを経由してグアテマラ総督領へつうじる街道すじに当たり、植民地時代末期には、カカオやタバコの商取引に支えられて急速に成長を始めていた。トゥクストラから三五キロのチアパ・デ・コルソ、サン・クリストバルとグアテマラ国境の中間にあるコミタンも、町の形成の過程は、このトゥクストラと同様であった。

一九世紀の保守派と自由主義派との対立も、基本的にはサン・クリストバルに対する、この三つの町の連合の対立として推移するが、保守＝サン・クリストバルの脆弱性を全面的に曝(さら)け出し、逆にトゥクストラをはじめとする新興勢力に決定的な確信を与えたのも、実はクスカットの反乱が果たした、もうひとつの歴史的役割であった。これを機に保守派はチアパスの政治舞台から後退し、代わって連邦政府と手を組んだ自由主義派の主導による強力な近代化が推進されてゆくが、一八九二年の遷都は、チアパスという地域における植民地的関係の、ひとつの清算でもあった。

「秩序と進歩」の時代

すでに一八六四年の銀行制度の整備に始まり、七三年にはメキシコ市と港町ベラクルース市の間に鉄道が完成するなど、経済面での近代化はメキシコ全土で徐々に始まっていたが、一八七六年、ポルフィリオ・ディアスが「秩序と進歩」を標語に掲げて中央政権を掌握して以後、経済開発は急速な進展をみせる。ディアスにとって秩序とは力による統制であり、進歩とは、白人の「人種的優位性」に依拠した物質的発展を意味した。欧米の「白い資本」と「白い移民」をメキシコに注入して経済の活性化をはかり、同時に「野蛮」すなわち土着的なるものは、徹底的に力によって抑えつける。それは、ダーウィンの進化論を社会発展の方法に結合させた、いわゆる社会進化論のメキシコへの適用であった。

一九一〇年のメキシコ革命の勃発(ぼっぱつ)によってディアスの独裁体制は崩壊するが、その間に鉄道は五七八キロから二万四五五九キロに、鉱業は、一八八〇―一九一〇年の間に銀生産が三倍に、金は一三倍へと拡大し、一九〇六年までに一二三倍の急成長を遂げた銅生産は、世界第二の地位を占めた(Campillo Sainz, 1960: 52; De la Torre et al., 1974: 342)。一方製造業では、ビール産業、ガラス産業、石鹼工業が台頭し、一九〇〇年には、近代的な製鉄所が北部のモンテレイに建設される。さらにサイザル麻、コーヒー、タバコ、綿花、砂糖、ゴムといった輸出作物の生産も拡大し、一八八〇―一九一〇年の間にこれらの輸出額は一二～三〇倍へと増大し、結果として外国貿易も、一八七七／七八―一九一〇年の間に四倍に増加する。一八九五―一九一〇年の間の経済成長をＧＮＰでみると、鉱業の一三七％を筆頭に、製造業も一〇六％の成長を達成し、ＧＮＰに占める比率もそれぞれ四・九％から七・五％へ、九・一％から一二・三％へと上昇し、経済構造にはっきりと転換の兆しが現われていった(清水、一九七〇、一七一―一七二頁)。

レフォルマ(改革)時代に始まる近代的法整備は、こうしてディアスの独裁期をつうじて経済面での近代化へと受け継がれ、一八九六年には、独立以後慢性的な赤字をつづけてきた国家財政も、はじめて黒字へと転換する。しかし同時にこの近代化は、圧倒的な外国資本による経済支配の到来をも意味した。ディアス時代末期に、ユカタン地方のサイザル麻、ラグーナ地方の綿花、モレーロス州の砂糖、チウァウァ州の牧畜をのぞけば、メキシコ経済は基本的に、すでに外国資本の支配下に置かれていたのである(González Navarro, 1974: 343)。

こうした外国資本の導入を基礎とする経済開発も、おそらく土地所有の「近代化」なくしては不可能であった。ディアスは一八八三年に「植民法」を公布し、内外の民間会社に荒蕪地の測量と分譲の道を開く。この法律は、測量した土地の三分の一を測量会社へ無償で譲渡し、残る三分の二についても特別な価格で譲渡するという、実に鷹揚な法律であった。測量地はメキシコ国民や外国人移民に分譲され、分譲地の最大面積は個人、法人の別なく二五〇〇ヘクタールとされる。購入した者は耕作と入植の義務を負うが、兵役の免除のほか、農機具、建設資財、家畜の輸入税の免除、また収穫物の輸出税、法人設立の税も免除された。さらに一八九四年の「荒蕪地の占有と譲渡に関する法律」では、購入面積の上限が撤廃され、耕作・入植の義務も廃止された(De la Torre et al., 1974: 371-389)。

「植民法」以前からすでに始まっていた測量会社による測量地も含めると、一八六七—一九一〇年の間に民間会社が測量・分譲した土地は、国土の五分の一に当たる四〇〇〇万ヘクタールに及び(González Navarro, 1974: 343)、その内三〇〇〇万ヘクタールが外国人の所有地となった(Vernon, 1963: 50)。しかもそのなかにインディオ村落の土地が数多く含まれていたことは、ディアス政権末期のつぎの数値からも明らかである。一九一〇年にメキシコの農村(人口四〇〇〇人以下)人口およそ一二〇〇万人のうち、大農園(アシエンダ)にそっくり吸収されてしまった村落(アシエンダ内村落)の住民は五五〇万人で、全農村人口の四五・八%を占める。それに対し、大農園のなかに取り込まれていない自律的な村落(自由村落)の人口は六〇〇万人で全農村人口の五〇%に当たるが、これを就労別に分類すると、さらに状況は明確となる。自由村落に居住しながらも完全に自由な農民は四八万人で、全農村人口の四・五六%にすぎず、九六〇万人、すなわち九一・三%が、大農園にくくられたペオン(peón)と呼ばれる農奴であった(Tannenbaum, 1929: 28, 473)。

「冷たい土地」から「熱い土地」へ

この時代チアパスは、メキシコのなかでもさらに厳しい状況にみまわれた。一八七五年から一九〇八年の間に、チアパス州の全面積の二七％が荒蕪地として民間会社の手で測量され、また一八九二年八月には、「チアパス州エヒード分割法」をつうじてインディオのエヒードに対する権利は完全に剝奪(はくだつ)され競売にかけられた(Favre, 1973: 59; Secretaría de Hacienda, 1871: 118-130)。こうして測量・分譲された土地の大半は、マホガニーを主とする木材開発と石油開発資本、あるいはゴム、コーヒーなどのプランテーションの手に渡るが、これら資本主義的経営が主として外国資本によるものであるとするなら、もう一方では、前資本主義的要素を色濃く残したトゥクストラやサン・クリストバルの地主による土地の拡大も進んだ。こうして、大農園の数は五一八から一〇〇〇以上へと倍増するが(García de León, 1985, vol. I: 167, 173-174)、その犠牲となったのがインディオ村落であった。

一九一〇年に、チアパス州の自由村落はわずか三一六、それに対し、大農園に取り込まれたいわゆるアシエンダ内村落は二九一五に達している。そして、およそ三六万人の農村人口のうち、実に五九・七％がアシエンダ内村落人口であり、しかも一村落当たりの人口は、アシエンダ内村落の七四人に対し自由村落は四一四人にのぼっている(Tannenbaum, 1929: 467)。個々の村落の面積等、考慮すべき要素は他にもあるが、この自由村落の人口規模がアシエンダ内村落に比べ五倍以上という事実は、自由村落の土地不足を十分想像させる。すなわち、アシエンダの拡大から逃れることができた村落も人口過剰と土地不足に悩まされ、決して自由ではあり得なかったのである。ちなみにチャムーラ村も、一九〇〇年には完全にラディーノの農園に包囲されていた(Favre, 1973: 142)。

こうして農村部に資本主義的な生産の核が拡大するのと併行して、流通経済の波がじわじわとインディオ村落の奥深くまで浸透を始める。村役制や祭りといった共同性を維持してゆくためにも、貨幣収入の必要が村の内部で加速度的に高まってゆく。しかもチアパス州では、一八九一年に五〇センターボ(＝〇・五ペソ)であった農村労働者の日当は、一九〇八年には三〇センターボへと低下している(Tannenbaum, 1929: 352)。不可欠となった現金、それを得る道は、アシエンダ内村落の住民であれば、地主や農園主から前借りをする以外にない。自由村落の住民は、大農園に臨雇ペオンとして働きに出るか、あるいは村を離れ大農園に住み込む常雇ペオンとなるか、残された道はそのいずれかであった。基本的に一九世紀前半に始まるバルディーオ化の過程は、インディオの土地に対する権利剝奪の過程ではあれ、インディオは引き続き同じ土地に居住を許されていた。それに対し、このペオン化の過程は、債務による強制を軸として、土地と人間との分離をさらに推し進めることとなる。

チャムーラの居住領域を中心に、市や祭りなど日常的な交流のあるチアパス高地一帯を、チャムーラたちは「冷たい土地」と呼ぶ。それに対し、出稼ぎ先を含むチアパス低地一帯は「熱い土地」である。「冷たい土地」から「熱い土地」への移動が大々的に始まるのは、一九世紀後半のこの近代化の時代であった。固定化されていた村から、インディオは徐々に動き始める。そしてサン・クリストバルは、トゥクストラをはじめとする新興勢力や大々的に流入する外国資本を前に、没落の一途を辿るかにみえた。しかし外国資本は、そのサン・クリストバルにも、ひとつの救いの道を用意していたのである。

2　「白い資本」と手配師たち

ある政治家の知恵

チアパス州に隣接するオアハーカ州に生まれ、一八五七年以来一貫して自由主義派の一員として、政治家、外交官の道を歩んだマティーアス・ロメーロは、一八七四年、コーヒー・プランテーションを基礎とするチアパスの開発を主張して、つぎのように提言している。

「……グアテマラの二〇年前と現在の状況をひき比べるだけで十分である。荒れ果てた土地は、耕作のゆきとどいた平野へとにわかに姿を変え、荒廃した村や町は魔術をかけられたごとく立ち直り、ますます豊かになりつつある。日一日と新たな道路が建設され、その結果、輸出もしやすくなってきた。貿易は大幅に拡大し国庫収入も増大し、政府の信用も確立された。そして、少し前までは落ちぶれた貧しい廃墟ともいえるような状態にあったグアテマラは、まさにコーヒー栽培がもたらした素晴らしい恩恵のおかげで、豊かな活気あふれる国家へと変身した。チアパスも同じ道を歩むなら、このグアテマラと同じ成果を手にできない理由はどこにもない。……チアパス州、とくにソコヌスコ地方には、膨大な支出とかなりの損失をともなう、きわめて不都合な労働システムが存在している。……(しかし)幸いにも、この地方に隣接するグアテマラ高地には貧しいインディオがあふれており、彼らが温和な土地に降りてくることを嫌うはずはない。一定規模のコーヒー栽培をソコヌスコで実現するためには、このグアテマラのインディオが不可欠だが、しかしゆくゆくは、チアパス州の内陸部をはじめ共和国の各地から、人々を連れてくることも可能となろう……」(Romero, 1893: 6–18)

メキシコの南東部につづく中米地峡一帯では、バナナ生産よりおよそ一〇年ほど早く、すでに一八六〇年代に本格的なコーヒー生産がドイツ系移民によってコスタ・リカで始まり、七〇年代にはメキシコに隣接するグアテマラでも最盛期を迎えていた。そしてドイツ系資本はグアテマラからさらに、ソコヌスコ地方(一四行政区を含み、長さ二六〇キロ、幅一五〜四〇キロ、総面積四〇二一・六平方キロ)とよばれる太平洋岸のチアパス低地への進出を意図していた。しかしソコヌスコの開発には二つの障害がよこたわっていた。そのひとつが、グアテマラとの国境問題であった。

ロメーロは、一八五九年から六七年まで自由主義派の外交官としてアメリカに滞在した後、レフォルマ(改革)の旗手ベニート・フアレス大統領の大蔵大臣を七二年まで務め、当時はグアテマラ国境に近いソコヌスコ地方の一角で、みずからコーヒー、砂糖、牧畜生産に従事していた(Spenser, 1984: 126)。グアテマラのインディオ労働力を当てにしたソコヌスコの開発という彼の提唱は、グアテマラの独裁者フスト・ルフィーノ・バリオスを激怒させ、ロメーロの農園はグアテマラ軍に破壊され、農園労働者は投獄されてしまった(Cosío Villegas, 1972: 50–51)。この地域を含むチアパス一帯は、独立以後半世紀以上をへた当時もなおその帰属が確定せず、グアテマラはソコヌスコはもとよりチアパス州全体についても、領土権を放棄していなかったからである(Rincón Coutiño, 1964: 18–22)。メキシコ人による開発にとっても外国資本の誘致にとっても、もはや国境問題を放置しておくことはできない。ロメーロの提言につづくグアテマラ軍による農園の破壊は、メキシコにその早急な解決を迫る契機ともなった。

一八七五年よりロメーロは再度政治の世界へ復帰し、七七年から再び大蔵大臣、八二年から駐米大使となるが、その際、アメリカの仲裁にもとづいて、ついにグアテマラとの国境条約の締結にこぎつける。その年の八月、ロメーロみずから署名した暫定協定では、グアテマラのチアパスに対する領土権の主張は一切排除され、完全にメキシコ側の勝利におわる。翌九月に締結された正式条約も八三年一月までには両国に批准され、最終的に国境問題は解決をみた(Rincón Coutiño, 1964: 19–20; Waibel, 1946: 113)。

翌年チアパス州政府は、サンフランシスコに本拠をおく「メキシコ土地・植民会社」と契約を交わし、二〇万ヘクタールの土地の測量・分譲の権利を同社に与えるとともに、ソコヌスコ地方の中心の町タパチューラと太平洋岸のサン・ベニート港(マデーロ港、現チアパス港)を結ぶ鉄道の建設と同港の整備を委託する(Spenser, 1984: 128)。こうして、測量会社による国有地および荒蕪地の測量・分譲を軸とするメキシコ政府の積極的な開発政策と併行して、ソコヌスコ地方でも一八八六年から一九〇五年の間におよそ二九万ヘクタールの土地が測量され、ようやく資本主義的プランテーション経営の基礎条件のひとつが整備された(García de León, 1985, vol. I: 173–174)。ちなみにこの面積は、ソコヌスコ地方の全面積の実に七二・一％を占めていた。

サン・クリストバルの延命

ところでソコヌスコの帰属問題は解決しても、もうひとつ労働力不足の問題は未解決であった。グアテマラにおけるコーヒー資本は大量のインディオ労働力を活用しつつ発展を遂げたが、メキシコに近い国境沿いの一帯には、まだ利用可能なインディオ労働力が大量に残っていた。国境確定の最後まで帰属が定まらなかったタカナ火山周辺部のタカネコ人だけでも、その数はおよそ二万人に達していたという。しかも、チアパスで約〇・五ペソであったインディオ労働者の日当は、グアテマラではその半額の〇・二五ペソであった。他方ソコヌスコ地方の全人口は当時一万四〇〇〇人にすぎず、しかもその多くは、すでにメキシコ人の大農園に債務によって縛られており、まず彼らの債務を肩代わりしない限り、労働力として活用することは不可能であった。ロメーロによれば、債務は最低でも二〇ペソ、なかには一〇〇ペソを超える者もおり、平均すると一人五〇ペソの負債を抱えていたという。つまり日給にして一人平均一〇〇日分の債務であった(Romero, 1893: 14–20)。

入植者を誘致するためには国境を確定する必要があったが、安価なグアテマラの労働力を活用することは、逆にこれによって困難となった。しかし、この労働力問題をも一挙に打開し、安定したコーヒー・プランテーションの発展をはかる道は残されていた。すでに述べたとおり、一八九二年の「チアパス州エヒード分割法」をつうじて、インディオ村落の土地は止(とど)めを刺され、チアパス高地には、前資本主義的要素を残した大農園のなかに、あるいはわずかに残った自由村落のなかにも、土地不足に悩み現金収入を求める大量のインディオがあふれていた。ソコヌスコ地方から四〇〇―五〇〇キロ離れたチアパス高地に散在するインディオ村落、そこに住む大量のインディオ労働力を導入すればすべて問題は解決する。一九〇〇年、チアパス州知事ラファエル・ピメンテルは、チアパス高地のインディオをソコヌスコのプランテーションで活用することを認可し

(Spenser, 1984: 132)、ロメーロの提案もようやく日の目をみることとなる。

没落しかけていたサン・クリストバルにとっても、それは天の助けであった。プランテーション経営者は、サン・クリストバルの町とインディオ村落との長い歴史的関係に着目し、支配層に組織的な労働力の調達を依頼する。土地を奪われ食糧の自給もむずかしく、そのうえ地主の借金に苦しむインディオ。祭り、結婚、葬式、病人のために現金が必要となったインディオ。サン・クリストバルのラディーノは彼らを集めて前金(アビリタシオン＝habilitación)を手渡し、プランテーションへと送りこむ。しかも、実際に手渡した額の数倍の額が契約書に書き込まれていても、文字を読めないインディオに分かるはずもない。手配師にとって、そうした契約書に拇印を押させることは、いとも簡単なことであった(Pozas, 1952: 34–37)。インディオはサン・クリストバルの町を舞台に暗躍する手配師の手にかかり、四〇〇—五〇〇キロ離れた大農園へと駆り立てられていく。そして、サン・クリストバルの少なくとも一部の支配層は、こうして資本主義とインディオ村落とをとりもつ新たな活動の場を見いだし、没落の危機からからくも脱却したのである。

前貸しによって半ば強制的にインディオを労働力として組み込む方法は、グアテマラのコーヒー・プランテーションの発展を支えた、ひとつの典型的な労働力の調達方法であり、ロメーロはその点にも注目していた(Romero, 1893: 19)。しかし、インディオを遠隔地から移動させて労働力として利用するという発想は、グアテマラから導入されたものでも、ロメーロ独自のものでもない。一八四九—六一年の間、ユカタン半島のカスタ戦争で捕虜となったマヤ・インディオの人々の一部はキューバへ輸出されている。そのユカタン半島には、メキシコ北部のソノーラ州で反乱に起ちあがったヤキ・インディオの人々の一部が強制的に連行され、サイザル麻のプランテーションで中国人クーリーとともに働かされていた(Menéndez, 1923; González Navarro, 1970; Turner, 1969 参照)。資本をもった白人移民を誘致するとともに、インディオを遠隔地から連行し労働力として活用する。それは、頻発する反乱を抑えこみ「野蛮」を分断するうえでもきわめて有効な手段であり、インディオ反乱の半世紀をようやく切り抜けつつあった当時のメキシコにとって、別に目新しいことではなかった。チャムーラは一九〇五年以降一貫して、チアパス高地の数あるインディオ村落のなかで、もっとも数多く手配師の餌食となった。クスカットの反乱の中心的役割を果たしたのがチャムーラであるなら、それも決して理由のないことではなかったのである。

一ヘクタール当たり一ペソ(＝約一米ドル)という地価の安さ(一八八〇年代末)と入植企業に対するさまざまな税制上の特典、そして大量のインディオ労働力。アメリカ、イギリス、ドイツ、スペイン等から資本をもった入植者が、大挙ソコヌスコに押し寄せたのも当然であった(Spenser, 1984: 129–130)。それに加え、一八八〇—九〇年の間にコーヒーの国際市場価格は倍以上に跳ね上がり、ソコヌスコは一気にコーヒー・ブームに湧き始める。一八九四年まで、タパチューラの町から北東に一六キロまで伸びていたコーヒー生産地は、九〇年代末までに三五キロのウィストラ村まで拡大し、さらに太平洋岸に沿って鉄道が完成した一九〇八年以降には、六〇キロ地点へと急速に広がっていった(Waibel, 1946: 169)。大プランテーションは一八九二年に二六に達するが、なかでもドイツ系資本の進出は目覚ましく、九五年までに、コーヒー栽培に最適の土地の大半はその支配下に入る(Spenser, 1984: 131)。また別の資料によれば、一九〇〇年にメキシコ全土の三二一の大プランテーションの内、実に一八一がチアパスに集中していたという(García de León, 1985, vol.I: 179)。

一八九〇年代の中頃から、メキシコ太平洋岸のマサトランやマンサニーヨに本拠をおくドイツ系商社や、ハンブルク、ニューヨーク、サンフランシスコの商社の代理店がタパチューラの町を拠点に活躍をはじめ、プランテーションへの融資と輸出を引き受ける。集荷されたコーヒーの七五%は、この町から三〇キロほどの太平洋岸にあるサン・ベニート港からハンブルクの船会社「コスモス・ライン」でドイツあるいはアメリカへ輸出されたが、一九〇八年の鉄道の完成以後は、大半はテウァンテペック地峡を横断して、メキシコ湾に面したメキシコ港(現コアツァコアルコス)まで鉄道で運ばれ、全出荷量の六〇%がハンブルクへ、一五%がニューヨークへ輸出された(Waibel, 1946: 200)。鉄道はこうしてソコヌスコのコーヒーを欧米市場へと運び出すが、帰路は農園内の売店(ティエンダ・デ・ラジャ＝tienda de raya)で販売されるヨーロッパの商品を、プランテーションへと運搬したのである。こうしたコーヒー・ブームを反映して、一八七七年に四七五〇人であったタパチューラの町の人口も、一九一〇年には一万七〇〇〇人近くに達している(Spenser, 1984: 137)。

一九世紀半ばの近代的法整備に始まる近代化の動きは、その過程で土地から切り離されたインディオ労働力を基礎として、同世紀末には経済的近代化へと受け継がれた。それが、少なくともソコヌスコ地方・チアパス高地にとって、ドイツを中心とする先進国と密接に関連した従属資本主義であったことはいうまでもなく、チャムーラをはじめとするチアパス高地のインディオ村落も、サン・クリストバルのラディーノの手配師を介して、この資本主義の体系に組み込まれた。こうして、資本主義とインディオ村落との接合が完成し、以後一九八〇年代にいたるまで、ソコヌスコとチアパス高地との関係は基本的に変化はない。ところで、村の基礎である土地を奪われ、遠隔地の労働へと駆り立てられていったチアパス高地のインディオは、こうした二重、三重の圧力にもかかわらずアトム化されることなく、エスニック集団としてのアイデンティティを今も維持している。長年にわたるこの村と資本主義との関係の秘密は、いったいどこにあるのだろうか。

3　季節労働と祭り

借金背負って五〇〇キロ

「朝早くわしはサン・クリストバルへ出かけ、エル・エスカンドン農園の手配師に前借りを頼んだ。貸してもらった五四ペソの金をもって家に戻ったわしは、自分用のカイテ（サンダル風の履物）と帽子を買い求めた。四九ペソは親父に渡して預かってくれるように頼み……五日にフィンカ（コーヒー園）に向けて出発した。馬に乗った人夫頭がわしらを連れていった。かなりの人数だった。酔っぱらってる者もいれば、逃げだそうとする者もいた。この連中は、金ももらっていないのに前借りしたことにされたんだ。なかには、もう死んじまった親の借金を返すために働きにいく者もいたし、罰金を返すのが目的の者もいた。この連中は町を夜ふらついていたために牢屋にぶち込まれたんだが、手配師がサン・クリストバルの市長に罰金を払って立て替えたってわけだ。」

「初めてわしがフィンカに行ったのは、たしか一六歳の頃で、親父といっしょだった。インデペンデシアっていう名のフィンカで、ウィストラの先だ。あの頃は、サン・クリストバルからバスに乗ってまずトゥクストラへ行く。それからアリアーガまで行ってバスを降りる。その先タパチューラまでは、まだバス道がなかったんだ。そこからはずっと汽車だ。トナラ、ピヒヒアパン、マパステペック、プエブロ・ヌエボ、ウィストラを通って、タパチューラに着く。……だが、親父がフィンカに行き始めた頃はもっとひどかった。親父の話では、八日間も歩いたそうだ。サン・クリストバルを出るとテオピスカを通り、アマテナンゴ、コミタン、サパルータ、マサーパ・デ・マデーロまで行って南に折れる。その先がタパチューラだ。」(ポサス／清水、一九八四、七八、一七七―一七八頁)

最初の証言は、メキシコ革命が勃発してから二〇年ほどたった一九三〇年代の初めの、ファン・ペレス・ホローテという名のチャムーラの話であり、二番目はその息子ロレンソの証言で、一九五〇年代前半の話である。鉄道が建設されても、長い間チアパス高地のインディオたちは、四〇〇―五〇〇キロの道を歩かされていたようだ。

活力を失った者に技術、物、あるいは金を与えて新たな能力をつけさせること。それがアビリタシオンの本来の意味だ。しかし現実は、いったん前金を受け取ると指定された日にサン・クリストバルの広場や手配師の家に集められ、そこから延々、馬に乗った人夫頭を先頭に、一日およそ五〇キロ。四〇〇―五〇〇キロの道程をソコヌスコまで歩かねばならない。農園に着けば、ガジェーラ(鶏小屋)と呼ばれる宿泊所のなかに、蚕棚のようなベッドひとつをあてがわれ、朝四時には人夫頭の角笛で起こされる。赤く熟れ

図 12　コーヒー豆を乾かすパティオ(中庭)　摘みとられたコーヒーの実は，まず手前の水槽でふやかし，崩れやすくなった果実部を機械で落としてからパティオで乾かす．(Helbig, 1964: 97)

たコーヒー豆の摘みとり作業には、いつも人夫頭の監視の目が光り、夕暮時には、籠を背負って二、三キロ、ときには五、六キロもの小道を下り、監督の待つ集荷場へと運ぶ。何籠背負っていっても、はじめの頃は日当単位で賃金が決められるが、慣れてくると出来高払いになる。籠の豆を決められた箱にあけると、「今日の仕事は一箱半」といったかたちで監督が記録して、量に応じて札をくれる。土曜日にたまった札を事務所の窓口に差し出すと、一日二食の食事代金を差し引かれ、残りを現金で渡してくれる。季節によっては苗木を植え、枯れ枝や雑草を払う。監督に認めてもらえれば、人夫頭にしてくれる。あるいは、コーヒー豆を陽の光で乾かすパティオと呼ばれる作業場にまわしてくれる。一家揃って農園に出かければ、男は子どもまで摘みとり作業に狩り出され、女は朝夕二回の食事の準備に追い立てられる。

日に二回の粗末な食事では体がもたない。二、三カ月働きつづければ、新しいシャツやズボンも必要になる。仕事のない日曜日には、酒を飲みたくなることもある。そのような時、ティエンダ・デ・ラジャと呼ばれる農園内の売店が、彼らインディオを待っている。食糧、衣類、酒類をはじめ、舶来の安ピカ物も彼らを誘う。せっかく貯めた札が、一枚、二枚と売店に吸い上げられる。それでも足りなければ、つけでも売ってくれる。こうして、農園で働けば働くほどに前金は吸いとられ、そのうえ借金がかさんでゆくインディオも現われる。まず前金で縛られ、さらに農園内での債務によって二重に縛りつけられたインディオ労働力を基礎とするこの労働と生産の制度が、ペオナーヘ(peonaje)と呼ばれる一種の債務奴隷制の実態であった。*

＊ コーヒー・プランテーションの実態については、つぎの文献を参照されたい。Castro, 1979; Pozas, 1952; 1975; Rus et al., 1986; Seargeant, 1980; Spenser, 1984; ポサス／清水、一九八四。

ドイツ系資本による大々的なプランテーション経済が開始して数年、一八九七年にソコヌスコの債務労働者は、すでに四〇〇〇人を超え、債務合計は五〇万ペソにのぼったという(Spenser, 1984: 131)。ロメーロがコーヒー栽培を提唱した七〇年代の中頃には、一人平均五〇ペソ、日当にして一〇〇日分の負債であったが、それが、プランテーションの急成長の結果、一人当たり一二五ペソへと膨れあがり、しかもこの間、チアパス全体の賃金水準は改善されるばかりか、むしろ低下傾向をたどっていたのである。

こうした現実を反映して、アビリタシオンは別名、「鉤(かぎ)で引っ掛けること」を意味するエンガンチェ(enganche)、手配師(アビリタドール)はエンガンチャドール(引っ掛ける人＝enganchador)と呼ばれ、こうした労働調達の制度をエンガンチェ制と呼ぶ。ソコヌスコのプランテーションが、このエンガンチェ制を軸に、農園内での債務によって、安定した労働力の確保に成功したことは否定できない。しかし、チアパス高地とプランテーションとの半世紀以上にもわたる関係を理解するためには、債務を過大評価することは危険であろう。

コーヒー・プランテーションが必要とする労働力は、栽培面積一ヘクタール当たり年間をとおして〇・五人で、その三倍の追加労働力を必要とする摘みとり期は、およそ四カ月にすぎない(Waibel, 1946: 185–186)。一九二〇年代にソコヌスコで最高の生産性を誇り、規模のうえでも二番目に大きいプランテーションであったアンブルゴ農園の場合、全面積二四五八ヘクタールの内、栽培面積は四二八ヘクタールである(Waibel, 1946: 171, Tabla III)。すなわち摘みとり期には八五六人が必要となるが、年間の内八カ月は二一四人の労働者で済む計算になる。半永久的な債務奴隷化は、このように年間の限られた季節にのみ大量の労働力を必要とするコーヒー・プランテーションの経営にとり、決して有利な要因とはなり得ない。また、親から子へ、子から孫へと債務が引き継がれるような過度な債務奴隷化が、結局は労働者の逃亡をうながし、安定した労働力の確保とは裏腹の結果を招くことは、すでにコーヒー栽培が導入される以前のソコヌスコ地方で、メキシコ人の大農園が実証ずみのことであった(Romero, 1893: 17-18)。

むしろ注目すべきは、債務奴隷制というイメージとは逆に、農園内に労働者用のトウモロコシ畑(ミルパ)が確保されており、しかも「その土地は、ほぼ全ての農園で完全にインディオ労働者が自由に利用でき、収穫物についても同様であった」点であろう。すなわちインディオは、小作料を払わずにミルパを利用できたのである(Waibel, 1946: 183)。一九二〇年代の中頃に、この地域の主だった一八農園の実態調査をおこなったドイツ人研究者ヴァイベルの分析によれば、栽培面積は農園面積のおよそ二〇%、そして三〇%がミルパ、四五%が未耕地、五%が役畜用の放牧地である。資料が完全な一三農園について、個別に栽培面積を基礎として年間の必要労働者総数を算出し、さらに必要ミルパ面積(大人三人当たり年間二ヘクタール)を推定すると、八農園は十分すぎるほどのミルパ面積を確保していることがわかる。ちなみにアンブルゴ農園の場合、総面積の一七・四%、四二三ヘクタールがミルパだが、通年必要労働者および摘みとり労働者の主食であるトウモロコシを生産するために必要な総面積は、約二八五ヘクタールである(Waibel, 1946: 170, 171, Tabla III)。

このミルパを利用できたのはおそらく、少なくとも一年以上農園に滞在したインディオに限定されていたと思われるが、こうした空間の存在が、たとえ一部とはいえ、出身村落から四〇〇―五〇〇キロ離れた農園の中で、「村」の再生に寄与したであろうことは十分想像できる。チアパス高地で土地を奪われたインディオの一部は一家揃って農園に移住し、そこで二年、三年と農園労働のかたわらトウモロコシを作る。そうした家族を頼って、同じ部落の仲間が集まってくる。村と同じ十字架をたて、時にはみんなで祈る。こうして村のしきたりも、一部は農園のなかでも復活する。同時に、仕事の条件がひどければ、みんなで逃亡するための知恵を寄せあう。

農園内で「村」意識が再生される背景には、チアパス高地の村々と個々の手配師との関係も影響していたようだ。プランテーションと契約を結んだ手配師が効率よくインディオを集めるためには、個々の村落を支配している農園主や、村に送りこまれたラディーノの事務官と手を組む必要がある。時には、農園主みずからが手配師の役割をはたす。その結果、同じプランテーションへ同じ村、あるいは同じ部落のインディオが集中的に送りこまれることとなる。エンガンチェ制は皮肉にも、「村」を破壊するだけではなかったのではないか。

メキシコ革命と季節労働

「組合がまだなかった頃は、裁きをお願いできるようなところはまったくなかった。手配師たちは好き勝手に命令するんだ。いくら払ってくれるかも連中だけで決めていた。だが組合ができてからは、法律ってもんができたんだ。農園主までもが、少しはわしらに気をつかうようになった。わしらはわしらで、本物の人間らしさを少しは味わえるようになった。フィンカ(コーヒー園)の飯もよくなった。仕事もましになった。こういったことは、亡くなったエラスト・ウルビーナ(組合の創設者)が命令して下されたおかげだ。エラスト様は自分でフィンカを見てまわって、飯をよくする、わしらに腹を空かせるようなことはしちゃならん、やった仕事の量はごまかしちゃならん、そう命令されたんだ。何時間働かせていいかもお決め下さった。つまり農園主の好き勝手にはいかなくなった。仕事は八時間かぎりだ。そうおっしゃった。組合がなかった頃はそれよりずっと長い時間働かされた。……以前は手配師たちもわしらを殴った。足蹴(あしげ)にすることもあった。だが組合ができてからは、フィンカのすべてがずっとましになった。わしは二年間組合で働いたことがあるが、手配師がちゃんと金を払うように監視する役だったよ。」(Rus et al., 1986: 12)

一九一〇年、三〇年以上もつづいたポルフィリオ・ディアスの独裁の打倒をめざしてメキシコ革命が勃発し、以後メキシコはおよそ一〇年にわたる戦乱の時代に突入する。当初ディアス大統領に対する再選反対運動としてスタートした革命は、農民・インディオをまきこみ、一気に全国的な広がりをみせる。一九一五年には農民への土地分配が始まり、さらに一七年の革命憲法の制定をつうじて、それまで農民・労働者がおかれてきた状況も大幅に改善される。チアパスでは、革命の波がおしよせ、現実の生活に変化が現われ始めるのは、革命が勃発してから四年ちかくも後のことだったが、エンガンチェ制にもとづくプランテーションとインディオ村落との関係も、徐々に変貌を遂げることとなる。

まず一九一四年九月に革命政権が公布した政令をうけて、一〇月には「チアパス州労働法」が制定され、ペオン(チアパスでは一般にモソと呼ばれた)の債務は無条件で破棄され、最低賃金制も法制化される(De la Peña, 1951, vol. II: 355, 361)。しかし、債務奴隷からの解放が森林開発地域で実現したとはいえ、コーヒー・プランテーションの状況は、一九一八年ソコヌスコのコーヒー園労働者が起こしたストライキまで変化はなく、根本的な変化は「チアパス州原住民労働者組合」(Sindicato de Trabajadores Indígenas del Estado de Chiapas. 以下STIと略す)の設立を待たねばならなかった。

すでに、一九一七年のメキシコ革命憲法第一二三条で労働者の基本権が定められ、前貸しや債務による労働者の確保も年少労働も禁止され、最低賃金制など労働条件の改善もうたわれていた。ようやく一九三七年、この革命憲法をたてにラサロ・カルデナス大統領の指示によってサン・クリストバルに設立されたSTIは、とくにコーヒー・プランテーションでの労働に従事するインディオの保護を主たる目的としていた(Pozas, 1952: 43-44)。規約では、組合員の労働条件の改善と労働にかかわる諸権利の擁護をうたい、労使間紛争へSTIが介入する権利も定められている(STI ③-⑥)。これを契機に、チアパス高地のインディオと手配師、農園主との関係は実質的な変化を迫られた。

まず、労働力を必要とするプランテーション経営者はすべて、STIとの間で契約書(期限二年間)をとりかわし、組合員以外の労働者を個別に雇用することを禁じられたほか、さまざまな義務を負うこととなる。初等教育を修了していない一六歳未満の年少者の雇用は禁止され、前貸し額は一カ月分の賃金が限度とされる。契約地(サン・クリストバル)から就労地までの往復の旅費、およびその間の食費は雇用者の負担となる。農園の売店(ティエンダ・デ・ラジャ)は廃止され、農園主は労働者のための医療施設を完備し、労務災害についても補償しなければならない。労働時間は八時間、休日労働は禁止、賃金は最低賃金制にもとづき現金により週単位で支払うこととされた。また、手配師は経営者の代理人としての義務を負い、したがって、町でインディオ労働者と個別交渉をすることもできなくなった。一方、プランテーションで働きたい労働者も、常雇であれ季節労働者であれ、すべてSTIへの加入が義務づけられたのである(STI ③-⑦)。

ＳＴＩの設立は、労働者の自由意志にもとづいて結成された組合とは異なり、あくまでもカルデナス政権による労働者の組織化、国家への労働者の統合化政策の一環であった。ＳＴＩの規約(STI ③)第五条によれば、この組合も「全国農民総同盟」(ＣＮＣ)とともに、同政権の強力な基盤であった「メキシコ労働者総同盟」(ＣＴＭ)の下部組織として組織されている。いわば組合の設立によって、出稼ぎに依存せざるを得ないチアパス高地のインディオは、一定の庇護を受ける見返りとして国家に包摂されることとなるが、さしあたりインディオにとっては、労働条件の大幅な改善と不服申し立ての機関が設置されたことは、大いに歓迎すべきことであった。

ところで、労働者の保護という側面で革命は大幅な前進をみせたとはいえ、インディオの生活基盤である土地の回復という根本問題の解決、すなわち農地改革のチアパスへの波及は微々たるものであった。すでに触れたとおり、一九一八年のソコヌスコの労働者ストライキを契機にチアパスでも農地改革運動が始まり、一九二〇年以降運動は全州へと波及する(De la Peña, 1951, vol. II: 377–378)。同年、革命政府の命令にしたがい、州政府は「メキシコ土地・植民会社」の保有地およそ一七二万ヘクタールのすべてを接収し(De la Peña, 1951, vol. II: 337)、その接収地を基礎に、ソコヌスコ地方のコーヒー園労働者のために五つ、中央低地に四つのエヒードを創設した。* さらに一九二一年一〇月には、革命憲法第二七条にもとづいて「チアパス州農地改革法」が公布され、農地の最大所有規模の設定、それを上回る土地の接収が規定され、エヒードとして農民に分配されることとなる。これによって、それまで大農園に取り込まれていたいわゆるアシエンダ内村落は法のうえで解放され、自律的な村落へと復帰する契機を得たが、最大所有面積はなおも、八〇〇〇ヘクタールという膨大な規模にとどまっていたのである(De la Peña, 1951, vol. II: 350-351)。

＊ 革命政権は一九二〇年「エヒード法」を制定し土地分配の基礎としたが、それは従来のエヒード＝入会地とは異なり、一定の土地を複数家族(エヒダタリオ)が共同所有する新たな所有形態である。個々のエヒダタリオは、耕作権を相続することはできるが、土地の売却は禁止されている。

一九二七、八年の時点でも、ソコヌスコにはドイツ系三二、メキシコ系二五、スペイン系一三、アメリカ系一〇、フランス系八、イギリス系四、スイス系二の、計九四プランテーションがあったといわれ(Waibel, 1946: 188)、メキシコ全土で農民への土地分配が急速に進展し始める一九三四年以降も＊、土地所有の上限が三〇〇ヘクタールへと削減されたとはいえ、数多くのプランテーションは同族内で所有権を分散し、これを切り抜けた。

＊ 一九三四年の連邦政府「農地法」は、それまでの土地分割にかんする権限を州から連邦政府へ移管し、エヒードについても、エヒード管理委員会の設置など組織的な整備がはかられ

た。以後、四〇年までのカルデナス政権下では、それまでの一九年間に分配された農地の二倍以上に当たる一七八九万ヘクタールが分配された(Wilkie, 1967: 188)。

一方チアパス高地では、土地分配は州内でもさらに遅れていた。一九三八年にソコヌスコ地方のあるプランテーション経営者は、労働力を確保する目的からチャムーラの村の一部をラディーノの所有者から手に入れ、サン・フランシスコ農園を設立している(Pozas, 1977, vol. I: 343-347)。これは、それまでの農地改革法など革命の成果が、チアパス高地ではほとんど生かされていなかったことを物語る象徴的な事例であろう。一九四〇年においても、チアパス高地には九二八の農園(平均規模一〇二・五ヘクタール)が存在し、チャムーラの村にもラディーノの二つの農園が一三五ヘクタールを占めていた(Wasserstrom, 1983: 165-166)。しかし、一九三七年以降チアパス高地でも、徐々に農園の売却あるいは接収、そしてエヒードの創設が始まり、チャムーラの村にも一万八五八五ヘクタールの土地が返還され、四一年までに四つのエヒードが生まれた。*

＊ なお、一九一五―四八年の間に、チアパス全州で六八九のエヒードが創設され、およそ一一八万ヘクタールの土地がインディオ村落に返還された(De la Peña, 1951, vol. II: Relación de Ejidos Definitivos del Estado de Chiapas al 31 de diciembre de 1948; Relación de Ejidos Provisionales del Estado de Chiapas al 31 de diciembre de 1948)。

チアパス高地の村々は農地改革とエヒードの創設によって大農園から解放され、行政的にも、各村を単位とする「自由自治体」(ムニシピオ・リブレ)として再編されて、村役制にもとづく大幅な自治権を取り戻した。しかし、奪われた土地が返還されても、チアパス高地の土地不足が解消することはなかった。ひとつには、ラディーノから返還されたのは、奪われた土地の一部にすぎなかったこと、そしてもうひとつは、土地の返還とほぼ時を同じくして、革命政権に見込まれた一部の村人への土地の集中が始まったことである。さらに、男女均等相続の村の伝統が、革命後の死亡率の低下とあいまって、土地の細分化にさらに拍車をかける結果となる。チャムーラの場合、一九八八年現在では一家族当たりの平均所有面積は、〇・二五から〇・五ヘクタールといわれ、一家族四、五人の場合、最低必要とされるトウモロコシの栽培面積が約二ヘクタールである点を考えるなら、土地不足がいかに深刻かが理解される。ちなみに、一九七〇年代後半のある研究によれば、チャムーラの大多数の家族のトウモロコシ生産は、必要量の一一・五%にすぎない(Wasserstrom, 1980: 7)。生活の糧を求めて、彼らは引き続き「熱い土地」への出稼ぎに出てゆかざるを得ないのである。*

＊　土地不足、およびその出稼ぎ労働との関係については、前掲の文献のほか以下のものを参照されたい。Collier, 1976; Morales et al., 1978; Preciado Llamas, 1978; Romano Delgado, 1974/75; Rus, 1988; Wasserstrom, 1976 ③; 1977 ①②; 1978; 1980.

表1　地域・自治体別契約労働者数(1982年)

自治体	地域			合計
	I	II	III	
チャムーラ	144	2,793	8	2,945
オシュチュック	224	1,913	0	2,137
ミトンティック	160	1,898	6	2,064
テネハーパ	143	1,484	0	1,627
カンクック	75	773	0	848
チェナロー	102	657	3	762
ウィスタン	35	658	0	693
チャナル	10	261	0	271
サン・クリストバル	11	98	1	110
オコシンゴ	11	46	0	57
ララインサル	5	45	0	50
その他	11	217	0	228
計	931	10,843	18	11,792

出典：STI ①②をもとに作成.

祭り、摘みとり、また祭り

一九八八年現在コーヒー生産地は大きく三地域に分かれ、STIの斡旋でコーヒー・プランテーションへの季節労働に参加しているのは、基本的にツォツィル語およびツェルタル語系の三三の自治体である。一九世紀末に急成長をとげたソコヌスコ地方(第I地域)に代わり、現在では革命以後に成長したアンヘル・アルビーノ・コルソを中心とする第II地域への出稼ぎが圧倒的多数を占め、一九八二年に合計およそ一万二〇〇〇人で、自治体別の分布は**表1**のとおりである。[*] この中で、上位七村落だけで一万人を超え全体の九割以上を占めるが、チャムーラはおよそ三〇〇〇人で、一九八七年現在もなお最も多くの労働力を送りこんでいる。一九五七年以前の資料はすべて焼失しているため入手できないが、五七年に一万八〇〇〇人であった契約労働者総数は、六三年以降になると一万二〇〇〇人台へと減少している。一九八〇年代に入ると、ＳＴＩを経由せず行き慣れた農園へ直接でかけるインディオが増加するため断定することは危険だが、ＳＴＩの法律顧問によれば、かつてＳＴＩは二万五〇〇〇人から三万人を扱っていたといわれ、近年の契約者数が減少あるいは停滞傾向にあることだけは明らかである。一方、この季節労働者の出身村落の総人口は、一九五〇年に推定約一三万人、七一年には約二〇万人、八〇年には約二五万人以上とされる。この総人口と労働契約者数の推移を追うなら、チアパス高地の村落がプランテーション労働へ依存する度合が、大幅に低下しつつあることは否定できない。

＊　本節の基礎資料は、STI①②である。なお詳細については、拙稿一九八七③を参照されたい。

しかし、こうした減少傾向にもかかわらず、プランテーションとチアパス高地とのつながりには、かつてと変わらぬ一定の規則性があるようだ。プランテーションへの労働力移動を月別に分析すると、年間のいくつかの特定の時期に集中していることが分かる。一九六五―六六年と一九八〇―八二年の二つの期間について、その平均年間推移を表わしたのが**図14**だが、二つの期間に共通して契約者数は四月、七月、一一月に集中してい

図 13　サント・ドミンゴ教会に近い STI 事務所

出稼ぎを希望するインディオは，STI をつうじて特定の手配師に前借り額と希望する農園を申し出る．毎週月火の 2 日が契約日で，その日は朝早くからインディオが事務所前に集まり手配師の到着を待つ(上)．現在農園の代理人としてこの組合と契約を結んでいるのは 13 人の手配師だが，彼らが人夫頭をともなって到着すると，一人一人インディオの名が呼ばれ，州政府が任命した法律顧問の立ち合いのもとで，前借りの現金が手渡される．その中から各自 12 ペソの斡旋手数料を組合に納めると，全て手続きは完了し，人夫頭の先導でプランテーションへと向かうトラックの待つ町の広場へと歩いて行く．中には，仕事をもらえず途方にくれるインディオもいる(下)．

る。コーヒーの摘みとりの最盛期は一一月の初旬から二月末までであり、それ以後は農園の除草と剪定(せんてい)が主体で、すでに触れたとおり、摘みとり期に比べ必要とされる労働力は四分の一であった。しからば、この三つの山は何を意味するのであろうか。

チャムーラにかぎらず、チアパス高地のエスニック集団にとって、村の結束を維持するうえで祭りは今でもきわめて重要な役割をはたしているが、春のカーニバルと一一月初めの「死者の日」の祭りは、とりわけ重要である。チャムーラの場合、村に土地をもっている村人は、カーニバルが終わるとまず四月中旬から、乾期に固まったトウモロコシ畑(ミルパ)を大鍬で掘りおこし種蒔きに備える。播種期は乾期が終わりかける四月下旬で、土掘り棒を利用して種蒔きをおこなう。五月初めには三つに分かれた地区(バリオ)ごとに有力な「呪医」(イロル)に依頼して雨乞いの儀礼＝「サンタ・クルスの祭り」をとりおこなう。雨期が始まると時折り除草作業をしなければならないが、播種期に比べさほどの労働力は必要とされない。そして六月二〇日から二四日にかけ、守護聖人サン・フアンの祭りを祝い豊作を祈願する。プランテーション労働と関係のある村落は、チアパス高地を中心に海抜一〇〇〇～二五〇〇メートルの高地にあるため、収穫期は高度によって一定のずれがあるが、いずれも一〇月に集中していることに変わりはない。収穫したトウモロコシを「死者の日」の祭壇に供えると、チアパス高地における一年の生産のサイクルが終わる。

土地不足に悩むチャムーラの場合、チアパス中央低地のトウモロコシ農園へ出稼ぎに行く村人も多い。ここでは、やはりカーニバルが終わった頃に焼き畑の準備が始まり、三、四週間かけて雑木の伐採がおこなわれる。焼き畑そのものにはさほどの労働力は必要とされないが、四月中旬から始まる種蒔き、六月初旬からおよそ三週間つづく一回目の除草作業、六月下旬から七月上旬にかけての二回目の除草作業には多くの労働力が投入される。そして一〇月初旬にトウモロコシの収穫が終わると、移動労働者はそれぞれ必要に応じて、現金あるいは現物(トウモロコシ)で労賃を受け取る。ここには現金の前貸し制はないといわれるが、なかには、すでに前年現物での前借りをしていたために、あらためてトウモロコシを前借りして村に帰る労働者もいる。いずれにせよ中央低地での生産のサイクルも、季節的にチアパス高地と大差なく、一

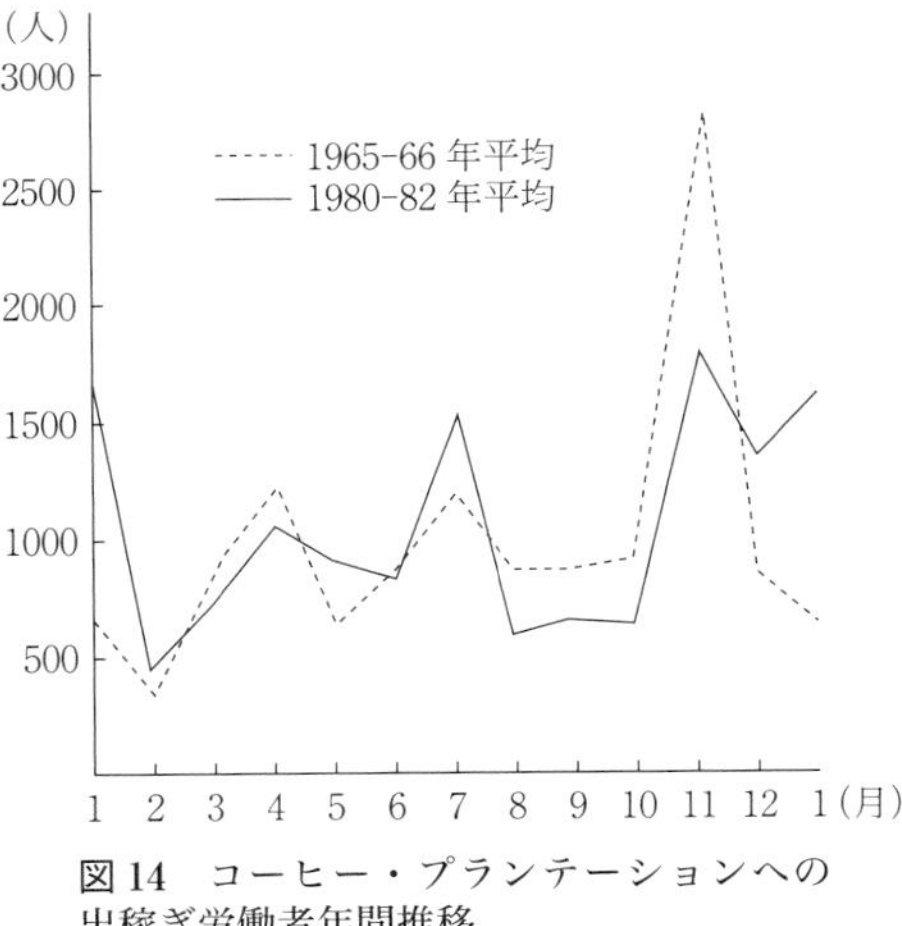

図 14　コーヒー・プランテーションへの出稼ぎ労働者年間推移

〇月には出稼ぎに行っていた村人も、現金あるいはトウモロコシをもって村へと戻ってくる。

村の役職者のみならず一般の村人も、祭りには飲み食いにかなりの金を使い、とくに一年の生産サイクルのしめくくりに当たる「死者の日」には、ロウソクと花で墓地を飾り、家の中でも、ロウソクと花、そして収穫したばかりのトウモロコシを祭壇に捧げ、松脂香(まつやにこう)をたいて死者の霊を迎える。その日には特別の料理が準備され、「知り合いの霊と語るため」に村人たちは相互に家を訪問し、明け方まで飲み、語る。死者が生前重要な役職の経験者だったり音楽好きの場合には、特別に楽師を招いて歌ってもらう。いずれにせよ、すべての家庭にとって、一年のうちでもっとも出費を余儀なくされるのがこの祭りで、このほかの催事とともに年間の消費サイクルの流れを構成している。

しかし祭りで金を使いはたしても、その直後には季節労働がひかえている。カーニバルのあとには、コーヒー園での剪定作業や中央低地での焼き畑作業が、サン・フアンの祭りのあとには除草作業が、そして「死者の日」の直後には、コーヒーの摘みとりが最盛期を迎える。摘みとりから戻ると、こんどはカーニバルの祭りが待っているといった具合だ。以上をプランテーション労働との関連でまとめると、**図15**のとおりとなる。

コーヒー・プランテーションへの季節労働が実は、村の生産と祭り(消費)のサイクルといかに密接な、しかも相互補完的な関係にあるかはきわめて明瞭であろう。また、プ

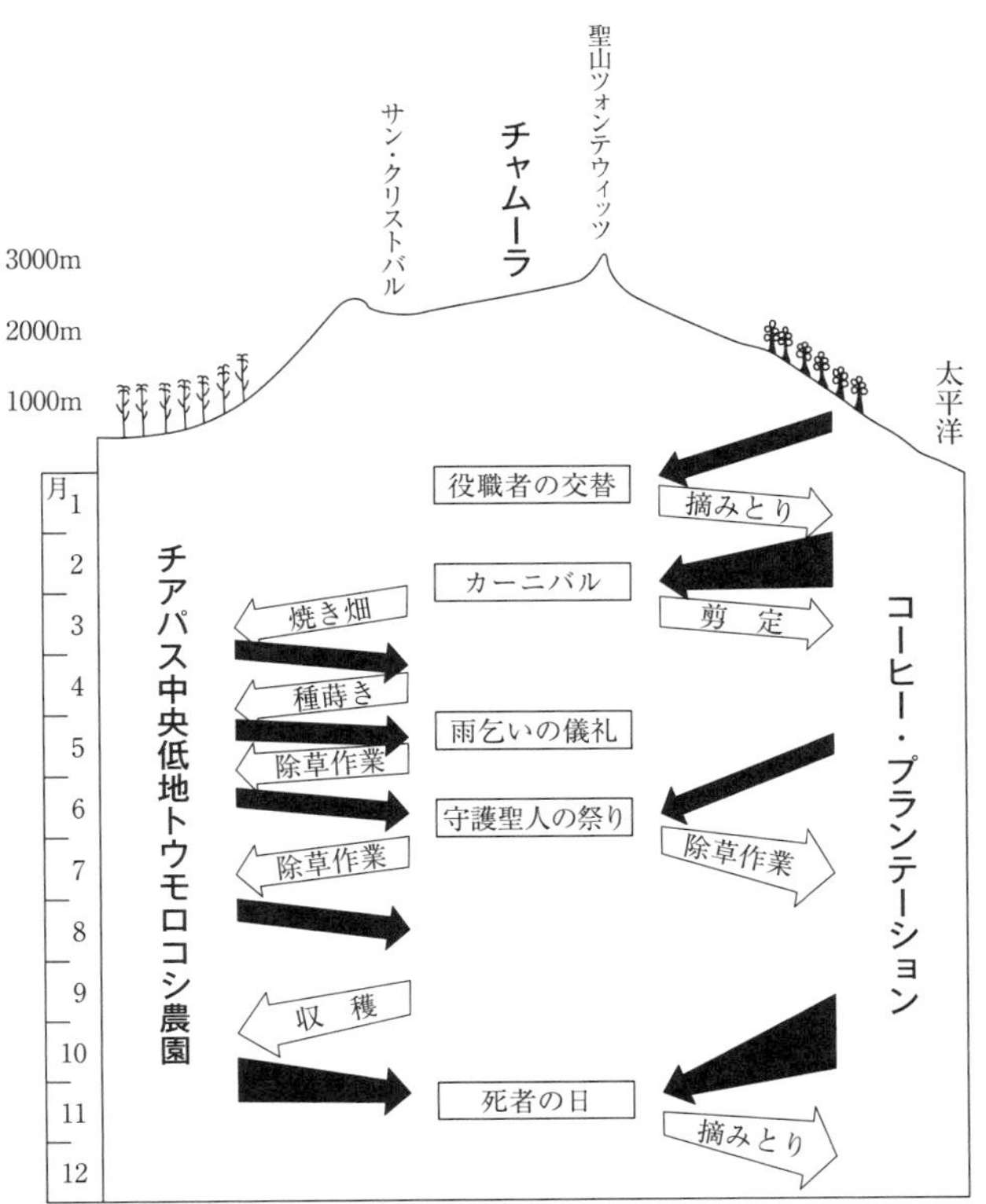
聖山ツォンテウィッツ
サン・クリストバル
チャムーラ
3000m
2000m
1000m
太平洋
月
1
2
3
4
5
6
7
8
9
10
11
12
チアパス中央低地トウモロコシ農園
役職者の交替
カーニバル
雨乞いの儀礼
守護聖人の祭り
死者の日
焼き畑
種蒔き
除草作業
除草作業
収　穫
摘みとり
剪　定
除草作業
摘みとり
コーヒー・プランテーション

図15　祭りと出稼ぎ

ランテーションへの依存度の低下、全般的な移動労働力の減少傾向、地域的変動など、統計上指摘される近年のいくつかの変化にもかかわらず、村とプランテーションとの基本的関係には、まったく変化のないことも明らかである。

チアパスにおけるコーヒー・プランテーションが、その成立以来インディオに対する労働収奪と、いわば植民地的強制ともいえるチアパス高地の社会関係を基礎とするエンガンチェ制に支えられ、発展を遂げてきたことは明らかである。またその背景に、一九世紀半ば以来急速に進展したインディオ村落の解体という、チアパス高地における近代化の構造変化があったことも否定できない。しかしながらプランテーションは単に、資本主義の論理のみによって発展を維持し得たのであろうか。

一九世紀末に「メキシコ土地・植民会社」をはじめとする測量会社が分譲した土地は、コーヒー資本のみならず、ゴム・プランテーションや木材開発資本の手にも渡っており、「ラカンドン地域」の名で知られるチアパス北東部の熱帯低地だけでも、その面積は八〇万ヘクタール近くにおよんだ(De la Peña, 1951, vol. II: 337)。そしてサン・クリストバルの手配師たちは、ソコヌスコの海岸低地に流入したゴム・プランテーションや、マホガニーを中心とする森林開発事業にも、チアパス高地のインディオ労働力を調達したのである(González Pacheco, 1983 参照)。しかし、ドイツ、イギリス、アメリカ資本を中心に展開した森林開発事業では文字どおりの債務奴隷制が支配し、労働者の逃亡を阻止するために暴力と、それに対する労働者の反乱が頻発する。サン・クリストバルの手配師の手にかかり強制的に連行されるインディオたち、そしてモンテリーアと呼ばれる木材伐採地域での債務奴隷化と強制労働の状況は、ブルーノ・トラベンの小説『首をくくられた者たちの反乱』(Traven, 1974)のなかで、くまなく明らかにされているが、季節性のない労働現場と長期にわたる債務奴隷化は、インディオにとってはいうまでもなく、サン・クリストバルの手配師にとっても、決して望ましいことではなかった。インディオはモンテリーアへ行くくらいならフィンカ(コーヒー園)を選ぶ。手配師も、定期的な収入を確保できるフィンカを優先する。こうして木材伐採の恒常的な労働力不足は、現場の労働者に対する暴力をさらに強め、悪循環が繰り返されることとなる。

コーヒー資本とほぼ同時にソコヌスコ地方に流入したゴムやカカオのプランテーションも、森林開発と同様メキシコ革命の過程で急速に衰退し、ついに今日まで飛躍的な発展をみることができなかった(Helbig, 1964: 20–21)。また近年、コーヒー生産地帯の外縁に拡大しつつあるバナナ・プランテーションも、機械化によってはじめて本格化したもので、チアパス高地の労働力に依拠してはいない。そして、祭りと生産のサイクルにぴたりと合ったコーヒー農園のみが成長をつづけ、チャムーラをはじめとするチアパス高地からの季節労働は、今もなおつづいているのである。

第３章　「大地のへそ」と見えない権威

1　事務官様は神様か

村に入りこんだ事務官

「一九三一年一二月三一日のこの汚れなき日、われらともに健やかなり。このよき日、眠れるわれらが父祖にそなたは誓う。われらが父祖のお守り下されたごとく、陽の出づる時から没するまで、年の始めから終わりまで、サン・フアン様の御許で、民の姿を見失うことなく民を見守る、と。妻子とともに、サン・フアン様に祈りを捧げる、と。」

「そなたの生活は、そなたのミルパ(トウモロコシ畑)を耕す民の力で支えられよう。しかしもし、そなたが心より、われらが村に仕えることがないならば、そなたは病に伏すこととなる。一日を、一年を、心して目を開き、そなたがすべての民を守るのだ。この場を離れず、心してサン・フアン様から目を離すことなく、お守りいたすのだ。そして、ラディーノ様のお言葉には従うのだ。人を動かす者、それはあのラディーノ様たちなのだ。神の御子、天の御子にして白き顔、シャツにズボンの御方なのだから。……」(ポサス／清水、一九八四、一一〇―一一二頁)

一九三一年といえば、革命の戦乱が一段落しておよそ一〇年、「自由自治体法」がチアパス州でも施行された年である。年に一度の村役の交替の際、職を去る村長は、新任に杓を手渡しながらこのように諭したという。これは、一種の儀礼としての台詞だが、チャムーラの村人と守護神サン・フアンとの関係のなかに、革命政権が村に送りこんだラディーノの事務官が、すでにひとつの重要な位置を与えられ、事務官を仲介とする村と国家との、新たな関係が成立しているかに見える。メキシコ革命以後、村と国家との関係を法的に規定することとなる「自由自治体法」は、大農園から解放されたインディオをエスニック集団単位で再編し、彼らが大幅な自治権を回復する契機となった(Castañón et al. 1967: 335-352参照)。しかし国家が、この法をてことしてインディオ村落の統合化を目指していたことも事実であり、そうした国家の意図に対しても、チャムーラは敏感に反応を示している。

チアパスにおけるメキシコ革命は、再びサン・クリストバル対トゥクストラの対立として展開する。本来保守派の拠点であったサン・クリストバルの大地主たちは、当初トゥクストラの支配からの脱却を目指して、革命に立ち上がったマデーロを支持し、一九一一年にはトゥクストラを攻撃する。この際、兵力としてチアパス高地の何千人ものインディオが動員されたが、彼らは徴兵に応じれば、いっさいの租税の免除と土地分配を約束されていたのである(Espinosa, 1912: 56)。なかでもハシント・ペレス・パハリートに率いられたチャムーラの村人は、中心的な兵力であった。しかしこの戦いに敗れ、さらに農地分配、債務奴隷の解放といった革命の急進性が徐々に明らかになるにつれ、サン・クリストバルの勢力は反革命へと一転し、インディオに対する約束もすべて反古に

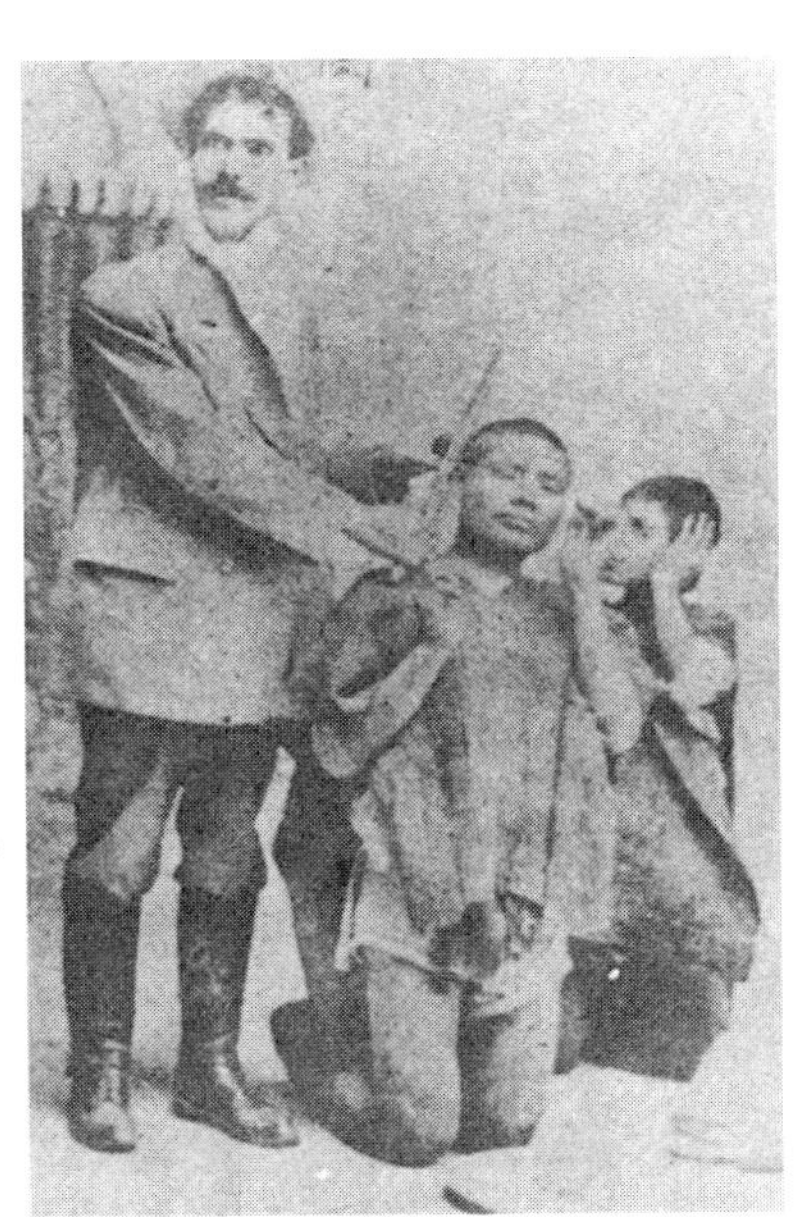

図 16　耳を削ぎ落とされるチャムーラ　革命派の兵士としてトゥクストラの町を攻めて捕虜となった者のなかで，見せしめとしてこのような罰を与えられたのはチャムーラだけであった．(Moscoso, 1972: 32)

された(Pérez Pérez, ――: 7–11; Moscoso, 1972参照)。これを機に、チアパス高地のインディオは革命から身を引き、同時に、それまで村の政治を牛耳っていたラディーノの地域ボスも、村の経済を支配していたラディーノたちもすべて村から逃亡する。それ以後一〇年近くにわたる間、革命派も反革命派も、ともにチャムーラをはじめとするチアパス高地のインディオの村々に気を配る余裕はなかった。メキシコ革命の政治的混乱。チャムーラにとってそれは、征服以来絶えることのなかったラディーノによる支配と村の行政への介入が中断された空白の一時期、解放の一時期であった。その機会を、チャムーラたちが見逃すことはなかった。

「伝統派」による村の再建

チャムーラとしての村の自律性を回復するうえで、いま必要なことはなにか。村の指導層が注目したのは、自分たちの言語と宗教を守り、その二つを基礎とする村の統治原理を、いかにして回復するかであった。長老たちを中心に指導層がまず手をつけたのは、村役の資格と選出方法の再検討である。村の行政に携わる村役、とくに村長は、チャムーラの自律性と利害を守るうえできわめて重要である。これまで、ラディーノの支配者との仲介役をはたしてきたのは、スペイン語を話せる数少ないチャムーラであり、彼らのおかげで村の土地は奪われ、森林の伐採やコーヒー・プランテーションへと村人が狩り出されていった。スペイン語を喋れないこと、それは決して、ラディーノや一部のチャムーラが言うような「遅れ」を意味するものではない。他所者（よそもの）の言葉が話せないことは、むしろ逆に村を守るための防壁なのだ。こうして長老たちは、スペイン語を話せないことを、村長に選ばれるためのひとつの条件として定めたのである（Wasserstrom, 1983: 175）。

もうひとつの重要な改革は、宗教上の役職と行政上の役職との一体化であった。本来それは、後に触れる彼らの世界観と神意識にもとづく内部統治の根本原理であり、宗教と行政は村の統治原理のうえでは一体不可分のものである。チャムーラにとって、宗教と行政の分離はそれ自体、村の存続を危険にさらすものに他ならない。革命以前のラディーノによる行政支配はそもそも他所者による支配であり、しかも、この根本原理に抵触する統治のありかたであった。こうした問題を解決するために、彼らが打ち出した新たな制度は、村の行政に携わる村役に宗教上の役職経験を課すことであった。つまり、村役になるためには、それ以前に宗教上の役職を少なくともひとつ経験していることが条件とされた（Wasserstrom, 1983: 176）。

しからば、誰が村役を選ぶのか。外部世界の人間の介入を排し、しかも権力の集中は避けねばならない。さらに、村の行政と宗教に村人が公平に参加し、負担も公平に分担しなければならない。こうした村の原則を熟知しているのは村役の経験者であり、年寄りである。宗教上の役職の選出に限られていた長老の権限は、こうして行政上の役職の選出にも拡大される。すなわち、長老たちは現職の村役たちとの協議のうえ、実質的に次期の村役を決定する権限を与えられたのである(Wasserstrom, 1983: 176)。

自分たちの言語、そして宗教と行政との再統合を基礎とする村の統治原理、さらにその原理を維持するための長老たちの役割が、こうして革命の戦乱に明けくれるラディーノ社会を尻目に、着々と「伝統派」の指導層の手によって具体的な姿をとり始めていった。そして一九一四年九月、チアパス州の実権を握ったカランサ派のカストロ将軍も、「伝統派」とみなされるこれら長老たちの主導権を公的に認めたのである(Wasserstrom, 1983: 175-176)。

一九二〇年代に入ると、早くも空白の時代は終わる。すでにメキシコ中央部では、急進的な農地改革を目指したエミリアノ・サパータもフランシスコ・ビジャ(パンチョ・ビジャ)の勢力もともに淘汰(とうた)され、この年アルバロ・オブレゴンによる革命勢力の統一が達成される。そしてチアパスにおいては、一九一四年以降サン・クリストバルの反革命勢力の指導者として活躍したアルベルト・ピネーダを連邦軍の将軍に、革命派のティブルシオ・フェルナンデス・ルイスを州知事に任命するというオブレゴンの妥協案が受け入れられ、サン・クリストバルとトゥクストラの対立も決着をみる(Favre, 1973: 71-74)。革命政権による国家統合・国民統合の波がチャムーラにも押しよせ、とくに三〇年代には国家による行政村への再編が強力に展開し始めるが、なかでも「自由自治体法」の制定は「伝統派」が意図したチャムーラの自律性の回復にとって、深刻な問題であった。村長は、一般の村人による普通選挙で選ばれなければならず、長老たちは村役選出における決定権はおろか、村の行政組織からも排除されたのである(Gobierno Constitucional……参照)。村人にとって二つに分けて考えることのできない宗教の権威と行政の権威も、あらためて分離された。これは、チャムーラとしての共同意識を、再びその根幹から揺るがすものに他ならなかった。こうしてその後一〇年以上にわたり、村の統治のありかたをめぐって、「伝統派」と国家とのせめぎあいが続いてゆくのである。

州政府は、村の行政組織の末端の書記階層に接近し、スペイン語の分かる彼らを、「伝統派」に対抗する若手指導者として育てあげてゆく。同時に一九三七年には、州政府は村内で酒を販売できる権利を、宗教上の役職者と就任予定者に限定し、「伝統派」に経済上の特権を与えて懐柔を試みることも忘れなかった(Wasserstrom, 1983: 177)。そして一九四〇年チアパス州政府はついに、若手の指導者を村長の地位につけ、これ以後、スペイン語が話せない村長は州政府として認知しない、との決定を下したのである。チャムーラの「伝統派」は、村の行政を指導する長老の権限を侵害するものとしてこの措置に反対し、従来どおり独自の村長をたてて対抗する。長老選出の村長と、州政府が任命した書記出身の若手村長。チャムーラの村にはこうして二重権力の状況が誕生し、以後三年間にわたり混乱が続いた。

その後、連邦政府、州政府の支援を背景に書記出身の若手指導者の勢力が拡大し、「伝統派」は徐々に後退を余儀なくされる。しかし、「空白」の期間に彼らが再建した村の統治機構とその原理を、その後、革命政権はつき崩すことができたのであろうか。また「伝統派」に代わって台頭した若手指導者たちにとって、村の原理の枠を無視してみずからの地位を維持すること、それは果たして可能だったのであろうか。

カルゴ・システム

「サン・ファアンの祭りの八日前に、村長の家で一回目の集まりがある。そこにはチャムーラの三つの地区(バリオ)の村役が集まり、七二のすべての部落から候補者を捜すんだ。今の村長がサン・セバスティアン地区の出身なら、サン・ファアン地区から捜す。今の村長がサン・ファアン地区なら、サン・ペドロ地区から候補を選ぶ。あいつはいいやつだ、あれは村長にはなれない、といった話があって、だんだん候補をしぼっていく。それは村役だけの秘密の集まりで、家の外は警備役のマヨールたちが固めるんだ。この時は村役だけで、長老たちは出てこない。二回目は、八月のサンタ・ロサの祭りの八日前だ。ここでは、一回目に決めた候補者でいいかどうか、別の者に代えたほうがいいか、といった相談をする。それで、九月のサン・マテーオの祭り

図 17　12 月 31 日の村役交替の儀式　新任の村役(右)を迎えにいった使いの者たちは，10 歩進むたびに，彼らの前にひざまずく．(ポサス／清水，1984: 111)

の八日前に、最後の三回目の集まりがある。その時は、村役だけでなくパサード(村役経験者、宗教上の役職経験者)の主だった者たち、つまり長老たちも参加して意見を述べる。ここで、新しい村役が全部決まるんだ。ただ、誰もそのことを人に言っちゃあいけない。逃げちまう者もいるからだ。村役になったら、ともかく一年間トウモロコシを作るわけにもいかんし、金もかかるからだ。」

「一二月中頃の土曜日までには、もう任命書が用意されている。日曜日の朝四時、教会に村役全員が集まり、新任の村役の任命がうまくいくよう神に祈る。そして七時、それぞれの部落で新任の村役の名前が発表される。村役たちは二、三〇人の男に鉄砲をもたせ、新任の家に送りこむ。その者たちは家に着いたらこう叫ぶんだ。われら、そなたに任命書を手渡すために参じた者。さあ、手を差し出してお受けとり願いたい。村のために一年間、そなたは働くことになる。それが神の御意志なのだ。……その時、ビールを一箱もってくこともあるし、地酒のポッシュ(砂糖きびから作る地酒)を一リットルもってくこともある。男が一人鉄砲をもって家に入り、任命書といっしょに贈り物を渡す。うまく受け取ってくれれば、戸口で一発発射する。外で待っていたみんながそれに応えて、バン、バンとやるんだ。」(CT–Chis. 850930)

こうした村役の任命制度と内部統治のありかたは、チャムーラに限らずチアパス高地のインディオ集団の求心性を支えるひとつの社会的・宗教的システムとして、これまで数多くの文化人類学者の注目を集めてきた。一般にカルゴ・システムと呼ばれるのがそれで、「伝統派」が再建し、革命政権による統合化にもかかわらず現在にいたるまでチャムーラ社会の内部統治の機構の中軸をなしてきたのが、まさにこのシステムであった。

チャムーラでは、行政を担当する村役と、教会の日常的な管理や祭りを組織する宗教上の役職の二つの系列に分かれている。村役の長、すなわち村長はその双方の統括者であり、州政府との関連では自治体の首長でもある。すべての村役は任期一年だが、村長と村長代理ともいえる「判官」は、一九六二年から「自由自治体法」にそって任期三年

表2　チャムーラの行政カルゴ(1987年9月現在)

カルゴ	任期	地区別担当期間・担当者数			計	祭祀センターへの居住義務
		サン・フアン	サン・ペドロ	サン・セバスティアン		
村長	3年	1986-88	1989-91	1983-85	1	あり
判官	3年	1989-91	1983-85	1986-88	1	あり
アルカルデ	1年	5	4	4	13	あり
第1		1	1	1	3	
第2		1	1	1	3	
第3		1	1	1	3	
第4		1	1	1	3	
第5		1	0	0	1	
レヒドール	1年	4	4	4	12	あり
第1		1	1	1	3	
第2		1	1	1	3	
第3		1	1	1	3	
第4		1	1	1	3	
ゴベルナドール	1年	4	2	2	8	あり
シンディコ・ムニシパル	1年	4	2	2	8	あり
警備役	1年	5	5	4	14	あり
書記	不定	4	4	4	12	なし
合計		26	21	20	67(69)	

表3　チャムーラの宗教カルゴ(1987年9月現在)

カルゴ	任期	地区別担当者数			計
		サン・フアン	サン・ペドロ	サン・セバスティアン	
祭の統括者：フィスカル	終身	0	0	1	1
教会管理役：サクリスタン	終身	3	3	4	10
聖像の世話役：マヨルドモ	1年	8	8	0	16
祭の世話役：アルフェレス	1年				13
小計					40
カーニバル関係のカルゴ					
アルフェレス・パシオン	1年	2	2	2	6
その他	1年	19	18	15	52
合計					98

に延長された。一般に村役と呼ばれるのは、村長を中心とする四三名の行政に携わる役職者であり、一年任期の警備役一四名、任期不定の書記一二名が彼らを補佐している。*

* これらの役職者の人数は一九八七年現在のもので、年により一定の変動がある。ちなみに、一九八五年の行政カルゴは三九名であった。

村役は、州・連邦政府当局の一方的な命令に従って政策を実施するわけではない。家庭内のもめごとから殺人罪をのぞく村内のあらゆる紛争にいたるまで、合議にもとづいてその調停と裁定に当たる。

殺人犯の場合は、サン・クリストバル市の警察当局に引き渡されるが、それ以外の犯罪については、村長を中心に毎日曜日に村の広場で公開裁判が開かれ、軽微な犯罪の場合は清涼飲料一ダースの科料、重罪の場合は、トラック二台分の砂利を村に提供することなどが求められ、あるいは土牢への収監が命じられる。*

＊　日常的な裁きを担当するのは、村長および各地区の第一アルカルデの計四人である。重罪の場合には、「判官」に判断が委ねられる。

一方、宗教上の役職は、すべての祭りを統括するフィスカル、教会の建物や聖像の管理責任者であるサクリスタン・マヨール(現在はフィスカルが兼任)を中心に、日常的な教会の管理に当たるサクリスタン一〇名と、聖像の世話をつかさどるマヨルドモ一六名、聖人の祭りを組織するアルフェレス一三名、そして最大の祭りであるカーニバルをとりしきる六名のアルフェレス・パシオンからなり、任期は統括者と管理役が終身、その他はすべて一年で交替する。これにカーニバルでの補助的な役職を加えれば、宗教上の役職は合計で一〇〇名近くに達する。なお、彼らに与えられている独自の決定権の範囲はかなり狭く、宗教上で生じた問題についても村役がその最終決定をおこなう。いわば宗教上の役職は、もっぱら教会と祭りを守るという、義務を負ったポストである(Korsbaek, 1982; Pozas, 1977, vol. II; 清水、一九八七①②参照)。

公平・奉仕・経験〈知〉の原理

村はこれらの役職者によって維持されるが、そこに貫かれている第一の原理は、村人全員がもちまわりで役割を分担するという負担公平の原理であり、本来血縁集団だと思われる三つの地区（バリオ）が、その基礎となっている。先に引用した話からも明らかなとおり、村長のように役職者が一人の場合、任期の三年を単位として三つの地区が順次担当し（前掲**表2**参照）、各聖人の祭りを司るアルフェレスの場合も同様である。しかし複数からなる役職の場合は、原則として、毎年三分の一の人数が各地区に均等に割り振られる。役職をはたすことはチャムーラとしての義務であり、任命された者は、よほどの理由がないかぎりそれを拒否することはできず、拒否すれば裁判で罰せられる。

行政上の役職も宗教上の役職も、それ自体がひとつの権威であり、役職者として選ばれることは村人にとって名誉なことである。とくに上位の役職は希望者が多く、就任まで七、八年待つのが通例である。したがって誰も報酬を期待してはならず、むしろ逆に、役職に就けばさまざまな出費を強いられる。主な役職者は任期中、自分の部落を離れてサン・フアン・チャムーラの貸家に住まねばならず、その間は原則として、畑仕事にも季節労働にも出かけることができない。わずかに特権として地酒の専売権が与えられているが、役職によっては、その収入だけでは祭りの際の膨大な出費はまかないきれない。とくにアルフェレスの場合、年五回のおもな祭りのたびに、二〇リットル入りの地酒の大ビン一本、退任の際には一五本の地酒と牛一頭を村人に振るまう。教会の聖像の世話役であるマヨルドモは、二〇日ごとに聖像に供える花をとりかえ、毎日家の祭壇にロウソクを捧げ松脂香をたく。このほかに、助手たちのためにトウモロコシも用意しなければならない。彼らの年間の出費はこれだけで六、七万ペソに達するが、カーニバルを組織するアルフェレス・パシオンの出費は一八万ペソにのぼるという。これは一九八一年の話だが、当時コーヒーの摘みとり作業で一日に稼げる額は約二五〇ペソ、割りのいい町の左官の下働きでも、よくて四〇〇ペソであった。とりわけ出費のかさむこれらの役職の場合、突然任命されてはどうしようもない。そのために、七、八年前から予定候補として登録され、登録された者は、季節労働や出稼ぎ労働をつうじて資金をたくわえ、役職就任に備える例が多い。

カルゴ・システムの第二の原理が、こうした役職者の全面的な村への奉仕であるなら、当然、一般の村人にも、彼らの生活と村を維持する義務が課せられている。家族単位で教会の維持と祭りのために定められた分担金を支払うことが、チャムーラとしての最低の義務であり、各地区が独自に有力な呪医に依頼してとりおこなう雨乞いの儀礼の際にも、家族単位の寄付に応じなければならない。役職者が一年間、サン・ファン・チャムーラで生活するためには、大量の薪が必要だが、彼らのための薪集めの作業も、一般の村人の義務である。

チャムーラとして村に住みつづけ、村の一員としての権利を行使するためには、こうしたカルゴ・システムを軸とする共同性を受け入れ、さらにそこに参加することが鍵である。その意味でチャムーラの一生は、カルゴ、すなわち役職と不可分の関係にある。

しかし、一足とびに村長やアルフェレスになれるわけではない。選出に際しては、婚姻、祭り、宗教をはじめ、日常生活におけるチャムーラとしての枠を逸脱していないか、村での人望はどうかなども考慮されるが、それまでどのような役職を経験しているか、在任中の行動はどうだったかも、新たな役職に選ばれるための重要な判定基準となっている。行政上の役職はまず、警備役のマヨールから、スペイン語ができれば書記からはじまり、順次階梯をのぼって村長にいたる。宗教上の役職は、聖像の世話役のマヨルドモから旗持ちのアルフェレス、そしてカーニバルを担当するアルフェレス・パシオンへといたる。行政上の役職の場合、階梯は必ずしも厳格ではないが、宗教上の役職経験の有無も重要な要素として考慮される。

こうして役職の階梯をのぼりつめると、一切の役職の義務から解放され、村人からパサード(村役経験者)と呼ばれて尊敬をうける。とくに信頼のあついパサードは、ヤフベティキルと呼ばれる長老、すなわち役職者の顧問役になるよう依頼される。すべての役職者には、役職の内容や儀式での振るまいなどを教える長老が一人ずつつき、就任直前のみならずそれ以後も、役職者はことあるたびにこの長老に相談をもちかける。負担公

図 18　威張りちらす事務官　(Pozas, 1975: 89)

平の原理、奉仕の原理とならび、この長老を頂点とする権威の階梯、すなわち経験〈知〉を重視するという原理、それが、村の第三の原理だといえる。

国家の原理か村の原理か

「その年は四人の事務官がいた。カビルド(村役場)の事務室では、事務官たちがロウソクと石鹸と地酒を売っていた。わしらマヨールたちは、事務官の下働きをやらねばならなかった。サン・クリストバルの町へ酒を取りにいく者もいれば、事務官の家に薪を運ぶ者もいた。事務官の料理場に水を運ぶ者がいれば、馬の身体を洗ったり、豚や鶏にトウモロコシの餌をやる者もいた。わしはといえば、仕事は通弁だ。事務官は、わしらの言葉を知らなかったからだ。裁きをしてもらったり、へまをしでかして許しを乞いにやってくる者は、誰でも事務官には雌鶏一羽を(中略)持ってこなけりゃならん。しかも罪を犯した者は、事務官から酒を買うわけだ。」(ポサス/清水、一九八四、一一二―一一三頁)

ロル(ロレンソ)の父親のシュン(フアン・ペレス・ホローテ)は、マヨールとして働き始めた一九三〇年代はじめの頃を振りかえって、このように述べている。たしかに、かつてのラディーノの地域ボスと区別しがたいような事務官による支配が、すでにこの頃始まっていたようだ(Rus, 1988 参照)。しかし、十年有余にわたる「空白」の間隙をぬって「伝統派」が再建した村の原理と内部統治のシステムは、事務官の介入にもかかわらず崩れ去ることはなかった。行政上の役職者は、法で定められた普通選挙によらず村役だけの秘密会議で選定され、今日もなお、最終決定に長老たちの意見が反映される点については、すでに述べたとおりである。村役の構成についてみるなら、チャムーラには「自由自治体法」には定めのない一三名のアルカルデと八名のゴベルナドールがいる。レヒドールとよばれる役職も、法的には六人であるのに対しチャムーラには一二人いる。法制度上、自治体行政府の成員の任期はすべて三年とされているのに対し、村長と「判官」以外は任期一年である。また村役による裁きの法的根拠は、村の「伝統的」な慣法、すなわち経験〈知〉にあり、すでに述べたように殺人罪をのぞけば、連邦政府、州政府の刑法・民法が介入できる余地はない。チャムーラは、国家の行政組織の面では、自治体として州政府に直属しながらも、内部統治の構造においては、村役の選出、構成、任期、権限、その大半において村の原理が優越し、その原理が、「自由自治体法」をはじめとする国家の統治原理を、一面空洞化することに成功したのである。逆に国家は、法に抵触する村の統治システムを真正面から破壊することは差し控え、それを黙認しつつ、新たな統合化の方策を別途考えざるを得なかったのである。ところで、この強靭な村の原理を支えてきたものは、いったい何なのであろうか。

2　「われわれ」と外部権威

征服されたキリスト

松の小枝と幾束もの薬草、整然とならぶ何十本ものロウソク、神に捧げられたポッシュとコカ・コーラ。一本一本のロウソクに順次火がともり、一〇分、二〇分と呪医の祈りがつづく。呪医にあわせて祈る母親の腕には、放心したような病気の子ども。静かにたちのぼる松脂香の煙が、ようやく聖像の顔を包みこむ頃、突然、霊魂を呼びもどすヒヨウタンの笛の音が、森の奥深くこだまするフクロウの声に似て、教会の空気をつき抜けてゆく。床を這ういけにえの鶏。その最期のはばたきに、床に敷きつめられた松葉が踊り、神に捧げられたロウソクの火が一斉に揺らめく。その光に、祈りつづける呪医の虚ろな目のみが、薄暗い教会のなかであやしげな輝きをましてゆく。片隅でチャムーラの赤子たちに洗礼を施していた白人司祭が一人、仕事をおえると、追われるように町へと戻ってゆく。チャムーラに征服された教会、キリストを逆手にとるチャムーラ……ふとそんな言葉が脳裏をよぎる。

チャムーラの村の原理を支えているものは何か。そして、チャムーラにとって国家とは、教会とはいったい何なのか。こうした疑問を解きあかすためには、彼らの生活空間と神について、チャムーラ自身どのような意識をもって生活しているのか、そのことから考えてみる必要がある。

「大地のへそ」とサン・フアン

日曜日や祭りの日には、このサン・フアン・チャムーラの教会は、いつにもまして村人であふれる。教会の前にひろがる村の広場には、日曜ごとに朝早くから市がたち、遠くの部落からも村人が集まってくる。村役たちが広場でとりおこなう裁きにも、多くの村人が群がる。

「さすがあの村役の言うことはいつも公平だ。だが、あっちの村役はどうだ、やっぱ酔いどれじゃないのかね。」

図 19　サン・フアン地区の「十字架の丘」カルバリオ

村の裁きは、それを見守る村人が村役を裁く場でもあるのだ。いつもはサン・クリストバルの教会にいる教区司祭も、この日だけは洗礼にやってくる。祭りの日には花火があがり、見物に集まる村人たちは、広場のまわりの店先や露店でビールを、あるいはポッシュをくみかわし、楽師たちのかなでる悲しげな眠気を誘う調べに、ときには翌朝まで酔いしれる。

広場をとり囲む谷の斜面には村役の住居が点在し、夜明けと正午、そして日暮時、教会の鐘の音を合図に、村役は夫婦そろって太陽に手を合わせ、祭壇にロウソクをともし松脂香をたく。村の異常を知らせる鐘の連打が聞こえれば、たとえ夜でも、村役たちは杓を小脇に、マヨールたちは樫の警棒を肩に、教会に馳せ参じてくる。

チャムーラを構成する三つの地区（バリオ）。その一つ一つを象徴する三つの「十字架の丘」カルバリオが村の広場をとり囲み、それぞれの丘の上にそびえたつ太陽神と月の女神の緑の十字架が、このチャムーラの聖域で繰り広げら

図 20　チャムーラに語りかける神＝太陽神　「私はあの十字架で死ぬことになる.」その言葉を聞いて村人は，カーニバルの祭りを始めたという.（*K'in tajimoltik ta chamo'*: 2）

れる市と祭り、罪と裁き、呪医と村人の祈り、そのすべてをつねに見守っている。

「大昔のことだ、サン・フアン様は住む場所をさがしておられた。最初に見つけた場所は、シタラーのそばの〈熱い土地〉だった。問題は、そこには蟻が多く、サン・フアン様の羊たちは、ゆっくり草を食むこともできない。そんなわけでまた歩きつづけたが、シモホベルへ行ってもサン・アンドレスへ行っても、羊たちはいっこうに気にいってくれない。ところが、いまのイチントン部落のあたりにさしかかると、大きな岩があった。住む家の材料にはもってこいだ。サン・フアン様はその岩を砕いて適当な大きさにしようとなさった。するとその岩が喋ったんだ。わしはいやだ、動くのはいやだ、と。ちょうどその声はフクロウに似ていた。

図 21　イチントンの大岩　サン・クリストバルの町からサン・フアン・チャムーラへ向かうバス道の右手の畑．そこにある岩の前で，ロレンソはサン・フアンの村創りの話をしてくれた．

だからフクロウ岩、つまりイチントンっていう名前がついたわけだ。そこでサン・フアン様はおっしゃった。そうか、いやならここに留まるがよい。すると岩は、四、五〇センチくらいのいくつもの石に割れた。さあ、出掛けるか、とサン・フアン様がお立ちになると、石はどれもおとなしい羊のように歩きだしたんだ。いまのチャムーラの村のあたりをあちこち転々とした末に、ようやく辿りついたのが、サン・フアン・チャムーラなんだ。」

「だがそこは湖だった。サン・フアン様は湖の主に許しを乞う。ここは平らで祭りをやるにもいいし、羊が草を食むにももってこいの場所だ。

図 22 チャムーラの宇宙観の中心「大地のへそ」 チャムーラを構成する3つの地区を象徴する3本の十字架には，悪霊の侵入を防ぐ松の小枝が，広場の外側(写真手前)にくくりつけてある．

ここに住まわせては下さらぬか。すると主は言った。それは構わぬが、いったいわしはどこに行ったらいい。いやいや、そのままここにおいで下さって結構です。すると主は条件をだした。だがお前には、この水を無くすことはできまい。もし湖を乾すことができるなら、許してやってもいいが。そこでサン・フアン様は、谷の東の山肌に穴をあけ、湖の水を流したという。そして一緒についてきた石でここに教会をお建てになり、わしらチャムーラに、羊の飼い方と生活の仕方をお教え下さったんだ。湖の主はそのまま村に残ったんだが、いま教会の鐘を支えているあの太い木がその主だ。だからあの木は、絶

対に腐ることはないんだよ。」(CT–Chis. 830928)

ロレンソが語ってくれるサン・フアンによる村創りの話は、これまで文化人類学者たちが集めた話と大差ない(Gossen, 1974: 313, 318, 320)。教会を中心とする広場、そこはサン・フアンの住まう所であり、したがって祭りの場でもある。チャムーラにとってそこが「大地のへそ」、つまり生活の中心であり世界の中心だといえる。そしてその「大地のへそ」を軸に、七二の部落に分かれる彼らの居住領域を、チャムーラたちは今「われわれの土地」と呼ぶ。

「われわれの土地」

「われわれの土地」が、革命政権の農地改革の結果、法的な保証を与えられた点については、すでに第2章で述べたが、逆にこのことによって、本来自由な広がりをもっていたはずの「われわれの土地」が、行政区という国家の論理にもとづく線引きによって、具体的な境界を定められてしまったことも事実であった。

現在その「われわれの土地」は、村のものである教会と広場、毎朝男たちが薪をとりに入る森や女たちが羊を放つ草原、個々の村人がトウモロコシを育て野菜を植える畑と宅地、そして単一あるいは複数部落に共用されている墓地に分かれている。これらすべての土地が「われわれの土地」すなわちチャムーラの土地であり、他所者には貸すことも売ることもできない。畑や宅地は男女均等相続にもとづく私有地で、たとえ部落が異なっても、同じチャムーラの村人であるなら お互いに売買するも貸与するも自由である。一方、森や放牧地はモンテと呼ばれる入会地だが、それは部落単位の共有であり、他部落の者に開放されてはいない(ただし森の場合、部落の住民の間で均等相続にもとづき私的に分割・所有されている)。

ところで、一般の村人は、自分の所有地を証明する所有権証書はもっていないし、土地台帳を見たこともない。しかし、財産に対する彼らの意識が希薄かというと、それはまさに正反対である。男女均等相続のために、個々の私有地は人口増加にともなってますます細分化するだけでなく、他部落の男と結婚すれば、夫婦で耕す土地はこちらの部落、あちらの部落といった具合にならざるをえない。つまり結婚しても女は、自分の両親のそれぞれから土地の一部を遺産として受け継ぐことになるからである。こうして婚姻関係の進展にしたがって、私有地はますます複雑化してゆくが、一番正確に自分の土地を知っているのは、ほかならぬ村人自身だという。この部落の土地は父親から、あの部落の土地は母親からといった彼らの記憶は、所有権を登記簿という書類に任せてしまっているわれわれには、とうてい想像もできないほどにきわめて正確であるようだ。

チャムーラのどの村人にとっても重要な祭りは、一一月初めの「死者の日」である。このとき死者の霊は墓場の蓋をあけ、地下の世界から生前住んでいた家に戻ってくるという。しかし村人は、自分に何も遺産を残してくれなかった死者の霊に供物を捧げようとはしない。均等相続の対象は土地だけでなく、家具や機織り道具、農具や家の柱、梁（はり）一本にまでおよぶ。そのどれひとつ遺産として残せなかった死者に、チャムーラは冷たい。そして、霊に冷たいこのチャムーラの態度は、実はほかならぬ自分自身にふりかかってくる問題でもある。つまり、先祖が残してくれた財産をいかに守り、新たに子孫に何を残せるかの問題なのだ。死者の遺産は今の自分を支え、自分は子孫へ財産を残さねばならない。そうすることによってはじめて、自分の霊は子孫たちにあたたかく迎えてもらえる。

「われわれの土地」に対するチャムーラの意識が、守護神サン・フアンによる村創りの伝説からも明らかなように、彼らの宗教意識と密接に関連していることは否定できない。しかし、それが全てでないことも明らかであろう。すでに第1章で触れたクスカットの反乱の経緯からも明らかなとおり、具体的な場としての「大地のへそ」は、歴史的条件によって移動する可能性をつねに秘めている。そして、〈物〉を媒介とする死者と自分、自分と子孫との関係のなかで、個々の村人が抱く〈物〉に対するきわめて厳格な所有の観念が、「われわれの土地」の意識を、その根底で規定していることも見逃すことはできない。しかも、その「自分の物」あるいは「自分たちの物」に関する所有の観念が、単なる現世的功利主義などではなく、あくまでも外部世界の圧力によってつねに存在を脅かされてきたチャムーラの歴史認識に支えられていることも、無視できない。

一九四〇年チアパス州の知事は、インディオとの一体化、連帯・友好の証として、チャムーラの村に住みたいと申し出た。しかしチャムーラは、そうした知事の態度に感謝しつつも、丁重にその申し出を断ったという(Korsbaek, 1982: 13)。たとえ知事であれ、他所者であるかぎり「われわれの土地」に住むことはできないのである。

はじめにラディーノありき

「この世の最初の人間たちは、自分の子どもを食べていた。それをご覧になった我らが父は、その者たちに罰を加えようと大洪水を引きおこした。そして、あとに生き残ったのはメスティソ(混血)の女ただ一人だった。それというのも、女は犬といっしょに丘にのぼり洪水を避けることができたからだ。その小さな犬はいろいろと悪さをしたんだが、そのうちに女もその気になっちまって、犬を腰巻のなかに入れちまったそうだ。……女の腹がふくれていって、そこから産まれてきたのが、この世で最初のラディーノの男だった。我らが父は、もっとましな人間が産まれるようにと、別の種類の人間をお創りになろうと心に決めた。こうして神がお創り下さったのが、わしらインディオなのだ。最初インディオは話すことはできず、ただ笑うだけだった。だが神が御身の一部、つまりトウモロコシをお与えになると、インディオの身体は動きはじめ、話もできるようになった。……二人のラディーノと二人のインディオがこの世に残り、それから少しずつ数がふえていったわけだ。……」

(Gossen, 1974: 309)

一九六〇年代末におこなったフィールドワークを基礎に、名著『太陽の世界に生きるチャムーラ』を著わしたゴッセンの研究によれば、チャムーラにとって大地は四辺形の平面だという。その中心に「冷たい土地」があり、そのなかに、すでに述べた彼らの居住領域「われわれの土地」と「大地のへそ」がある。「冷たい土地」の外縁には「熱い土地」が、さらにその外側には「未知の世界」が取り巻き、その先は「海」であるという(Gossen, 1974: 16–22)。

「冷たい土地」は基本的にチアパス高地に一致し、主としてさまざまなインディオ集団が居住する領域である。この領域では、チャムーラたちは頻繁に日常的な移動をおこなう。祭りを見物したり、市がたつ日には特産物を求めて他のインディオの村を訪れる。毎日サン・クリストバルでひらかれる朝市にも彼らはでかけるが、ラディーノの町であるにもかかわらず、この町も「冷たい土地」のなかに含まれている(チャムーラの移動については、清水、一九八七③参照)。いわば「冷たい土地」とは、居住領域を含む日常的な生活空間を意味している。

それに対し「熱い土地」は、チアパス中央低地や太平洋岸の低地が含まれ、基本的にラディーノの世界である。チャムーラにとってこの世界は、日常的な生活空間とはいえないが、第2章で触れたとおり重要な季節労働の場であり、村の存続を確保するうえでは不可欠な領域でもある。一方、「未知の世界」は、名前は聞いたことはあれ一度も行ったことのない場所で、白人一般あるいは、本来インディオの言語もスペイン語も話さない他所者＝カイシュランの世界である。サン・クリストバルに住んでいても、白人であればカイシュランであり、村を訪れるアメリカ、フランス、ドイツからの観光客も研究者も、そして、われわれ日本人もカイシュランである。「未知の世界」の淵には人を喰う悪魔であるプクフがうごめき、黒い肌の人間＝イカルはその化身だとされる。またチャムーラの宗教や村の秩序を脅かす「プロテスタンテ」「コムニスタ」も、プクフと同一視されることが多い。*

＊　プロテスタンテ、コムニスタは、それぞれプロテスタント、共産主義者を意味するスペイン語だが、チャムーラでは、村の宗教や政治秩序を脅かす者をこのように呼ぶ。

教会のすぐ隣に連邦政府が建てた寄宿制の小学校では、およそ二〇〇人ほどの子どもたちがアルファベットを教わり、メキシコ市の子どもたちが使う同じ教科書で国の歴史を勉強している。新聞を読むチャムーラはまずいないが、ラジオのない家庭はほぼ姿を消し、テレビもわずかながら村に普及しつつある。こうした変化の過程で、「四辺形の平面の大地」をそのまま信じる村人が徐々に減りつつあることは否めない。また、革命

図 23　連邦政府が「大地のへそ」に建てた小学校　9 月の入学式には，新入生のなかに 12,3 歳の娘も混じっている(上右)．羊番が娘たちの仕事のため，今でも女子の就学率はきわめて低い．

後の道路網の急速な拡大、とくに一九五〇年代末のパンアメリカン・ハイウェイの貫通の結果、チャムーラの行動半径もかなり広がり、「熱い土地」が脹らみつつあることも事実である。

しかしながら、日常生活に組みこまれた「われわれの土地」と「冷たい土地」が、チャムーラにとりもっとも安心できる生活の場であり、そこに生きるインディオが、たとえチャムーラでなくとも、基本的には信用のおける「ましな人間」であるという意識は今も変わらない。逆に、「熱い土地」のラディーノたち、「未知の世界」のカイシュランに対し、彼らがつねに警戒心を抱いていることも事実だ。チャムーラの婚姻関係は族内婚が原則だが、男が他のインディオ集団の女と結婚することはある。しかし、その妻が村のしきたりに従わない場合、ラディーノの女と結婚したとして男が侮蔑される。まして、はじめからラディーノと結婚し村に住みつづけることは完全に不可能である。

昼の権威か夜の権威か

ところで、征服以来チャムーラを支配してきたのは、ほかならぬ「未知の世界」のカイシュランであり「熱い土地」のラディーノであった。とくに、直接彼らの生活を左右してきたのはラディーノであり、つねにカイシュランはその背後にあって不気味な権威を発揮する。しかし反面、これまでチャムーラを守り、電気や道路といった村の必要を

図 24　山道で出会った女の呪医　人間は生まれるとともに，それぞれ固有の「仲間の動物」＝チュレルをもつという．一般の村人のチュレルは弱く，呪医や邪術師，ラディーノやカイシュランのチュレルは強い．その強いチュレルに弱いチュレルが襲われて怪我をすると，村人は病気になるという．チュレルの死とともに人間も死ぬが，もうひとつ，人間には不滅の霊魂が宿っている．その霊魂が肉体から分離(落魂症状)したときも病気にかかる(**図 26** 参照)．呪医は患者の脈をとり病気の種類を判定し，神をつうじて自分の強いチュレルに命令して，傷を負った患者のチュレルの救済に向かわせる．あるいは，ツと呼ばれるヒョウタンの笛の音で，患者の肉体から離れてしまった霊魂を呼び戻し(左)，霊魂が近づいた頃あいを見計らって鶏の首をひねり(右)，患者の霊魂を取り戻す．

満たしてくれたのも、同じラディーノでありカイシュランであった。こうした外部世界の人間のもつ二面性を、彼らは自分たちの村、自分たちの神との関係で、どのように理解しているのであろうか。

チャムーラの守護神がサン・フアンであり、現在教会に安置されている聖像もすべてキリスト教の聖人像である。宗教カルゴが組織する年一〇回の祭りも、すべてカトリックの慣例によっている。しかし、彼らの宗教をひとつの構造としてとらえるなら、それがキリスト教とは異なった固有の体系に支えられていることが分かる。

病気の治療、雨乞い、豊穣祈願をふくめ、チャムーラが日常生活のなかで神に救いを求める際、直接聖像に祈りを捧げることはあるが、宗教上の役職者にも教区司祭にも神への仲介を依頼する者はいない。直接神と語れる者、願いごとを神に伝えてくれる者、それは、チャムーラ全体で一〇〇人を超えるといわれるイロルとよばれる呪医である。雨乞いの儀礼をとりおこない豊作を祈願してくれるのが呪医なら、病気を治してくれるのも呪医である。役職者はあくまでも、教会の管理者、祭りの組織者としての義務を負った存在であり、村人にとって彼らは、尊敬の対象ではあれ神々との仲介者ではない。しかもこれらの呪医は、村長に任命された者でもなければ、長老が指名した者でもない。神の啓示を受けた村人がみずから呪医を名乗り、しかも、その呪医の神と語る能力を判定するのは、一般の村人自身である。現実に病気を治し願いをかなえてくれた呪医が、呪医として村人から認められ、いかなる権威も権力も、その認知の過程に介入できる余地はない。カトリックのひとつの基本的な特徴が、信者から教区司祭、教区司祭から司教、司教から大司教といった位階制にあるとするなら、チャムーラの宗教意識が、いかにそうした位階や権威から自由な、民衆的性格を帯びたものかが理解されるであろう。

外部世界の人間に対するチャムーラの認識と直接関連する、もうひとつの基本的特徴は、昼と夜との対応であろう。チャムーラにとって、キリストは地上と昼の世界を司る太陽神であり、マリーアは豊かなる大地と夜の世界を支配する月の女神である。昼の世界は暖かい生の世界、安心できる世界だが、夜の世界は冷たい地下の死の世界、悪霊が暗躍する世界である。しかし同時に、この地下の世界からはトウモロコシが芽生え、人間の新たな生命が誕生する。つまり地下の世界、夜の世界は、一般の人間の知恵では理解しがたい不気味な、しかも創造力をそなえた豊穣の世界でもある。

こうした昼と夜との対応は、すでに述べたチャムーラの世界観と重なりあっている。すなわち、「われわれの土地」を中心とする「冷たい土地」は、基本的に安心できる昼の世界に属し、そこに住む人間も同様である。そして、「われわれの土地」から離れるにしたがって、その土地もそこに住む人間も夜の世界に近づいていく。「熱い土地」のラディーノのなかには、わずかながら信頼できる「ましな人間」もいる。しかし基本的には、チャムーラにとり彼らは夜の世界の人間である。まして「未知の世界」のカイシユランは、ほぼ例外なく夜の世界に属しているとみなされる(後掲図26参照)。

ところで、町からやってくる白人の神父たちは、こうした意識の構造のなかで、どのような位置を与えられているのだろうか。彼らは、ラディーノの暴力を批判し自分たちを守ってくれることもある。村の生活についても、誠意をもってさまざまな助言を与えてくれる。サン・フアンやキリストについて、村の誰よりも豊富な知識をそなえ、洗礼の儀式や墓標に使う黒い十字架を清める儀式もやってくれる。村人は、長老に対する時と同じように、司祭の前にひざまずき頭を差しだして「祝福」を乞う。自分たちを助けてくれる者、村を守ってくれる者、彼らはたとえ外部世界の人間であっても、ひとつの権威、チャムーラにとって意味のある「昼の権威」として認められるのである。

しかし、司祭があくまでも村の人間ではなく、つねにカイシュランであることに変わりはない。キリストはマリーアとともに、西欧的なキリスト教の世界を離れ、ともにチャムーラの神として彼らの意識構造のなかに組み込まれた。しかし白人の司祭やカトリック教会は、征服以来長年にわたる彼らとの接触にもかかわらずその構造に入ろうとはせず、つねにみずからを「父」として、チャムーラを「幼な子」として位置づけ、もっぱら外部世界の人間、外部世界の権威として、みずからの立場を維持することに努めてきたといえる。こうした権威は当然、チャムーラにとってすでに絶対的な内部の権威と化したキリストの代理人ではあれ、あくまでも外部世界の権威にすぎず、彼らの意識構

図 25　村人の家の祭壇と「われわれのキリスト」　祭壇には，ロウソクと松脂香，地酒のポッシュとコーラが捧げられ(上)，キリストには貫頭衣のチャマーラが着せられている．「語る偶像」もこのような姿であったかもしれない(下)．

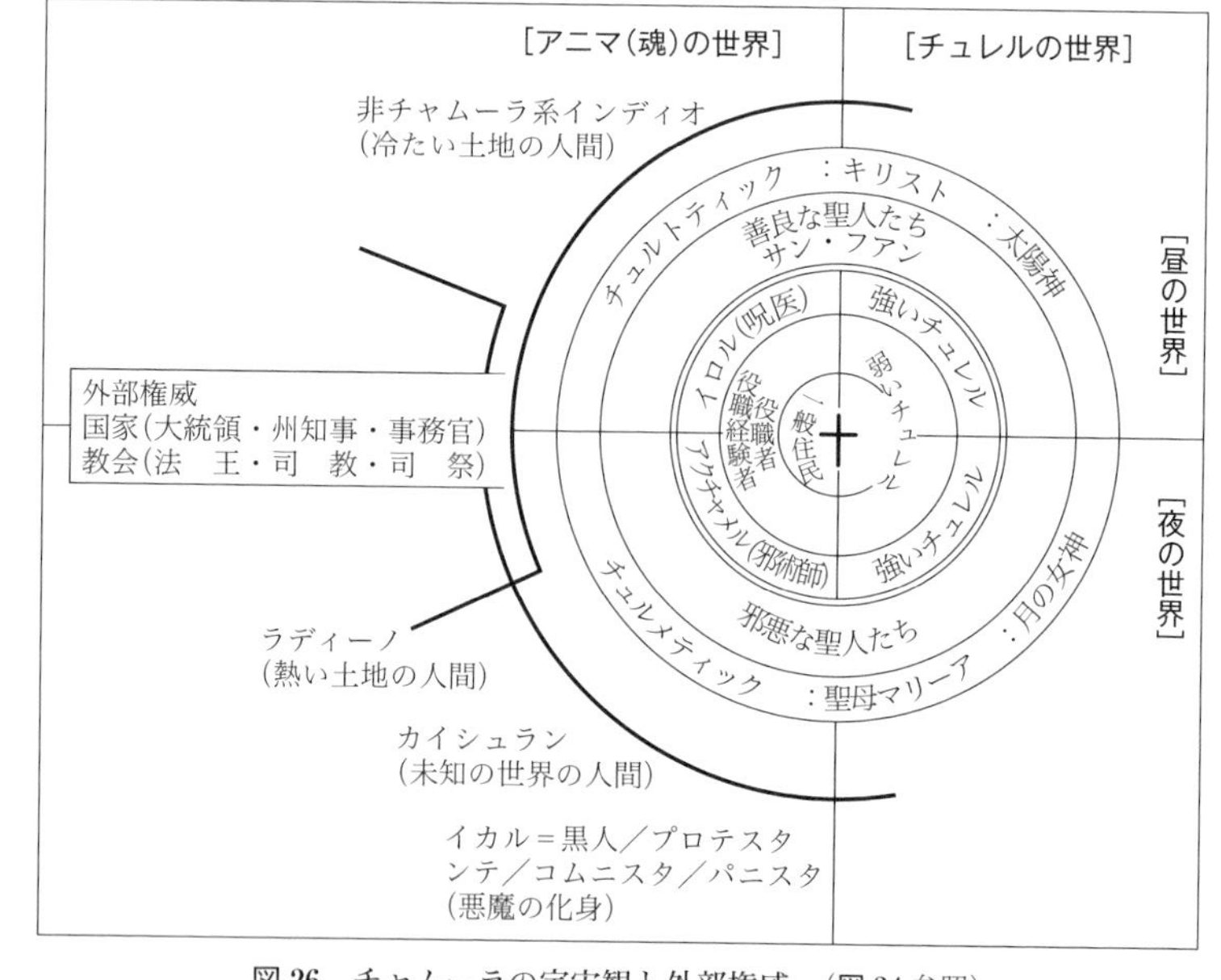

図 26　チャムーラの宇宙観と外部権威　(図 24 参照)

造のなかに安定した永続的な地位を与えられるはずはなかった。この外部権威も、チャムーラ独自の宗教体系や、さまざまな村のしきたりに抵触しないかぎり問題はない。しかし、いったんそれらに抵触する言動を司祭がしたならば、その権威は全面的に否定されることは避けられない。「われわれのキリスト」の代理人が、われわれのしきたりを脅かすはずはないからだ。その時、「昼の外部権威」は一挙に、村を脅かす「夜の権威」として認識されるのである。

外部世界の権威は、いわば「昼の世界」と「夜の世界」のちょうど中間の、きわめて微妙な位置にあるといえるが、このことは、第5章で触れるカトリック教会の改革と、それに対するチャムーラの反応でいっそう明らかになることと思う。むしろここで重要な点は、チャムーラが認める外部世界の権威は、あくまでも彼らに直接手を下さない権威だということである。司祭たちがつねづね神のような存在として口にする「パパ」すなわちローマ法王は、みずからチャムーラの前に姿を現わし直接彼らの神意識を批判しないかぎり、つねに外部世界の「見えない権威」として生きつづけることができる。チャムーラにかぎらずメキシコの数多くのインディオ集団の間では、いまもなおカトリック教会が強大な権威を維持しているが、その秘密も、教会によるインディオ保護の運動や農耕技術の普及といった実利的・人道的側面のみならず、実は、カトリック教会が彼らに教義を強要せず、「野蛮なる祭り」を黙認してきたという、歴史的事実に求められるのではないか。

こうしたチャムーラの外部権威に対する認識は、村と国家との関係を探るうえでも、きわめて示唆的である。村に電気をひき道路を造ってくれたのがラディーノの政府、すなわち外部権威であるなら、「われわれの土地」を法的に保証し、組合を作り手配師の横暴から守ってくれたのも同じ外部権威であった。一方で国民の統合化、村の行政村への再編を推し進めながらも、こうした福祉の分配をつうじて、革命以後の国家は外部権威としての位置を確保することに成功したといえる。しかし逆に、その地位の安定を維持するためには、国家はつねに「見えない権威」であり続けねばならないであろう。事務官が司祭であるなら、国家はチャムーラにとり法王である。法王でありつづけるためには、国家もチャムーラの村の原理に、安易に手を下すことはできないのである。

第4章　村の原理と民衆〈知〉

1　カシーケの功罪

ラディーノ商人の追放

「わしはこの一年間のプレシデンテ(村長)としての役目をはたすために、みんなに集まってもらった。ＩＮＩがやってきて、わしらのために大きな売店を作ってくれるという話で、わしらの生活もよくなりそうなのだ。その店では、物は何でも手に入る。それだけではない。わしらチャムーラが自分たちの手で店を開く方法も、教えてくれる。どの部落にも、わしらの店を開く方法をだ。今日以降、お前たちの商売は許さんことにする。商売をやりたければ、日曜だけなら来てもよい。ただそれも、露店の市だけだ。……知ってのとおり、お前たちがこの村にもっている家も店も、その土地はチャムーラのものだ。……ここには、一人たりともラディーノが住むことはまかりならん。それが、御先祖様たちがわしらに言い遺していったことだ。

いいか、よく聞くんだ。一カ月以内に、自分の物を持って村を去ることだ。わしらは、政府の命令に従って、わしらなりに生活する方法を学ぶつもりだ。いずれにせよお前たちは、サン・クリストバルなりどこへなり、商売ができるところへ立ち去ることだ。ここにはもはや、お前たちの居場所はない。」（ポサス／清水、一九八四、一七二—一七三頁）

一九五〇年代の初頭、チャムーラ村の村長サルバドール・ゴメス・オソは、開設間もない連邦政府のインディオ局（Instituto Nacional Indigenista＝ＩＮＩ）の現地事務所と村人の支援を背景に、村の広場で雑貨商を営んでいた四人のラディーノ商人全員に村での商いを禁じた。その時以来現在にいたるまで、村人以外の者は日曜と祭りの日にかぎり村の広場で露店を開くことはできるが、土地の購入や村内での居住はおろか、恒常的に店を構えることもできなくなった。

この話をしてくれたのは、たびたび本書に登場するロレンソで、冒頭の一節もゴメス・オソ本人の言葉ではない。そのロレンソは、ラディーノについて直接つぎのように語っている。

「今はもうチャムーラにラディーノは一人もいない。学校の先生もＩＮＩがくるまではラディーノだったが、今ではすべてインディオだ。チャムーラで働いているラディーノはただ一人、村役場の事務官だけだ。死んだ者が出たときの難しい手続きだとか、重要な手紙を書く仕事とか、すべてこういうことをよく知っていてタイプライターも打てるのは、ラディーノだからだ。村長や「判官」はただ署名するだけだ。誰かが殺された時も、村長が事務官に話して、殺した者をサン・クリストバルの牢屋に送ってもらう。だがその事務官も、チャムーラに住んでるわけじゃない。家は町にあって、朝七時くらいに村にやって来て二時くらいには町に戻る。……サン・アンドレスやテネハーパにはまだラディーノがいるが、わしらの村には一人もいない。INIもいろいろ助けてくれたが、わしらの御先祖様たちの考えは正しかった。ラディーノを村に入れてはならない。もしそうしたら、わしらは死ぬことになる。カスティーヤ(スペイン語)も知らぬわしらの息子たちは連中にだまされ、結局は村から追い出され、村の習慣も消え失せる。そう考えたわけだ。」(ポサス／清水、一九八四、二五八頁)

ロレンソにとって明らかにINIや政府は、村を助け村人をラディーノから守ってくれる外部権威であり、ラディーノを村から追放した村長の行動を、「御先祖様たち」の考えと完全に一致したものとして高く評価している。

それまで村の商業はすべてラディーノの手に握られており、しかも彼らの店は、村の広場にしかなかった。ロウソク一本買うにも、村人はサン・フアン・チャムーラに出かけるか、サン・クリストバルの町まで歩いてゆく以外になかったのである。INIが村の広場に開設した売店は長続きしなかったが、ラディーノ商人の追放を契機に、チャムーラ自身が経営する商店が徐々に生まれていった。また一般の村人が、自分の部落に小規模ながら売店を開けるようになったのも、ラディーノが追放されて以後のことである。こうして村の経済が活気を帯び始めたことは事実だ。メキシコのインディオ社会のなかには、今日もなおラディーノのボスに村が支配されている例がみられ、そうした傾向が現在むしろ強まりつつあるのが現状である。そのことを考えるならロレンソの評価にも一理あることに変わりなく、そうした意識が、少なからぬ一般の村人の意識であることも事実だろう。

しかし、それ以後のチャムーラ社会の歩みが、経済的自立からはほど遠く、富める者と貧しき者の二極分解が急速に進展し、前者を仲介として村全体が流通経済の波に全面的に巻き込まれてゆく。そしてその過程のなかで、革命の「空白」をぬって「伝統派」が再建を試みた村の原理と、その原理にもとづいて成立した統治システムの機能とのあいだに、きわめて微妙な溝が生まれてゆくのである。

革命が育てた村のボス

経済的な二極分解は、「伝統派」に対抗して革命政権が養成した若手指導者の台頭と無関係ではない。州政府が村長の選出に直接介入した点についてはすでに第3章で述べたが、革命政権は、二重言語教育を目的とするインディオ教員の養成、土地所有制の再編にともなう管理委員会の設置、インディオ労働者の組織化など、直接間接にインディオ社会に変容を迫るさまざまな政策を、つぎつぎと打ち出していった。そして、いずれの場合もその中心的な指導者として登用されたのが、書記出身の若手であった。スペイン語の読み書きのできる村人が皆無にひとしい当時にあって、書記は村の行政にとり不可欠な役職であったが、国家にとっても彼らは、政策を内部に浸透させるうえでかけがえのない存在であった。「われわれの土地」「われわれの村」にこだわる「伝統派」を懐柔するよりも、スペイン語をあやつり、しかも村の人間としての経験の浅い若者に接近するほうが、統合を目指す国家にとってより現実的な道であった。

このなかで、カシーケと呼ばれるボス集団の台頭と密接な関係があるのは、エヒード管理委員会の設置と労働者の組織化である。一九三五年の土地分割法の適用にともなって、可耕地の大半がエヒードに再編された際、チャムーラの代表から成るエヒード管理委員会が州政府の指導のもとで組織された。外部世界との関係において、エヒード制は「われわれの土地」を保証し、ラディーノによる合法・非合法な手段による土地の蚕食を阻止するための基本的な法的根拠ともなった。すなわち管理委員会は、対外的にはチャムーラの土地を守る砦(とりで)として、また内部世界との関係においては、村人の土地台帳を管理する機関として多大な権限を与えられたのである。いうまでもなく、チャムーラにかぎらず多くのインディオ社会にとって、土地は単なる生産手段ではない。これまでも、また現在もなお土地は彼らの世界観・死生観のなかで絶対的な位置を占めている。そのような社会にあって、管理委員会の委員長がたとえ若手の村人であっても、「土地の守り手」、すなわち村の守護者として村長にまさるとも劣らぬ権威を付与されたとしても、それは当然のことであった。

一方、一九三七年のチアパス州原住民労働者組合（ＳＴＩ）の設立によって、従来の労働関係と労働条件が大幅に改善された点については、すでに第2章で述べたとおりである。インディオ労働者は、労働条件をめぐるさまざまな問題を解決してくれる場を、征服以後の歴史上初めてＳＴＩに見いだすことができた。そして、インディオのなかでラディーノの手配師たちと対等な立場にたつことができたのもＳＴＩの委員長が初めてであり、一般のインディオにとり彼は、劣悪な労働条件から自分たちを保護してくれる、一人の権威者であった。いうまでもなく、これらの組織の責任者として州・連邦政府が積極的に登用したのも、村の末端の役職者である書記階層であった。

一九三四年にラサロ・カルデナスが大統領として登場するまで、革命政権の基盤は決して安定したものではなかった。とくに一九二六年から三年間にわたり、メキシコ中央高原部を中心に展開した「クリステロス」の大反乱は、それまでの革命諸勢力間の争いとは完全に様相を異にしながらも、同時に、革命の全過程に共通する性格をも帯びていた(Meyer, 1973 ②; 1984; Díaz & Rodríguez, 1979 参照)。すなわち、反教会的な革命政権の政策に危機感をおぼえたカトリック勢力が、革命の勃発以来初めて組織的な反革命に起ちあがった反乱という点で、「クリステロス」の反乱は従来の闘争とは性格を異にしたが、その闘いの一翼を担っていたのは、それ以前の闘争と同様、革命諸勢力の指導層ともカトリック勢力の指導層とも、ともに異なった意識の世界に生きる、さまざまなインディオ集団であった。革命をその当初から支えてきたインディオ集団は、クリステロスのように反革命をも支えることがある。そうしたインディオ大衆を革命勢力の一部として固定化し、民衆的基盤をいかにして強固にするか。それは単にチアパス州だけの問題ではなく、当時の革命政権にとっての緊急課題のひとつであったといえる。

「伝統派」の頑なな壁を打ち破り、安定した支持基盤を村の内部に確保しつつ、革命政権を中軸とする国民統合を円滑に推し進めるためには、政府みずからの手で「伝統派」にかわる若手指導者たちに権威と、それを支える経済力を身につけさせる必要がある。こうして新たな内部権威を国家の手で創出することによって初めて、国家は村の内部に仲介者を確保し、その仲介者を媒介として、「見えない権威」としての安定した地位を確保することができた。

国家の後ろ盾と、村人のあいだで獲得した権威とを背景に、これら公職に抜擢(ばってき)された者たちは徐々にさまざまな利権に接近し、そのなかから、一九四〇年代の後半にはすでに、政治的にも経済的にも、村のなかで圧倒的な発言権を有する実質的な支配者、すなわちカシーケが生まれてゆく。かつてラディーノを村から追放したゴメス・オソ、そして、彼とならび村の最有力者として知られるサルバドール・ロペス・カステジャノスの二人は、まさにその典型であった。前者は書記からエヒード管理委員長に抜擢され、後者も同じく書記からSTI委員長に就任し、以後二〇年近くにわたりその職をつとめたのである。

富める者と貧しき者

現在、チャムーラ社会の経済活動の根幹は、自家消費を目的とする主食のトウモロコシ生産と、民族衣装に必要な毛織物の生産と牧羊だが、一部には、素焼製品やロウソクの生産、サン・クリストバルの市場を対象とするキャベツ、花、木炭、木製家具の生産に従事している村人もいる。しかし、人口の増大と男女均等相続制、そして一部の村人への土地の集中化の結果、土地の細分化はすでに極限にまで達しており、平均的な一家族の所有地は現在、〇・二五から〇・五ヘクタールにすぎない。主食のトウモロコシを確保するためには、一家族四、五人の場合、最低約二ヘクタールの土地が必要であり、チャムーラの食糧生産は、生存を維持できる水準をはるかに下まわっている。そのためあい変わらず太平洋岸のコーヒー・プランテーションや州中央部のトウモロコシ生産地での季節労働や、最近ではメキシコ湾岸部で拡大しつつある石油開発地域での出稼ぎ労働に出かける村人も多い。

　こうしたチャムーラ社会の全般的な状況とまさに対照的なのが、村のカシーケの経済力である。筆者が調査できたカシーケは、村の広場に店を構えている一〇家族ほどだが(**表4**参照)、このなかでA1とA2、B1とB2はともに父子、D1とD2は兄弟である。彼らはすべて、チャムーラの領域内に「かなりの」土地(二〇ヘクタール以上と推定される)を所有しているが、さらにこの内の七家族は、チャムーラの領域外にも広大な土地を所有している。Aはチェナローに、Bもチアパス中央低地のベヌスティアノ・カランサに、ともに二〇〇ヘクタールを超える農園を経営し、チャムーラの農夫を雇用してトウモロコシと雑豆(フリホル)を生産している。C、D1、Eの所有地も中央低地にあり、面積は前

図27　毛ばだてと糸紡ぎ　羊番から毛ばだて，糸紡ぎ，機織りの仕事まで，すべて女性の仕事である．

表4　チャムーラのカシーケ(1985年10月現在)

	役職経験			経　済　力					
	役職	長老	国家機関	土地所有	工業	商業	運輸	貸家	高利貸
A1	◎	◎	◎	◎		◎		◎	◎
A2			◎	◎		◎	◎		◎
B1	◎		◎	◎		◎	◎		◎
B2	◎			◎		◎	◎		◎
C	◎			◎		◎	◎		◎
D1				◎	◎	◎	◎		◎
D2	◎		◎			◎	◎		◎
E	◎			◎		◎			◎
F	◎					◎	◎		◎
G	◎					◎	◎	◎	◎

二家族に劣るとはいえ、同様にチャムーラの季節労働力に依拠しつつ、トウモロコシと雑豆を生産している。

農園経営とならんで、彼らカシーケに共通するのは商業である。彼らはいずれも村の広場で雑貨商を営み、自分の農園で生産したトウモロコシや雑豆を販売するだけでなく、今日チャムーラのあいだできわめて需要の高いビールや、コーラをはじめとする清涼飲料、タバコ、砂糖、塩、ビスケット、ガム、乾電池、そして儀礼に不可欠なロウソクなども販売している。とくにBの場合は、コカ・コーラ、ペプシコーラ、そしてコローナ(ビール)の各社から、一九五〇年代に村内での独占販売権を取得し現在にいたっている。これらの清涼飲料は、村人の日常的な飲料としてきわめて需要が高いばかりでなく、現在では呪医による治療儀礼にも不可欠である。すなわち、コーラは地酒のポッシュとならび、神に捧げる飲み物でもある。また、村の役職者たちによる裁判でも、訴える側、訴えられた側の双方は、まず二ダースのコーラあるいはファンタを役職者たちに振る舞うのが慣例である。これらもすべて、「有力者」Bの手をへてチャムーラの小売商にわたったものである。

カシーケの大半は運輸業にも関係しているが、そのきっかけは、自分が経営する農園で生産したトウモロコシや豆を村へ運搬し、あるいは清涼飲料を各部落の売店に運ぶ必要から生まれた。Bの場合、早くも一九六〇年頃に貨物と旅客の運搬を目的としたトラック運送会社を設立し、現在ではサン・クリストバルの有力なバス会社「クステペケス」のマイクロバス五台のほか、旅客・貨物輸送用のトラックを一八台所有している。Fはタクシー一台を、Gはマイクロバス二台を所有し、その他のカシーケはそれぞれ一、二台のトラックを持っている。

貸家業を営んでいるのは、表4ではA1とGのみでそれぞれ四軒所有しているが、実際にはこの数倍の貸家があるはずである。メキシコのインディオ社会のなかには、役職者が任期中に居住する家屋を村自体が所有している例があるが、チャムーラにはすくなくとも現在、村が所有する家屋はない。役職者たちは村の広場の周辺にある借家に、家賃を払って居住する以外にないのである。しかし、家賃は一般に日雇い労働の二日分程度であり、カシーケにとっては比較的魅力のすくない業種だといえる。

一般の村人に比べ、いかに彼らの経済力が強大であるか、以上で大まかなイメージはつかめたと思うが、彼らの経済力をさらに補強しているのが高利貸である。一般の村人たちはトウモロコシを自給できる土地もなく、また村内で現金収入を得る道もきわめて限られている。そのために季節労働が大きな比重を占めているが、流通経済の影響は単に日常生活にとどまらず、祭りや呪医による治療儀礼にまでおよび、現金に対する需要はますます高まっている。そうした彼らにとって最後の手段が、カシーケからの借金である。金利は、月利八〜一五%(一九八三年八月)ときわめて高いが、インフレに悩むメキシコでは、当時の市中銀行の金利が普通預金二〇%、六カ月定期五九%(ともに年利)であったことを考えるなら、とりたてて高い利率ともいえない。いずれにせよこの利率は、カシーケの村人に対する信頼度と、村人の彼らに対する忠誠度にしたがって定められるのである。

チャムーラの内外に大土地を所有し、商業、貸家業、高利貸業を営むカシーケA1が、ほかならぬラディーノの追放を断行したゴメス・オソであり、同じく大土地所有者であり清涼飲料の販売権を独占し、運輸業でも圧倒的な支配力をほこるBが、STIの委員長を長年にわたりつとめたロペス・カステジャノスとその息子である。彼らの台頭によって、中央低地での季節労働の様相は大きく変化した。すなわち、中央低地におけるチャムーラの地主の出現によって、かつてのラディーノとチャムーラとの主従関係は崩れはじめ、一見チャムーラの経済的自立が達成されつつあるかにみえる。しかし、一般のチャムーラの村人にとって、その変化は単なる支配者の交替、つまりラディーノからチャムーラのカシーケへと、雇い主が替わったにすぎない。

村に縛られたカシーケ

ところで、現在チャムーラ社会を支配するカシーケたちは、単に国家機関の役職に登用されただけで今日の地位を得たわけではない。一九四〇年から州政府が村長の選出に介入し、若手の書記階層のなかから村長が誕生していった点についてはすでに第3章で触れたが、若手指導者は「伝統派」との対立のさなかにあった一九四二年、「伝統派」に対しひとつの提案をおこなっている。すなわち村長に就任した者は、五年以内に出費のかさむ宗教上の役職につくという提案である(Wasserstrom, 1983: 176–177)。かつて「伝統派」が定めた村長就任の条件は、就任後ではなく就任以前に宗教上の役職を経験していることであった。いずれにせよこの若手の提案は、行政と宗教の一体化を求める「伝統派」にとって、ぎりぎりの妥協点であったといえる。

しかしこの妥協を契機として、「伝統派」は徐々に村の行政全般から後退を余儀なくされ、逆に若手たちは、村の行政と宗教の双方、すなわち村の統治機構の全面にわたり勢力を拡大してゆくこととなる。このことは、前掲の**表4**からも一見して明らかであろう。カシーケたちは大半が村の役職経験者であり、そのすべてが村長、「判官」といった行政上の要職、あるいは、アルフェレス・パシオンといった宗教上の要職を経験している。サルバドール・ゴメス・オソは、一九四〇年代の後半から五〇年代の前半にかけて二度村長をつとめ、一九六八年から七〇年にかけて村長をつとめたファン・ゴメス・オソは、彼の弟である。また、サルバドール・ロペス・カステジャノスも、五〇年代の後半に一回村長を経験している。

カシーケの大半が村の役職経験者であることとならび、なかでもとりわけ強大な勢力を誇るゴメス・オソが、長老経験者であることに注目する必要があろう。**表5**は、一九六一年から八五年までの村長と、村長を「補佐する」長老＝ヤフベティキルの名簿である。それ以前について信頼できる資料は手元にない。しかし一見して明らかなとおり、一九六〇年代の初頭から、長老名が不明な一部の期間を除き、ゴメス・オソが一貫して長老をつとめている。なお、一九七七年に村長に就任したファン・ドミンゴ・ペレス二世の長老はマリアーノ・ゴメス・ロペスだが、彼が一九七一年に村長に就任した時の長老は、同じゴメス・オソであった。

彼らが国家の手で育成され、現在その支配力が、基本的に土地と流通に対する経済的支配に支えられていることは明らかだが、同時に、村の原理に支えられた共同意識や統

表5　村長および長老

在職期間	村　　長	ヤフベティキル(長老)
1961.1〜61.12	マリアーノ・ロペス・アンヘル	?
［3年任期制へ移行］		
1962.1〜64.12	サルバドール・サンチェス	サルバドール・ゴメス・オソ
1965.1〜67.12	ドミンゴ・ルネス・チャキルチフ	?
1968.1〜70.12	フアン・ゴメス・オソ	サルバドール・ゴメス・オソ
1971.1〜73.12	マリアーノ・ゴメス・ロペス	サルバドール・ゴメス・オソ
［選挙制導入］		
1974.1〜76.12	アグスティン・エルナンデス・ロペス	?
1977.1〜79.3(没)	フアン・ドミンゴ・ペレス2世	マリアーノ・ゴメス・ロペス
1979.3〜79.12	サルバドール・サンチェス・ロペス	サルバドール・ゴメス・オソ
1980.1〜81.8	臨時執行委員会	
1981.8〜82.12	マリオ・エルナンデス・エルナンデス	サルバドール・ゴメス・オソ
1983.1〜85.12	マヌエル・ロペス・カステジャノス	サルバドール・ゴメス・オソ

治システムとの密接な関係のもとで成立し維持されている点も無視できない。すくなくともカシーケの力の一部は、長老・村長あるいは宗教上のカルゴに付与されている権威に支えられてきたこと、そしてその権威を媒介として、共同意識がカシーケの利害にそって誘導されてきたことも、容易に想像される。また、ゴメス・オソによるラディーノの追放にみられるとおり、「われわれの土地」という意識、すなわち反ラディーノというチャムーラの共同意識に訴えることによって、みずからの経済力の確立へ向けて大幅に前進したという事実は、誕生以来今日にいたる彼らの社会的ありようをも、逆に規定しているといえる。

あくまでも彼らは、まずチャムーラで

なければならない。本人の生活から子弟の教育にいたるまで、チャムーラとしての規範を村人から求められ、外部世界の人間に服従する姿を村人の前にさらすことはできない。すなわち、現在の彼らの地位そのものもチャムーラの共同性に規定されており、その枠内にとどまっている限りにおいて、地位の安定を維持することができる。また、彼らがその枠内にとどまっているからこそ、村の共同意識に訴え、時には暴力をも駆使して、自己の利害を脅かす内外の政治的・経済的な圧力を排除することも可能なのだ。このようにカシーケたちは、村および外部世界の双方ときわめて微妙な関係のうえにその支配力を維持し、自己の利害が脅かされる場合には暴力をも辞さないのがその特徴といえるが、そうした彼らによる支配のありかたが、まさに、今日のチャムーラにおけるカシーケ支配、すなわちカシキスモとよばれるボス支配の基本的な形態だといえる。

一方、カシーケの権威が揺るがないかぎり、国家も「見えない権威」として安定した地位を維持することができる。一九三〇年代の後半からつい最近まで、PRI（制度的革命党）による実質的な一党独裁体制の一翼を担ってきたのは、「全国農民総同盟」（CNC）、「メキシコ労働者総同盟」（CTM）をはじめとする、政府傘下の労働者組合であった。国家はカシーケが支配するSTIとエヒード管理委員会をつうじて、チャムーラの村人の大半をCTM、あるいはCNCに組みこむことに成功した。また、与党PRIのチャムーラ支部長も代々カシーケがつとめてきた。こうして「伝統派」にかわる若手指導者を養成し、カシーケの権威とチャムーラの共同意識を媒介として、国家はたしかに「法王」＝「見えない権威」としての地位を確立することができた。一般の村人の多くにとって、与党ＰＲＩ以外の政党はあり得ない。ＰＲＩは村人にとって「政党」ではなく、「見えない権威」である。したがって国政選挙の際にも、政府はすくなくともチャムーラにおいては安泰である。野党の代表や運動家が入り込めば、カシーケの口をつうじて、彼らを村の秩序を脅かす「夜の権威」、すなわち「プロテスタンテ」「コムニスタ」「パニスタ」（右派の野党第一党「国民行動党」（ＰＡＮ）党員）と決めつけることは、いとも簡単なのだ。

しかしながら、カシーケの支配力が基本的に村の共同性に規定されているかぎり、彼らを仲介とする国民統合に、おのずから限界があることも否定できない。しかも次節で述べるとおり、村の原理とその機能との乖離がカシーケによる支配をつうじてますます拡大され、一般の村人の間でも、原理と機能との間の溝が明確なかたちで認識され始めるとき、カシーケの支配そのものも、危機に瀕することは避けられないのである。

2　揺らぐ村と民衆の選択

動きだした村

「今では、村役の選び方も変わってきた。来年の村長候補には、エンリケとロレンソの（本書にしばしば登場するロレンソ・ペレス・ホローテとは別人）二人が立ってるんだ。エンリケは二七か二八歳のまだ若い学校の教師で、どうにかして村長になろうとしている。そのために、今の村役たちがやってきたことを、いろいろあげつらってるんだ。道も良くならなかったし、学校も良くしようとしなかった、と。だが今の村長に言わせれば、村にそんな金はこなかった。金を押さえているのは、政府の役人の工学士や建築士たちだ。政府の金は連中のとこに止まってるんだ。やれることはすべてやった。そんなことより、そもそもエンリケの女房はチャムーラじゃない。そんな女に村長の女房が務まるわけがない。まあ、こう言って今の村長や村役たちは、逆にエンリケを攻撃してるわけだ。だが、村役たちが選んだロレンソは三〇か三五歳ぐらいで、スペイン語もあまりうまくない。話す時はどこかおどおどしてる。ともかくもよく分かってないんだ。わしらからすれば、電話がかかってきても、ちゃんと分かる者のほうが安心だ。エンリケもエンリケだが、なぜロレンソみたいな者を村長候補にしたのか、わしらにはよく分からんのだよ。」

「村長以外の村役については、これまでどおり三回の秘密会議で決まるんだが、村長だけは最近やりかたが変わった。村長になりたい者は自由に自分から名乗り出る。すると村役たちが日を決めて、すべての部落の村人に集まるように呼びかける。そう、村の広場にだ。だからどの候補も、自分のために集まってもらおうと必死で部落をまわるんだ。ときには五、六人も立候補することがある。でも村の者は、候補者がだいたいどんな人間かは分かっている。書記の頃どうだったのか、そのあと村役をやってた時はどうだったのか。ともかく、村の広場に村人全員に集まるように知らせがいって、一人一人、この候補はみんなどうか、と村長がたずねる。賛成の場合は帽子をかざす。反対のときは、そいつは泥棒だ、なんてみんなで叫んで追い出しちまう。こうやって、一番賛成が多かった候補が残ることになる。だが今年の村長選びには、ちょっと問題があるんだ。エンリケは自分で部落をまわって人を集めてた。ところが、村長は村人全員に呼びかけもせず、何人かの村役と長老だけで相談して、ロレンソだけを候補者だっていうことにしちまったんだ。部落によっては、なにも知らされてなかったんだよ。」(CT-Chis. 850930)

一九八五年九月、日曜日の村の広場は二年前、四年前に筆者が訪れた時と同様に、朝早くからチャムーラの村人であふれていた。薄汚れた白や黒のチャマーラ(貫頭衣)、茶色や黒の巻きスカートがうごめくなかで、女たちが頭にのせるショールのブルー、そして教会の壁の白さだけが痛いほどに目にしみる。売店のまえには、ポッシュを酌みかわし世間話に花をさかせる村人たちの姿。子どもたちにとり囲まれ、金をせびられ立ちつくす観光客。一見なんの変化もないかに思われるこの村にも、しかし、何かが変わり始めていた。

広場に面した村役場のバルコニーでは、村役の一人がスピーカーで演説を始める。広場の片隅には、村役たちに対抗して、みずから立候補したエンリケが椅子に座り、彼をとり囲む村人たちになにやら懸命に説得を試みている。スピーカーのボリュームがあがる。明らかにエンリケを名指して「プロテスタンテ、コムニスタ、パニスタは追い出さねばならない」と叫んでいる。しかし、エンリケをとり囲む人の輪に、襲いかかろうとする村人はいない。

かつては若手指導者であった長老。その長老たちと村役たちが選んだ、なんとも頼りなげな村長候補。村役の演説に意外と冷静な村人たち。村長選びの方式が変わってから実はこれが六回目の選挙だが明らかに、新たになにかが動き始めていた。そう言えば、一九八一年に初めてロレンソに接して以来、彼が村役や長老たちの決定に不満めいた話をしてくれたのも、これが初めてだ。

ところで、村役たちの決定に従わず対立候補として奔走するエンリケの動きを、そのまま、カシーケ支配に対抗する村人の新たな動きだと考えることもできないようだ。ここでさらに、二人のチャムーラの証言を紹介しておこう。

「村役は毎月一万八〇〇〇ペソで村長は四万八〇〇〇ペソ、それにボーナスもあるらしい。そうだ、最近は州政府から村役たちに給料が届くんだ。だが今の村長は四〇〇〇ペソしか村役にわたしてない。つまり、一万四〇〇〇ペソを一人ずつからまきあげているらしいのだ。それに、州政府が村にくれたコンビ(マイクロバス)二台とダンプカー一台の運転手の給料やガソリン代もふところに入れているらしい。そのことをエンリケが批判してるんだが、まだまだロレンソの支持者のほうが多い。問題は、エンリケの親父が、例のロペス・セットホルの暗殺(第5章参照)を許可したカシーケの一人、ドミンゴ・ルネス・チャキルチフなんだ。だから皆は、エンリケが村長なんかになったら、また同じことが起きるだろうと恐がってる。それに彼は学校の教師なんで、村人の信用はない。畑仕事も知らんし薪とりもやらん。そのうえ女房はラディーノときてる。チャムーラの女は土間に直接座るのが習慣なのに、エンリケの女房は椅子に座る。しかも、トルティージャの作り方も知らんのだ。」

(CT-Chis. 850926)

「ともかく連中は百万長者だ。すごい家をもってるだけじゃない。農園、車、店、それに、村人に金を貸してはべらぼうな利息をとりたてる。ただそのカシーケたち

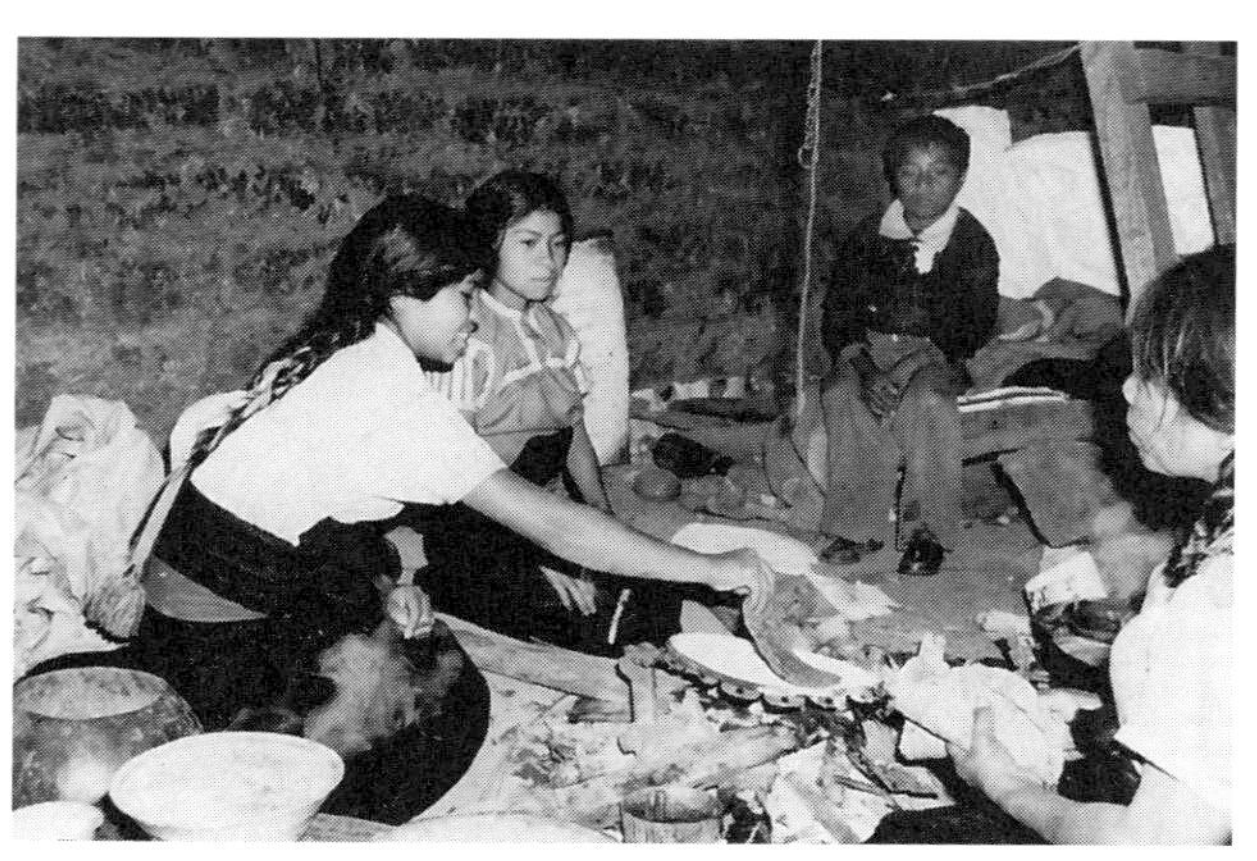

図 28　トルティージャを焼く娘　子どもでも男は椅子に座り，女はすべて土間に座るのがチャムーラのしきたりである．

も、まとまっているわけじゃない。今の村長選挙だって、連中の分裂ははっきりしてる。サルバドール・ロペス・カステジャノスの一派はロレンソを支持しているが、最近までカステジャノスやゴメス・オソに頭のあがらなかったクチュクルスの一派が、エンリケを押し立てて対抗し始めたわけだ。今、村のカシーケは多分四〇人近くになるが、それが真っ二つに分裂してるんだよ。」(CT-Chis. 850922)

残る原理・変わる機能

本来、村の原理に支えられたカルゴ・システムには、その原理に対応する機能が備わっている。役職者がいかに膨大な出費を迫られるかについては、すでに第3章で述べたとおりだが、富をたくわえた者は役職につき、祭りをつうじてその富の一部を村人に分散する。こうして特定の個人に富が集中することを避ける、いわゆる「富の平準化機能」がカルゴ・システムにともなっているといわれ、従来カルゴ・システムの中心的な特質として指摘されてきたのが、まさにこの機能であった。しかし、先に触れた負担公平の原理、奉仕の原理、経験〈知〉の原理という三つの村の原理に即してチャムーラ社会の現状を考えてみるなら、「富の平準化機能」を、カルゴ・システムの本質的機能とみなし得るか否かは、おおいに議論の余地がありそうだ。

負担公平の原理は、単に役割を公平に分担するという意味だけではない。役職を特定の地区や部落、特定の集団や個人に集中することを阻止し、地区間、部落間、村人相互の間の均衡を維持する機能、すなわち権力の平準化機能が負担公平の原理に対応している。奉仕の原理は、この権力の平準化機能が維持されていることを前提としており、村人はだれも、権力が集中した状況のもとで、いつまでも村のために奉仕しつづけることはあり得ない。また経験〈知〉が、特定の権力者の知恵でないこともいうまでもない。一方では、村の内部権力の集中化を阻止し、同時に外部世界との歴史的関係のなかで、村の相対的自律性を維持するための知恵、それを経験者に求めるという原理が経験〈知〉の原理だといえる。そして、これら三つの原理の基礎のうえに、自他を区別し「われわれの土地」を守る機能、すなわち支配的社会に対する自己防衛の機能が成立しているのである。いわば内部的には権力の平準化機能が、対外的には弁別的・自己防衛的機能が、カルゴ・システムの本質的機能だといえる。

植民地支配のもとで生み出された貴族層対平民というインディオ社会の二重構造がすくなくとも法のうえで打破され、一八世紀後半に首長の選挙・被選挙権が平民にも拡大された点については、すでに第1章で触れたが、その背景にも、実はこの権力の平準化を求めるインディオ民衆の原理がはたらいていたと考えられる。役職者の交替制に代表されるカルゴ・システムも、したがって征服以前のマヤ社会の伝統というよりは、植民地支配が生み出した権力の集中化という内部矛盾に対し、原理の回復を求めるインディオ民衆自身が主体的に選びとった、ひとつの歴史的システムである可能性が強い。こうした歴史的システムとしてのカルゴ・システムのなかで、富の平準化はシステムそれ自体に内在する本質的機能ではなく、むしろ流通経済の波に村が巻き込まれて以降の、歴史的にはきわめて新しい、しかも、一時的な現象にすぎないといえよう。

ところで、すでに述べたとおり、チャムーラの村の原理とそれに支えられた統治システムが今日もなお国家の原理に対抗しつつチャムーラ社会に生きていることに変わりはない。村長の選出方法が変化したとはいえ、基本的に今も内部統治のシステムとしてカルゴ・システムは機能している。そして問題は、最有力者の二家族をはじめとするカシーケ層の圧倒的な支配力のもとで、本来の村の原理とその原理に対応すべきシステムの機能とのあいだに、決定的な溝が拡大しつつあることであろう。

現代のチャムーラ社会に詳しいアメリカの文化人類学者ワッサーストロームによれば、早くも一九三〇年代の末以来、ゴメス・オソとならぶ最有力のカシーケ、ロペス・カステジャノスと意見を異にした役職者のなかで、最後まで役職を全うできた者はきわめてわずかであるという(Wasserstrom, 1976 ②: 16)。これが事実とすれば、カシーケによる統治システムの空洞化は、国家による若手指導者の養成と、ほぼ時を同じくしていることになる。この点を確証する手立てはないが、すくなくとも一九六〇年代の初頭以来、村長の長老職が一人のカシーケに独占されているだけでなく、行政・宗教の双方にわたる役職者の任命についても、彼らが実質的な決定権を

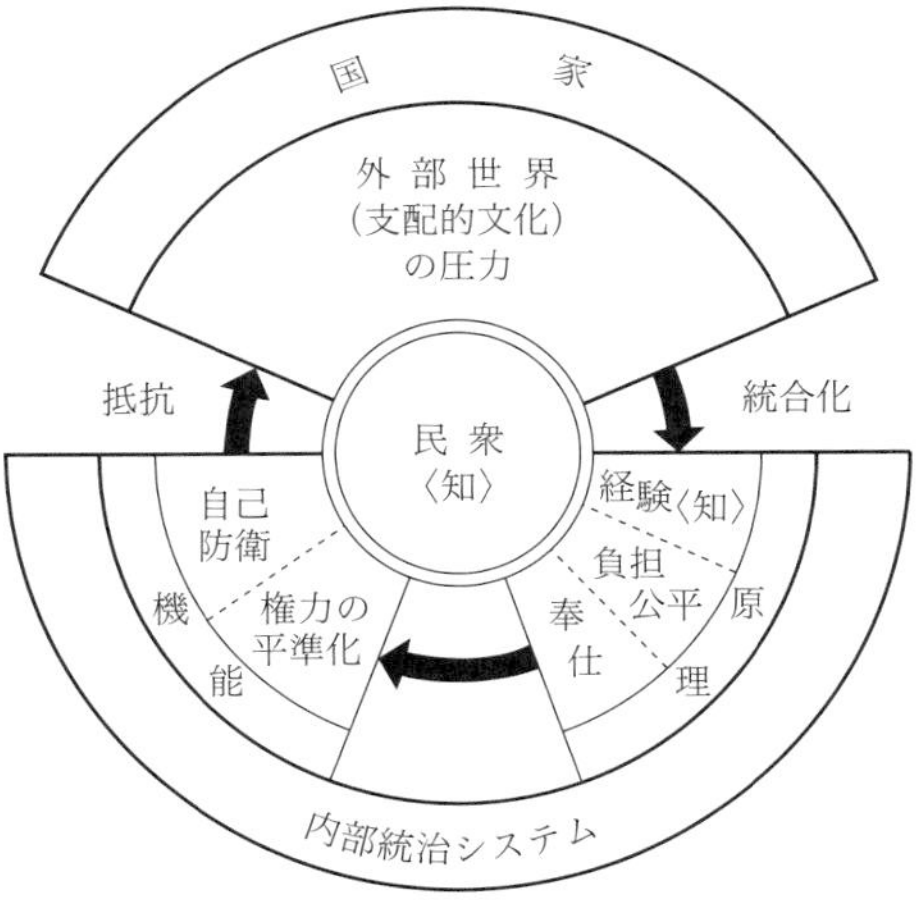

図 29　統合化と村の原理

掌握していることは、前節から容易に推測される。また、近年の村長がことごとく三〇歳代ときわめて若く、本節冒頭で紹介した村役選出の村長候補にしても、決して村人の信望を集められるような、経験〈知〉の原理にそった候補者とは言えそうもない。カシーケの意のままに動く村長。こうしたイメージは拭いきれないのである。

負担公平の原理は、こうしてカシーケによる支配をつうじて空洞化の一途をたどり、経験〈知〉の原理もカシーケの論理にすりかえられる。そして、空洞化された統治システムが本来の原理にもとづいたシステムであるかのごとく強要され、奉仕の原理のみが一般の村人に強制されているのが現状だといえる。カルゴ・システムも、権力の平準化というその本来の機能を失い、自己防衛の機能も、村人総体ではなく、基本的にカシーケ層の権益を外部世界から守るものとして機能している。カルゴ・システムは今や富の平準化とは裏腹に、カシーケ層の富の防衛、そしてチャムーラ民衆の「困窮の平準化装置」になり変わったのである。

民衆〈知〉と村の再生

村の原理とは、植民地支配と近代化の歴史をくぐりぬけてきた民衆の知恵、すなわち民衆〈知〉に支えられた原理だといえる。その原理が内部、外部をとわず権力によって空洞化されたとき、民衆はあらためてその回復を求めて動き出すが、しかし、その方向性は必ずしも一律ではあり得ない。これまでの歴史を振り返ってみても、チャムーラはきわめて柔軟な自己再編の過程をたどってきた。そもそもチャムーラは、征服以前から今日のチャムーラではなかった。征服という抵抗しがたい物理的状況におかれた複数の異なる集団が、植民地支配のもとで新たなチャムーラとしてアイデンティティを構築してきた点については、すでに第1章で触れたとおりである。また具体的な場としての「われわれの土地」「大地のへそ」そのものも、チャムーラ民衆にとっては、必ずしも固定化した領域ではなかった。教会を中心とする現在のサン・フアン・チャムーラは、植民地支配のもとでチャムーラに統合された二つの集団にとって、本来の「大地のへそ」ではなかったはずだからである。

ところで「大地のへそ」が絶対的な領域でないならば、そこに住まう守護神も絶対ではありえない。クスカットの反乱でも、一時期とはいえサン・フアンは見棄てられツァハルヘメルに集まったチャムーラ以外の集団も、それまでの守護神を見放している。チアパス高地に現存するインディオ集団のなかでも、例えば、ミトンティックは植民地時代にチャムーラとチエナローの一部が分離して新たに形成された集団であり、チャナルは一九世紀の後半にオシュチュックから、エル・プエルトは革命以後アグアカテナンゴから分離したものだといわれ、それぞれが今日では、独自の共同体を構成している(Favre, 1973: 137–138)。こうした史実を思いおこすだけでも、神の存在する場あるいは守護神そのものも、インディオ民衆にとっては必ずしも固定的なものではないということ、そして、条件を同じくするインディオ民衆は、たとえお互いに異集団であっても、ともに新たな共同を構成する可能性をつねに秘めていることが十分理解される。

　言うまでもなく、従来の神が否定され「大地のへそ」が移動するのは、つねに自然環境の変動や内外の権力による征服、抑圧、あるいは村の原理の空洞化が原因となっている。しかしここで強調すべき点は、インディオ民衆が、支配的文化、支配的社会による分断や破壊のたんなる被害者ではなかったということ、彼らはそうした圧力に対し、彼らなりに主体的な対応を試みてきたということであろう。村の原理が危機に瀕したとき、彼らは外部世界との力関係のなかで、ぎりぎりの選択をおこなう。そしてみずからの正統性を新たな神、新たな「大地のへそ」によって再把握し、「犬から生まれたラディーノ」(第3章参照)といった伝承を創造しつつ自己の正統性を補強し、外部世界に対する自己防衛の機能を維持してきたのである。

　すくなくとも征服以後の歴史のなかで、これまでインディオ民衆が守護神や「大地のへそ」と自己との関係性において、きわめて柔軟な自己再編、自己再生のエネルギーを示してきたとするなら、村の原理の空洞化の危機に直面している現在のチャムーラにも、当然さまざまな選択肢と可能性があるはずである。あくまでも「われわれの土地」にとどまり、チャムーラとしての原理の再生を求めてゆくか、新たな「われわれの土地」を求めてチャムーラの土地を離れ、同じ条件に置かれた者たちと結合して新たなアイデンティティを構成するか。いずれにせよ、支配的文化、支配的社会と自己との関係性のなかで、民衆〈知〉にもとづく主体的な選択を模索してゆくはずである。

すでに一九六〇年代の初頭より、一部チャムーラの「祭り離れ」、村の宗教の否定、そしてプロテスタントへの改宗といった一連の現象が生まれてゆく。そして一九七〇年代に入ると、チャムーラの追放・分裂問題が深刻化する。第5章でその経緯を紹介するが、そこにわれわれは、村の原理と統治システムの機能との乖離に直面したチャムーラ民衆の危機意識とともに、彼らの主体的な歴史的選択のエネルギーをも読みとる必要があろう。

第５章　村を追われた者たち

1　ミケル・カイシュランの死

風変わりなインディオ部落

サン・クリストバルの南の一角をかすめて、一路グアテマラ国境へと東に向かうパンアメリカン・ハイウェイ。町を出て、山あいを緩やかにカーブするその道をおよそ二五キロ。松林がとぎれると、突然四〇〇戸ほどのバラックが視野にとびこむ。道の左手の平地にひろがるあばら屋の群れ。建物こそ板材をつぎはぎした粗末なものだが、碁盤の目のように整然と仕切られた集落。その中心には、真新しい清楚な教会の建物が目をひく。それだけでここが、きわめて新しい人工的な集落だということが分かる。人々はこの一帯をベタニアと呼ぶ。チャムーラの村には、ちょうど日本の藁葺きの農家に似た、サカーテ・パホンと呼ばれるイネ科の草で葺いた家屋が多いが、それもここには一軒もない。しかし、この整然とした集落に住んでいる人々は、顔つきから身につけている衣

図30　ベタニアの追放チャムーラの部落

装まで完全にチャムーラなら、話す言葉もツォツィル語である。しかもその同じ集落に、チャムーラに混じってわずかながら、シナカンタンの民族衣装をまとった人々の姿もある。

そう言えば、サン・クリストバルの町をすっぽりと包み込むようにベルト状に拡大しつつある集落の群れも、このベタニアとよく似ている。家の造り、真新しい教会、整然とした道路、そして、チャムーラとわずかな非チャムーラ系インディオだけで構成される居住区。それは、従来のインディオ部落とも、またメキシコ市をはじめとする大都市の周辺をうめ尽くす都市スラムとも、明らかに様相を異にする。村を強制的に追われ、あるいはみずから新天地を求めて「われわれの土地」を離れたチャムーラと非チャムーラ系のインディオたち、その彼らの新しい生活は、すでにサン・クリストバル近郊のあちこちで始まっている。

初めての抵抗

証言1　「ドミンゴ・ルネス・チャキルチフが村長だったときだ(一九六五—六七年)。セットホルは書記だったんだが、その仕事をサボって、アメリカ人の文化人類学者のとこでわしと一緒に働いていた。ある日やつはこんな話をしてくれたんだ。」

「これから話すこと、誰にも喋るなよ。おれが住んでる家のそばに、酒の密造工場があるんだ。それで、トゥクストラの軍隊にそのことを知らせに行って、ちょっとばかり金をせしめてきた。ほう、それはうまいことしたな。で、金はくれたかい。ああ、二〇〇ペソだ。で、明日もまたトゥクストラへ行く。工場まで兵隊を案内することになってるからだ。」

「だが、その話は村役たちにばれて、村長の耳にまで入っちまった。兵隊が秘密の工場を調べに来る……。村長は当然そんなことは許せなかった。そこで村長は村役や長老全員に呼びかけて会議をひらいた。ゴメス・オソ、サルバドール・ロペス・カステジャノス、ハビエル・ロペス・ペレス(サルバドールの弟)といったお偉方ももちろん集まった。実際にわしはその場に居たわけじゃないんで細かいことは分からんが、ともかくもそこでセットホルを殺してしまおうということになったわけだ。

長老たちもみんな賛成したそうだ。……それから何日かたったある晩、マヨール(警備役)たちがセットホルを呼びだしに家にやってきた。……やつが村役場についてみると、そこにはすでに村役全員が揃っている。用意万端整っていたわけだ。村長はやつに話しかけた。今すぐお前とサン・クリストバルに出掛けなければならん。……ところが、全員が向かったのは、わしが住んでるペテフ部落のそばの墓地の方だ。マヨールたちは荒縄をもって後からついてゆく。墓地が近づくと突然村長が言った。ここらでいいだろう、マヨール、準備はいいか。……二人のマヨールが突然セットホルの首に荒縄をかけ、絞めあげる。やつは苦しんでもがいた。それを村役たちが取り囲む。こうしてやつは殺られたっていう話だ。だがその場ですぐに死んだわけじゃない。用意されていた墓穴に落とされたときも、まだ身体の一部は動いてたそうだ。そのまま上から土がかけられたわけだ。わしら村人はなにも知らなかった。やつはわしのいい仲間だった。プロテスタンテでもなんでもない、ただの普通の村人だったよ。まあ、わしにとってもお偉方は怖いよ。」(CT-Chis. 850904 ①)

証言2　「セットホルはすごく頭のきれる男で、法律にも詳しい。そのうえ行動力がある活発な男で、まだ二五くらいの若さだというのに、車をもっていれば自分の店ももっていた。村人の相談にもよくのってやって、将来は村長だという噂がもっぱらだった。プロテスタンテに対しても公平だった。村は確かに大切だが、どの宗教を選ぶかは自由だと法律に書いてある。よくそう言っていたそうだ。だからプロテスタンテの間でも尊敬されていた。そんな彼に、カシーケたちは怖れを感じ始めていた。あんな男を野放しにしといたら、自分たちが危ない。村長にでもなったらプロテスタンテもふえちまう。いっそ今のうちに殺してしまえ、ということになったわけだ。彼が酒の密造工場のことを、トゥクストラに訴えたという噂は本当らしい。でも金のためというのは作り話だ。そんなけちなことをするような人間じゃなかったし、その必要もなかったはずだ。カシーケたちは、隠れて酒をつくっては金儲けをしていた。最近ではマリファナ栽培も問題になっている。そんなカシーケたちを訴えるのは当然のことだ。」

「セットホルはフィンカ(コーヒー園)に行った、と村役たちは言い張って両親を納得させようとした。この金はあんたの息子がフィンカから送ってきたものだ。そう言って、わずかばかりの金を親に渡したり、息子の名前が差出人になっている偽の手紙を届けたりした。だが、息子はいっこうに村に戻ってこない。親父(おやじ)さんがフィンカに直接出かけて、あちこち捜しまわったがついに見つからない。やっぱりカシーケたちが殺ったのか、と村人の間で噂が広まっていった。そこで立ち上がったのが、ミケル・カイシュランなんだ。正式の名前はミゲル・ゴメス。ただスペイン語がすごくうまかったんで、村人の間ではカイシュランって呼ばれてた。セットホルほど若くはなかったが、同じように面倒見のいい指導力のある男で、それだけにカシーケたちからは煙たがられていた。その彼が、町の警察を動かして調査を始めたんだ。結局、村役の代表二人とミケル、それに警察の人がフィンカまで出かけることになる。もちろんどこにも居なかった。その間に元村長のチャキルチフは、村から逃げちまったんだ。」(CT-Chis. 850926)

一九六五年一〇月、一人のチャムーラが、カシーケたちの決定にもとづいて暗殺された。その原因は必ずしも定かではない。しかし、カシーケによる村支配に疑問を抱き、決然と抵抗を試みようとする村人の新しい動きを、この二つの証言だけからも感じとることはできる。ミケル・カイシュランが実際に動き始めたのは、チャキルチフが村長の任期を終えた直後のことであった。容疑者としてサン・クリストバルの警察当局にまず逮捕されたのは、ロペス・カステジャノス、ついで逃亡をはかった事件当時の村長チャキルチフであった。いうまでもなく前者は、ＳＴＩの委員長から最有力者にのしあがったカシーケであり、後者も今日のカシーケの一人で、一九八五年の村長選挙に立候補したエンリケの父親である。ところが警察当局はその後、この一件の解明を執拗に追い求めたミケル・カイシュランをも逮捕、投獄してしまったのである。筆者はこの一連の事件の裁判記録に接することはできなかった。しかし、三者の「調停」に当たったという弁護士、そしてチアパス州インディオ局の司法担当の話を総合すれば、おおよそ以下のとおりとなる。

セットホルもミケルも、ともに村の秩序を脅かすプロテスタンテの指導者で、彼らの活動のおかげで祭りもやりにくくなってきた。連中を放置しておけばチャムーラはばらばらになる。それだけでなく、これまでチャムーラはみんなＰＲＩの党員としてまとまっていたのに、それも崩れていくことになる。最初に逮捕された二人はこのように訴えたという。そして、ミケルが逮捕されてのち「調停」が始まるが、三者に提示された釈放の条件はつぎの二つであった。①ミケルは、チャムーラの村の秩序を脅かすような活動をやめること、②他の二者は今後暴力をつつしみ、ミケルの生命を保証すること。

まずミケルが、ついでチャキルチフが釈放された。ロペス・カステジャノスは一年以上獄中にあったとはいえ、殺人事件としてはなんとも穏やかな、しかも、きわめて不可解な結末であった。しかし、革命以降一貫して与党のＰＲＩと国家とが、カシーケの支配力を媒介として外部権威として安定した地位を維持してきた歴史的経緯を踏まえるなら、こうしたことも、いわば当然のなりゆきであったといえる。

ミケルは、チャムーラのなかで最初にプロテスタントに改宗した四人のうちの一人で、当時すでにプロテスタントの指導者として、自分の住むヤアルウァカシュ部落を中心に活動を始めていた。革命政権が養成してきたカシーケ、そのカシーケに対し初めて真正面から闘いを挑んだミケルの行動は、その後の反カシーケ運動の起爆剤となる。しかし彼がプロテスタントであったという事実、それが、今日にいたる反カシーケの民衆運動を、きわめて複雑にしたことだけは事実であった。

プロテスタントの介入

メキシコにおけるプロテスタントの流入は、一九世紀中頃のフアレスの改革時代にまでさかのぼる。一八五七年の「改革憲法」で信教の自由が規定されると同時に、アメリカ合州国からさまざまなプロテスタント系の教派・会派が一斉にメキシコへ流入するが、伝道の対象は主として都市部の住民であった(Bridges, 1973: 10–13)。しかし、一九三四年ラサロ・カルデナスが大統領に就任し革命が絶頂期に達すると、それまでの状況は一大転機を迎え、インディオ社会への伝道が急速に拡大し始める。同じ三四年、アメリカのウィリアム・キャメロン・タウンゼントの手によって、オクラホマ州立大学に「夏期言語研究所」(Summer Institute of Linguistics＝ＳＩＬ)が設立される。同研究所はその名のとおり、世界各地の言語研究を目的としているが、その設立にはウィクリフ聖書協会をはじめプロテスタント系の複数会派が深く関与しており、実際には、原住民社会への伝道が設立に当たってのもうひとつの重要な目的であった。ＳＩＬの前身ともいえる「中米ミッション」は、同じタウンゼント(彼自身長老派教会の会員であった)の指導のもとで、すでにグアテマラにおいて聖書の原住民言語への翻訳とインディオへの伝道にたずさわっていたのである(Maza, 1981: 27)。

一九三三年、メキシコの文部次官で長老派教会員でもあった文化人類学者モイセス・サエンスの招きで、タウンゼントはメキシコを訪問する。翌年、設立直後のＳＩＬはメキシコ文部省と協定を結び、所員の活動と機材搬入にともなう特権を保証され、さらに一九五一年には、言語研究のみならず原住民に対するスペイン語・スポーツ・社会教育の分野へと、その活動範囲の大幅な拡大を認められた。いわばＳＩＬは、インディオ社会に対する文化統合・国民統合を担う重要な協力組織として、メキシコ政府より公的に認知されたといえる(Maza, 1981: 27–35; Alisedo et al., 1981: 39–40; Rus & Wasserstrom, 1979: 144–148)。

こうして、一九七八年にはＳＩＬが関与するインディオ言語集団は一〇五を数え、その活動家は三七二人にのぼったが(Maza, 1981: 36)、彼らの活動が国内で有数のインディオ人口をほこるチアパス州*に集中したとしても不思議ではなかった。すでにその成果は、一九五〇年のセンサスにはっきりと現われている。この年メキシコのプロテスタント人口は総人口の一・三%、およそ三三万人である。その内メキシコ連邦区とベラクルース州で四分の一近くを占めるが、チアパス州だけで五・八%、一万九〇〇〇人に達している。ちなみに同年のセンサスによれば、チアパス州の総人口は約九〇万人で、プロテスタントの人口比は全国平均の二倍以上となっている。こうした傾向が五〇年代から六〇

表6　チアパス州のプロテスタント人口(1950-70年)

	1950年	1960年	1970年
プロテスタント人口	19,292(330,111)	50,877(578,515)	75,378(879,241)
総人口比	2.1%(1.3%)	4.2%(1.7%)	4.8%(1.8%)
全プロテスタント比	5.8%	8.8%	8.6%

(　)内：全メキシコ
出典：Bridges, 1973: 49-50, Cuadro 8より作成.

年代末にわたってさらに加速化していることは、表6からも明らかであろう。

＊　オアハーカ州につぎ全国第二位で、人口比ではケレタロー、ユカタン、オアハーカ州についで第四位。

チャムーラにおけるカシーケによる支配と内部矛盾の累積は、SILを軸とするプロテスタントの各会派にとって、村の共同意識にくいこみ、それを打ち破るうえで絶好の材料であった。しかし、チアパス州の数多くのインディオ集団に直接浸透することに成功したSILも、チャムーラの場合は、その排他性と求心性の強さに阻まれて、なかなか具体的な成果をあげることはできなかった(Rus & Wasserstrom, 1979: 153)。一九七〇年のセンサスでも、プロテスタント人口が総人口の一〇%を超える自治体のリストに、チャムーラはいまだ姿を現わしていない。しかし、そのチャムーラにもわずかながら道は開かれていた。ひとつは言語学者、文化人類学者として直接村人に接近する道であったが、それにもまして、彼らの出稼ぎ先のコーヒー・プランテーションは、彼らに接近する絶好の機会であったようだ。

サン・フアンは神じゃない

「タパチューラのエスメラルダっていうフィンカ（コーヒー農園）に働きに出かけたときだ。そこの監督なんだが、実はエバンヘリスタ（福音派）だった。彼は私になぜチャムーラは貧しいのか、なぜカシーケだけが金持ちなのか、いろいろと話しかけてきた。それが最初なんだ。その後、別のフィンカのヘルマニア農園に行ったら、もっとエバンヘリスタがいたんだ。私は農園主が住んでいる大きな家で働いていた。ガラス磨きやら床の掃除だけでつらい仕事じゃなかった。夜の七時になるとお祈りの時間だ。私は毎晩出てみたんだが、話はとてもいいもんだった。その頃すでに、実は女房もその宗教のことを知っていた。サン・クリストバルの教会に二度ばかり来ていたらしい。でも、私も女房もお互いに怖くて、まだ打ち明けられなかったんだ。家があったサクラマントン部落にはエバンヘリスタを嫌う者がいたし、そうだと知れたら土地も家も取り上げられて、村から追い出されるかもしれない。それくらいならいっそ、このままの方がいい……」

「二カ月たってまた同じフィンカに出かけた時、はじめて聖書を読んだ。最初から信じて読んだわけじゃない。村の教会に来ていた神父さんから、聖書を読むと混乱するだけだと言われていたからだ。でもともかく知りたかった。フィンカには電気

図 31　プロテスタンテが読むツォツィル語の聖書
(*Ach' Testamento*, 1983: 2)

があったんで、一一時、一二時まで読みふけった。するといろいろ疑問が出てきたんだ。聖書にもサン・マテーオ、サン・フアン、サン・マルコス、サン・ルカス、みんな名前が出てくる。そして気がついた。村では聖像はみな神様だと信じて祭りをやり、そのために寄付金もだしている。でも聖像そのものは神じゃない。人の手で作られたものだ。」

「ある日女房は病気になった。かなりひどくて治しようもない。結局テネハーパの呪医に診(み)てもらったが、二回通ってみてもまだロウソク、鶏、パンが必要だという。仕方ない、用意してもう一度出かけたんだが、着いてみたらその呪医、死んでいたんだよ。病気を治す呪医が死んだ。女房をやっとの思いで部落の家まで連れ帰った時、私は言ったんだ。エバンヘリオ(福音)を受け入れよう、って。そして、二人してすでに知っていた祈りをただただ繰り返したら治ったよ。二人で祈るだけで治ったんだよ。もう死ぬ以外にないって言われた女房が祈りで助かって、そう言った呪医の方が死んじゃったんだよ。」(CT-Chis. 850922)

すでに第2章で紹介したとおり、一九八二年にコーヒー・プランテーションへの季節労働に参加しているインディオ村落の数は、ツォツィル語およびツェルタル語系を中心とする三三自治体で、チャムーラを筆頭にオシュチュック、ミトンティック、テネハーパ、カンクック、チェナロー、ウィスタンの七村落だけで一万人を超え、全体の九割以上を占めていた(前掲表1参照)。一方、表7は自治体別プロテスタント人口だが、すでに一九七〇年において、チャムーラについで多くの労働力を送り込んでいるオシュチュック村は、全住民の四人に一人がプロテスタントであり、テネハーパ村も一割を超えている。またモトシントラ、マサーパ、トゥサンタンといった出稼ぎ先のコーヒー生産地帯でも、プロテスタントの人口比は一〇%を超えている。それに対しチャムーラが日常的に接触することの多いラディーノの町サン・クリストバルは、伝統的にチアパス州のカトリックの拠点であり、当時プロテスタントの住民は皆無に等しかった。これらの点から推測されるとおり、コーヒー・プランテーションへ出かけたチャムーラがプロテスタントと接触する機会は、サン・クリストバルの数倍に達していたと言える。出稼ぎ先

表7　チアパス州自治体別プロテスタント人口（1970年）

自治体	プロテスタント人口(人)	人口比(%)
タパラーパ	889	37.5
◎オシュチュック	4,520	25.1
オスマシンタ	304	20.5
テクパタン	3,422	20.2
トゥンバラ	2,759	19.6
サルト・デ・アグア	3,270	15.2
●モトシントラ	3,663	14.5
●マサーパ	692	12.9
アマタン	1,076	12.3
●トゥサンタン	1,394	11.9
◎オコシンゴ	3,988	11.6
◎テネハーパ	312	10.2
他6自治体	6,613	10以上
小計	32,902	10以上
●タパチューラ	4,991	4.6
その他	37,485	10未満
チアパス州 計	75,378	4.8

●：コーヒー生産地帯
◎：コーヒー園に労働力を送り出している自治体
出典：Bridges, 1973: 33, Cuadro 3および41, Cuadro 6より作成.

では村役やマヨールの監視の目は届かない。しかも出稼ぎとなれば、たとえ村の祭りに戻らなくとも一応の理屈は成り立つこととなる。

プロテスタントの影響は、一九六〇年代の初頭から静かにチャムーラの村人の間にも浸透を始め、一九七二年までに約八〇家族が改宗し(Rus & Wasserstrom, 1979: 154)、祭りのための分担金の支払いや、カルゴへの就任を拒否する者が現われてゆく。地酒のポッシュは、単にカシーケたちの重要な収入源であるだけではない。時、所に関係なく、勧められたら受けるのが村のしきたりであり、村人がお互いに仲間であることを確認する日常的な手段でもある。そのポッシュも、酒であるかぎりプロテスタンテは受け入れることができない。村の原理の空洞化に対する村人の鬱積(うっせき)した不満は、カシーケの強大な支配力と暴力のもとでは具体的な運動に結晶することはむずかしく、プロテスタントへの改宗という形をとった。しかし当然のことながらそれは、単にカシーケ支配に対する反発という意味にとどまることはなかった。一般の村人から見れば、彼らプロテスタントは村の守護神サン・フアンを否定し、仲間であることを拒否する「プロテスタンテ」であり、村の秩序を脅かす夜の権威の代理人であった。そして、反カシーケ勢力がプロテスタンテであること、それはカシーケにとり、村の共同意識を動員して彼らを弾圧する絶好の口実となる。村人相互の間には疑心暗鬼が蔓延し、「われわれの土地」とそこに生きつづけようとする仲間たちとの訣別、すなわちチャムーラ民衆の分断という悲劇が待ちうけていたのである。

反撃に出たカシーケたち

証言1　「これはサン・フアンなんかじゃない。ただの木だ、丸太だ。教会の外に出してみるがいい。腐っちまってキノコが生えてくる。写真を撮ってみろ、神様だったらどうして写真になんか写るんだ。われわれはただ神に祈るだけでいい。それだけで健康にもなれる。村の寄付金だって同じことだ。いったい何のためなんだ。神は金なんかをわれわれに要求するだろうか。われわれが出す金は、村役や教会の役職者の連中に使われちまうだけだ。……こんなことを、村人たちに言いふらし……教会にも来なけりゃ祈りもしない。サン・フアンを見捨てちまって、祭りにも来ない。ロウソクも捧げず、教会の寄付も村の寄付も払わなければ、役職に就こうともしない。……ついにわしらチャムーラは立ち上がった。そんなことは許せなかったからだ。……わしらは、プロテスタンテの家族を一人残らず村から追い出したが、連中の土地については、ちゃんと手続きをさせて村に渡すようにさせた。……わしらの村にいられるのは、習慣を守る者、わしらの宗教を守る者だけだ。」(ポサス／清水、一九八四、二五三―二五四頁)

証言2　「私たちがサント(聖像)を燃やしたとか、教会に火をつけようとしたとか、そういう話は私たちを追い出すための作り話だ。そんなことは絶対になかった。家のなかにまで踏み込まれて殴られるのは当たり前、ともかく血だらけで村を追い出された者が大半だ。ミケルは釈放されてからも、家族五人で村に住んでいたが、銃で脅されたり家にガソリンをかけられた。ともかく初めての追放の時にミケルも追い出されたんだ。ロペス・カステジャノスが牢屋から出てきてすぐだったから、一九七〇年頃だ。ミケルが住んでいたヤアルウァカッシュやサクツ部落がとくにひどかった。実際に家を焼かれた者もいた。夜中に火をつけられて、主人は逃げのびたが家族はみんな焼き殺された例もある。ほかの部落でも焼き討ちはあったが、犯人がサン・クリストバルの牢屋にぶち込まれてからは、焼き討ちは少なくなった。でもひどいもんだよ、殴られたうえに三日、四日と村の土牢にぶち込まれる。それでもプロテスタンテをやめないと頑張れば、コミタンへ向かう街道の途中まで車で運ばれて置き去りにされる。着のみ着のままだ。今はそんなことはやらなくなったが、でも土牢のなかで書類にサインをさせられるんだ。村の土地や家はすべて村に寄付します、っていう書類だよ。カシーケのものになるに決まってるさ。」(CT-Chis. 850922)

図32　自宅の庭先でハープを弾くロレンソ

冒頭の話(**証言1**)をしてくれたロレンソは、教会の管理統括者と祭りの統括者をかねる、村の重要な役職者である。しかし、カシーケのような金持ちではなく、家族の食糧をようやく確保できる土地をもっているだけだ。こうした彼のプロテスタンテに対する見方が、さしあたり「われわれの土地」に生き続ける以外に道のない、かなり広範な一般の村人の意識であったことは否定できない。しかしつぎの証言にみられるとおり、村役のなかにすらプロテスタンテを庇(かば)う者がいたという事実も、決して見逃してはならない。

「私はこの町に移るまでの三年か四年、日曜になるといつもこの町の教会にかよった。一年ごとに仲間が増えていって、そのうちに集まるのは一〇〇人をこえた。追放が始まった頃、両親はすでに死んでいたが、部落長(アヘンテ)の伯父は私のことを庇ってくれたんだ。ほかの仲間が追い出されたときも匿(かくま)ってくれた、四回もだ。もう一人の伯父はちょうどその頃、村の「判官」だった。その伯父がある日私を呼んで言ったんだ。ミケル・カイシュランとはフィンカで一緒に働いた仲だが、素晴らしい男だ。だが今はどうしようもない、殺されては仕方ないから。お前だけは守ってやるが、それも任期が終わるまでだ。……三年たって伯父たちが村役をやめると、予想どおりそのままではいられなくなった。村の連中は私を殺そうとし始めた。もうこうなったら、村に頑張ってる理由もない、サン・クリストバルへ行った方がましだと考えたわけだ。」(CT-Chis. 850922)

一方、村を追われたミケル・カイシュランは、サン・クリストバル郊外の荒地に追放者コロニーの建設に当たるかたわら、州政府当局との交渉に、そして長老派の牧師として奔走したという。その間も、一〇人、一〇〇人、二〇〇人と追放者の数は増えつづけたが、そのなかにはセットホルの父親のように、プロテスタントとは無縁な、ただ命の危険を悟って自分から村を離れた者も少なくないという。村人からプロテスタンテだと決めつけられ長老派のコロニーに移り住んだが、今もチャムーラの呪医として生活しているのである。

ところで、追放が開始されてから丸一〇年、一九八一年七月二四日の白昼であった。四人組の男に突然襲われ車で連れ去られたミケル・カイシュランは、数日後チャムーラの村のなかで、車とともに死体となって発見される。警察の手で逮捕されたのは、チャムーラの村で働く小学校の教師二人、そしてもう一人は、はからずも長老派教会のコロニーに住んでいた追放チャムーラの一人、ペドロ・サンティスであった。ミケルの暗殺を誰が指示したのか、今、ベタニアのコロニーに住むミケルの妻は、この件に話がおよぶと口を固く閉ざして語ろうとはしない。しかし、すでに命を絶たれたミケルを乗せた車が、カシーケの一人、ロペス・カステジャノスの家に到着したその現場に、カステジャノスの親戚の男が居合わせたのである。そしてその男は、今、長老派教会の指導者としてサン・クリストバルのコロニーで活躍するある男の、きわめて親しい遠縁でもあったのである。

2　「赤い司教」とポロ神父

カトリック教会の「改心」

「教会というものは本来、個々の文化に対立するものではありません。個々の文化に即した多様な教会があっていいはずです。キリスト教というものは、決して西欧的なキリスト教が唯一絶対の表現形態ではないはずです。そもそもキリスト教は東洋の宗教として生まれたにもかかわらず、ローマ帝国のもとで急速に発展したために、そのありかた、表現形態は西欧的な装いをまとう結果となったのです。そして、西欧文明はキリスト教文明、キリスト教文明は西欧そのものといった見方がひろまり、今もこうした信仰が人々の間に根強く残っているわけです。宗教が文化に強い影響を与えることは事実です。しかし、宗教と文化を同一視することは間違っている。言葉をかえるなら、深いキリスト教の信仰に根ざした個々の生活様式や表現形態は、いかなる文化の表現形態とも対立するものではなく、共存が可能なのです。個々のインディオ文化に即した教会、チャムーラ文化に即した教会はあり得るし、必要なことなのです。」

「しかし私たち聖職者も、実はそうしたキリスト教がたどってきた経緯を忘れ、多様な教会の存在を認めようとはしなかったのです。しかも、われわれとチャムーラとの従来のかかわりは、残念ながらカシーケの存在と無関係ではなかった。このようなお話をするのは、司教として心が痛むのですが、一例をあげればこういうことです。村人を集めるために私たちは、カシーケの権威を利用してきたのです。彼らに頼めばすぐ村人は集まってくれる、すぐに動いてくれる。しかし、そのことによって私たちは、社会的な罪の体現者であるカシーケたちに宗教的な権威をも補強してしまうという、重大な過ちを犯してしまったのです。このことに気づいてからは、徐々に従来の態度をあらため、信頼のおける村人、つまりカテキスタ*を育て、彼らをつうじて村人との関係を維持するよう方針を変えたのです。その結果、正しいカトリック教徒が急速に増大しましたが、同時に私たちは、カシーケと真正面から対立せざるを得なくなったのです。」(CT-Chis. 850923, Obispo Samuel Ruiz)

＊ 教理講釈者。カトリック教会で一定の教育を受けた後、司祭の助手あるいは通訳として最前線で伝道に携わる者。

「赤い司教」として国内の保守派からしばしば攻撃されていたチアパス司教区の司教サムエル・ルイスは(*Ambar*, 1988: 15–16)、すでにプロテスタントの影響がチャムーラの村人の間でも表面化し始めていた一九六六年五月、「ミシオン・チャムーラ」と呼ばれる改革計画に着手する。その計画の責任者には、チャムーラ教区司祭のポロ神父(レオポルド・エルナンデス神父)が任命され、彼のもとに聖心会の修道尼三名、インディオのカテキスタ男女各二名、そして教会の雑用係二名が配置された。彼らの任務は、サン・ファアン・チャムーラの教会を拠点として、当時約四万の村人全員を対象とする教理の普及、医療施設の建設を含む保健・衛生の改善、青少年を対象とするスペイン語教育と宗教指導者の養成を目的とした夜間学校の開設、民芸品の作業所、縫製工場、レンガ工場などを建設することであった(Iribarren, 1980: 1)。

クスカットの反乱以来、カトリック教会は一時期を除き、サン・ファアン・チャムーラの教会に司祭を永続的に定住させることに成功せず、祭りや日曜日に教区司祭が村を訪れるのみであった。「ミシオン・チャムーラ」計画は、従来のそうしたゆるい関係を一挙に打破し、「大地のへそ」の中核をなすサン・ファアン・チャムーラの教会をカトリック教会の拠点として再編し、村人のカトリック的再編と生活改善を積極的に推進することを目指していたといえる。サムエル・ルイスによれば、こうしたインディオ社会に対する教会の対応の変化は、第二バチカン公会議(一九六二―六五年)におけるローマ・カトリック教会の政策転換の一環をなすものであったが、「社会的罪の体現者」たるカシーケから教会が自立すべきだと主張する彼の立場には、一九五〇年代以来「カトリック・アクション」の一環として先駆的良識派のキリスト教徒たちがラテンアメリカの各地で展開してきたさまざまな社会的実践、さらには、カトリック教会が貧困と抑圧の問題の解決にも積極的に関わる必要があると説いた全ラテンアメリカ司教団第二会議(一九六八年八—九月、コロンビアのメデジン市で開催)など、当時のカトリック教会内部にみられた新たな動きの影響も無視できないであろう(上谷、一九八六、後藤、一九八六参照)。同時に、こうしたカトリック教会内部の良心的な動きが実は、プロテスタント勢力の急速な拡大、そしてキューバ革命を契機とする左翼勢力の農村部への浸透といった現実に危機感をおぼえたカトリック・ヒエラルキーの論理とも、奇しくも一致していたのである。

確かに、組織としてのカトリック教会が征服以来、基本的には「征服者の教会」あるいは「支配的社会の教会」として機能してきたこと、そしてインディオが、つねに教化の対象、すなわち「永遠なる年少者」として位置づけられ、教会建設はもとよりアメリカ大陸の歴史創造の全般においても、ひとつの主体として認知されることがなかった点を思いおこすなら、カシーケからの教会の自立や、カテキスタさらに助祭への道をチャムーラにも開放するという「ミシオン・チャムーラ」計画は、ひとつの画期的な改革を予期させるものであった。そして事実、この計画の開始とともにチャムーラのなかからカテキスタや助祭が現われただけでなく、反カシーケ運動にもはずみがつき急速な盛り上がりをみせる。いずれにせよ一九六〇年代の後半以降、チャムーラの村はプロテスタント化への波と重なりあうように、カトリック教会の改革の波にも巻き込まれ、それを契機としてプロテスタンテと連携した反カシーケ運動が拡大する反面、村の決定的分裂がさらに加速化されることとなる。

「大地のへそ」は二つない

「ミシオン・チャムーラ」計画の動きに対し、村の反応はきわめて迅速かつ敏感であった。計画が開始されてから五カ月を経た一〇月二六日、村役の要求にもとづいて村・住民・教会の三者会談が開かれ、村長をはじめとする村役、すでにカトリック教会の影響の強いカンデラリアとラス・ロサス部落の住民代表、そして、教会側からは司教代理の司祭一人、そしてチャムーラ教区司祭のポロ神父と、同神父の前任者ファン・ベルムデス神父が出席した。この会談で、村役たちは従来の宗教慣行の存続を主張し、慣行とは無縁なミサの実施や礼拝堂の建設に反対し、すでに建設されていた礼拝堂の安全については、いっさい責任を負わないという村の意思を表明した。また、ポロ神父と協力者たちがチャムーラに定住する件についても、村側はつぎの三条件を提示した。①司祭はサン・ファン・チャムーラ以外、いかなる部落にも出かけてはならない。②カトリックの教義を広めてはならない。③カトリックの信仰を目的とした建造物や礼拝の場を村内に建設もしくは建設を奨励してはならない (Iribarren, 1980: 2)。なお、『エクセルシオール』紙によれば、村側はこの他にも活動人数の制限、サン・ファン・チャムーラ以外の場所での勧誘行為の禁止を主張したという(*Excelsior*, 1966)。

しかし、村が提示した制約条件を、カトリック教会は「憲法で保障された信教の自由をたてに完全に無視し」、サン・フアン・チャムーラの教会を拠点に着々と計画を実施していった(Iribarren, 1980: 2)。六八年一一月までに、四人のチャムーラ少年が神学校に派遣され、六九年六月までには三カ月に一度のカテキスタの集まりと、一般の村人を対象とする二週間の宗教教育のコースも定着する。カテキスタは一五人、キリスト教徒も八三〇人に達し、また礼拝所も村の五カ所に設けられ、カテキスタによる説教、神父たちによるミサが、サン・フアン・チャムーラ以外の部落でも活発にとりおこなわれていった(Iribarren, 1980: 2-3)。この間、従来の洗礼の方法も変わり、ポロ神父は村人を小川の淵に連れてゆき、川の水で洗礼を施したという(ポサス／清水、一九八四、二五三頁)。

すでに第3章で述べたとおり、チャムーラの宗教体系のなかで、カトリックの神父たちは「外部権威」の代理人にすぎなかった。しかも彼らが、他所者にもかかわらず昼の権威として認められてきたのは、「野蛮なる祭り」や村独自の宗教体系と慣習を黙認してきたからであった。今、村に住むチャムーラにとり、神の住まう場は唯ひとつ、サン・フアン・チャムーラの教会のみである。いくつもの礼拝堂の新設が「大地のへそ」の分断・分散を意味し、伝統とは無縁なミサという儀式の強要も、彼らの宗教秩序を脅かすものに他ならなかった。三者会談から一週間も経たぬうちに、早くもひとつの礼拝堂が破壊され、翌年六月には、司祭はサン・フアン以外の場所でのミサ・布教をやめないかぎり、命を保証しないと通告される(Iribarren, 1980: 6)。そして一九六八年五月、ポロ神父の手で養豚場の建設が始まると、ポロ神父と村人との対立は決定的な段階に突入する。

「……この神父(ポロ神父)はわしらをだましたんだ。チャムーラの娘だけじゃなく……いろんな村から娘を連れてきて、教会の裏庭に二、三軒家をたててそこに囲っていたんだ。……それに加えてその神父は、同じ裏庭に豚小屋と鶏小屋まで作った。何かを教えるためとか言って、ともかく一〇〇人くらいの娘たちが鶏や豚の世話をやらされていたが、そのうちに教会のまわりは糞だらけになっていった。……ちょうどその頃なんだ……フィンカへ行った村人何人かが……プロテスタンテとかいう宗教に染まっちまって、村に帰って広め始めたんだ。……ますます別の宗教の者がふえていくと、村の者たちは、その神父がみんなに教えてるんだ、と言い出した。そんな神父は役に立たんということになって、ついにわしら村人が集まって、自分たちの手で追い出すことになった。何百人もの村人が教会に押しかけたが、レオポルドは頑として立ち去ろうとしない。もうみんながまんできなかった。神父を殺そうっていう気になっちまったんだ。」(ポサス/清水、一九八四、二五二―二五三頁)

同じ年の九月、村当局は「チャムーラの文化的統合と国家的財産に対する破壊行為」

をたてに、ポロ神父を連邦政府に訴える。そしてその一年後、神父に帰依する村人の一人が暗殺された。一九六九年一〇月一二日、教会を取り巻く村人の即時退去の要求に、ポロ神父は止むなくチャムーラの教会を後にし、「ミシオン・チャムーラ」計画も、開始以来わずか三年にして、一大転換を余儀なくされたのである(Iribarren, 1980: 6-7)。

闘う「幼な子」たち

教区司祭の追放という重大な局面に立たされたカトリック教会は、いくつかの政策転換を試みている。そのひとつは、チャムーラでのいっさいの宗教儀礼の拒否であった。祭りのたびに村人は、司祭の前にひざまずき祝福を受けるのが常であった。毎日曜日には、生後一、二カ月の赤子を抱えた親たちがサン・ファンの教会に集まり、司祭の手で洗礼を施してもらう。祭りの日には、その数倍の親たちが一〇キロ、二〇キロ離れた部落からも集まってくる。洗礼は、当時すでにチャムーラの通過儀礼のひとつとして定着しつつあり、その儀礼を司ることができるのは、村の呪医でも役職者でもなく、カイシュランの司祭であった。いわば司祭は、村の宗教儀礼の一部に組み込まれたひとつの役職であり「外部権威」の代理人であった。したがってポロ神父の追放の際に、チャムーラが拒否したのは司祭やカトリック教会そのものではなく、あくまでも、村の秩序を脅かすポロ神父個人だったといえる。事実ポロ神父の追放後も、村側は一貫してカーニバル、聖週間、サン・フアンの祭りでの洗礼の実施と司祭の派遣を、カトリック教会に要請しつづけている。祭りのたびに司祭を確保すること、それは村長に課せられた重要な任務のひとつであった。それだけに宗教儀礼の拒否は、村長とカシーケを窮地に追い込む絶好の手段でもあった。

一九七三年一月、六人のチャムーラ青年が助祭候補として任命されたのも、追放後の新たなできごとである。それまで養成されてきたカテキスタは司祭の助手にすぎなかったが、神学校で正規の教育を受けた助祭候補の誕生は、本格的なチャムーラの聖職者の出現を意味した。しかも任命に際して教会は、彼らにいくつかの義務を課している。助祭たる者はチャムーラに住みつづけ、チャムーラの服装を身に着けること、祈りの際にはツォツィル語を使い、村の役職に任命された場合、忠実にその任務を全うすること、以上が任命に際しての条件であった(Iribarren, 1980: 11–12)。教区司祭の追放という苦い経験を踏まえて、カトリック教会は、チャムーラに対するカトリック的再編から「チャムーラの教会」の建設へと、一歩前進したといえる。

しかし最大の変化は、教会による政治指導者の養成であった。一九七二年八月、三年計画で開始された村の指導者の養成講座は、その具体的な現われである。サン・クリストバルで開かれた一回目の講座には三三名のチャムーラが出席し、「チャムーラの統一的な発展とツォツィル=ツェルタル地域の同盟関係の形成、農地法、政府機関の役割」

をめぐって、一〇日間実施されたという。翌七三年には「法知識の普及、政府の経済開発政策、共同体間の結合」について、さらに七四年九月から一〇月にかけて養成講座第三期が開設された(Iribarren, 1980: 13-15)。養成講座の具体的内容は定かではないが、ここに掲げられている項目とその後の経緯から推測するかぎり、憲法に規定された個々人の信仰の自由と人権、自由自治体法に定められた自治体首長=村長の選挙制度、州・連邦政府の対共同体政策、村内の紛争解決のための政府諸機関等、いわば、カシーケによる村支配を打破するための法的な知識の普及が、これら講座の主目的であったと考えられる。こうしたなかで、ポロ神父追放の後もカテキスタの村内での活動はむしろ活発化し、とくに一九七一年から七三年にかけ、ヤアリチン、ヨロンナ、チコムタンティック、ツォンテウィッツ等の部落では信者が急速に増大するが、それは言うまでもなく、反カシーケ勢力の成長をも意味した。

ミケル・カイシュランの告発によってロペス・カステジャノスがチャキルチフとともにサン・クリストバル市当局に逮捕されたのは、ちょうどその頃である。一九七二年三月には、サン・クリストバルの町でカステジャノスの投獄決定を支持するデモ・集会があいつぎ、同じ年の九月にカステジャノス釈放の噂が流れると、それに反対する一連の運動が展開する。こうして急速に拡大した反カステジャノス運動をつうじて、カテキスタ・政治指導者とプロテスタンテとの連帯が一部で実現し、村のカシーケも、カステジャノスを中心とする大カシーケと、教師・小カシーケ集団との間に、徐々に亀裂が生じていった。そして七三年の後半に入り、カシーケの打倒を目指すチャムーラ民衆の運動は、ついに村長選挙の実現へと結実したのである(Iribarren, 1980: 21–23)。

従来の慣例にしたがえば、その年の六月から村役による秘密の村長選びが始まり、秋までには七四年の元旦に就任する三年任期の新村長が決まるはずであった。しかし反カシーケ勢力は、「自由自治体法」に規定された普通選挙をたてに、カテキスタであり指導者養成講座の受講者であったドミンゴ・ディアス・ゴメスを候補者としてたて、法に則した公開選挙の実現を迫ったのである(Iribarren, 1980: 24)。すでに前章で紹介した証言からも明らかなとおり、公開選挙とはいえその実態は、法に定められた秘密投票による選挙とは程遠いものである。しかしこれが、村の原理を空洞化したカシーケと長老に対する、チャムーラ民衆の初めての組織的な挑戦であったことに変わりはない。

村役たちが公認した村長候補のアグスティン・エルナンデスは、当選のあかつきには、ドミンゴ・ディアスの支持者全員を村から追放すると公言して対抗したが、九月一三日の第一回予備選挙の結果は反カシーケ派の勝利であった。しかし一一月一八日、村当局が村長候補として指名したのは、敗北したはずのアグスティンだったのである。反カシーケ勢力は、州知事ベラスコ・スアレスに選挙の不正を訴えたにもかかわらず、一二月三〇日、アグスティンは連邦政府軍、州原住民局代表、そしてＰＲＩの代議士立ち合いのもとで村長就任を強行し、その翌日には、対立候補のドミンゴ他六人を逮捕・投獄してしまったのである(Iribarren, 1980: 24-26; Wasserstrom, 1976 ②; García de León, ―: 17)。

これを契機として、チャムーラの民衆運動はさらに盛り上がりをみせてゆく。選挙からおよそ一年、サン・クリストバルではエチェベリーア大統領の肝煎り(きもい)で、歴史上初のインディオ会議*の開催を間近に控えていた。九月一四日には、大統領みずからサン・クリストバルを訪問し事態の収拾にのり出すが、対話は不成立に終わり、逆に反カシーケ勢力はトゥクストラの教員養成校の学生と連帯し力の運動へと展開をみせる。一〇月一三日午前三時、およそ一五〇人の村人が、学生とともにチャムーラの村役場を占拠し、村当局に対してつぎの要求をつきつけたのである。①村当局は全てのチャムーラを市民として平等に扱うこと、②チャムーラを構成する全ての集団の、市民としての道徳的・物質的向上を目的とする自治体協議会の結成、③投票所での直接投票と開票の公正化、以上であった。しかし州原住民局は村当局の要請にもとづいて軍隊を動員し、翌日に控えたインディオ会議の開催へとこぎつけたのである(Wasserstrom, 1976 ②)。

* 後に全国インディオ会議へと発展してゆくこととなるチアパス州インディオ会議。一九七四年一〇月開催。小林、一九八五参照。

その後もこれらの要請は完全に無視され、むしろ逆に、カトリック教徒に対する組織的な追放が開始される。まず一一月一日、二〇〇人以上の村人が逮捕・投獄され、カトリック教徒が住んでいた部落の礼拝堂も、つぎつぎと焼き討ちに遭い破壊される。さらにその三日後には、逮捕者のうち一六一人がサン・クリストバルから三〇キロ以上離れたテオピスカ近郊に強制的に連れ去られ、パンアメリカン・ハイウェイの路上に放置されたのである。こうして、一九七〇年代の初頭から始まったプロテスタンテに対する追放に加えて、七〇年代の半ば以降、カトリック教徒を中心とする反カシーケ勢力への全面的な追放も開始された。七四年末にカトリック教徒が居住する部落は二六に達していたが、翌年の八月には八部落に激減してしまったのである。

組織的な反カシーケ運動が一挙に展開し得た背景として、カトリック教会による政治指導者の養成を無視することはできない。そして村内におけるチャムーラの民衆運動が、国家・与党ＰＲＩとカシーケとの連携を前にして崩れ去り、村からの追放という痛ましい結果に帰着したことも事実である。しかし彼らの運動は、それで終わったわけではない。また、追放されたカトリック教徒も、単に従来のカトリック教会の枠のなかに取り込まれていったわけでもない。むしろ逆に、カトリック教会とは半ば自立した民衆運動への発展と「原住民教会」の建設への動きが、村を離れたチャムーラの間で、徐々に形成されてゆくのである。

夜の権威となった司教

村役場を占拠した村人たちがテオピスカへ強制連行された日、カトリック教会はチャムーラ村に対するいっさいの宗教行為を拒否するとの抗議声明を発表し、さらに翌七五年二月一日には、司教サムエル・ルイスは、チャムーラにおける事態が真のキリスト教徒、カテキスタ、助祭に対する迫害であり、以後チャムーラにおける洗礼を拒否するよう、全司祭に通達する。しかしその後もカトリック教会は、いったんは宗教行為を拒否しながらも結局は村当局の司祭派遣の依頼に応じるという、従来と同じ対応を繰り返したのである。早くも同じ年の六月、サン・フアンの祭りに司祭が参加するが、その一年後には、カトリック教徒を含む六〇〇人以上の村人の追放(Iribarren, 1980: 38)を機に、教会は再び祭りへの参加と洗礼を拒否する。しかしその四カ月後の七七年一月、フアン・ドミンゴ二世が村長に就任すると、またもやカトリック教会は村との関係を再開し、六月のサン・フアンの祭りへの招待を受け入れたばかりでなく、三人の司祭を毎日曜日と祭りの日にサン・フアン・チャムーラに派遣し、日曜日の洗礼前教育も定例化した。*

＊洗礼に先立って受洗を希望する成人や新生児の親たちは、これ以後日曜日にやってくる司祭から、洗礼の意味と必要性にかんする説教を四週間にわたり聞くこととなる。

村とカトリック教会の間には、こうして再び雪解けの時代が到来したかのようであった。しかしこの両者の接近が、カシーケによる村人の追放という根本問題を未解決のままに実行されたこと、しかもすでに追放されていたチャムーラのカテキスタや助祭たちが、村での洗礼の再開に反対していたという事実も見逃すわけにはゆくまい。当時カトリック教徒が居住する部落はヤアルボックただひとつで、カテキスタも助祭もすべて村での活動を停止していたのである。

「教会の村役に対する態度の変化を、和解を求める賢明なものと理解することもできようが、人間の権利擁護に断固とした態度をとらなかったものとして、欺瞞的、反キリスト教的とみなすことも可能であろう。また、兄弟教会たるプロテスタント教会との連帯の欠如の責任を、わが教会に追及する向きもあろう。」(Iribarren, 1980: 48)

これは、しばしば本節で引用してきた『ミシオン・チャムーラ』の著者で、当時サムエル・ルイスのもとで活躍していた若手神父イリバレンの言葉である。表8からも明らかなとおり、この雪解け時代の到来とともに、追放が一時激減したことは事実である。しかし同時に、両者の和解が追放問題の解決に完全に無力であったことは、ファン・ドミンゴ・ペレス二世の死去にともなう村長の交替以後、再び追放者数が以前にもまして急激に増加していることからも明らかである。

カトリック教会は、追放の再開にあらためて批判を強めてゆくが、追放を中止させることはおろか、もはや民衆の心をつなぎ止めることもできなかった。揺れ動く教会のあり方に、追放されたカテキスタのなかにすらプロテスタントへ転向する者が現われる一

表8　追放チャムーラ家族数(1971〜85年2月)

任　期	村長名	追放家族数
1971〜73	マリアーノ・ゴメス・ロペス	4
1974〜76	アグスティン・エルナンデス・ロペス	181
1977〜79.3(没)	フアン・ドミンゴ・ペレス2世	35
1979.3〜79.12	サルバドール・サンチェス・ロペス	27
1980〜81.8	臨時執行委員会	
1981.8〜82	マリオ・エルナンデス・エルナンデス	198
1983〜85	マヌエル・ロペス・カステジャノス	109
不明		86
合　計		640

出典：Comisión del Gobierno, 1985 ①②より作成.

方、「インディオ教会」の自立的な動きが追放カトリック教徒の間で表面化してゆく。それだけではなかった。和解からちょうど七年、一九八四年六月のサン・フアンの祭りに、村当局はサン・クリストバルの司祭に替えて、州都トゥクストラ・グティエレスを本拠とする「メキシコ・カトリック正教会」(Iglesia Católica Ortodoxa Mexicana)に、神父の派遣を依頼したのである。サムエル・ルイスによれば、この教会はカトリック教会とは無縁な団体で、日曜日ごとにやってくる「神父」は、かつて神学校を追放されたあやしげな人物だという。確かに、受洗に際して村人に求められる謝礼も、一気にそれまでの一〇倍以上に跳ね上がった。

「村人たちが聖像の前で奇妙な儀礼をやっていても、それは一向にかまわない。むしろメキシコにとってはいいことだ。こうして私がやってきて洗礼を施し、彼らの慣習を守ってやれば、あんたみたいな観光客が外国からも来てくれる。なに、旅行者じゃない？本を書いてるのか。いいことだ。あんたが日本にチャムーラを紹介してくれれば、ますます観光客がふえるからね。」(CT-Chis. 850908)

チャムーラの教会で呪医が繰り広げる治療儀礼について、カトリックの神父としてどのような考えを抱いているか、筆者がこの新任の司祭にもう少しまともな返答を期待していたことは事実である。しかしチャムーラの村人に必要なのは、彼らに通過儀礼の一環としての洗礼を施してくれる外部権威の代理人なのである。正統派か否か、神学校を追放されたか否か。そのようなことは外部世界の争いごとにすぎず、彼らのさしあたりの必要性にとっては無縁なことであった。またカシーケにとって、自分たちを批判するカトリック教会との関係を断ち切り、村人の洗礼への欲求を満たすこともできる。いずれにせよこれを契機にカトリック教会は、征服以来四五〇年にわたるチャムーラとの関係を完全に断たれてしまったのである。

サムエル・ルイスの指導のもとで始まった「ミシオン・チャムーラ」計画によって、チャムーラ民衆の反カシーケ運動が高揚し、その過程でカトリック教会の体質それ自体も、一定の変容を迫られたことは否定できない。しかしながら、「西欧的教会」の論理が払拭され、さらに「多様なる教会」「インディオの教会」へと認識の転換が実現されるためにはまず、他ならぬ聖職者たちみずからが自己の地位を脅かしはじめたプロテスタントの拡大に対する危機感と焦りを抑制し、なによりも、多様な価値の存在にかんし根本的な意識変革を達成することが前提とされていたようだ。これまで、外部権威の地位にとどまってきたカトリック教会が、突如、村の生活に急速に接近、介入し、宗教カルゴとは完全に無縁なカテキスタを養成すること、それらが村の論理、チャムーラの価値体系にとっていかなる意味をもち得るか。そのことについて、ポロ神父はもとよりサムエル・ルイスも、十分認識していたとは言えまい。しかも、「ミシオン・チャムーラ」計画が、純粋にカトリック教会独自の計画ではなく、インディオ社会への勢力の浸透を目指す右翼政党PANと、なんらかの関係があったことも否定できない。一九七四年五月一五日、反カシーケ勢力の村長候補であったドミンゴ・ディアス・ゴメス他三名はPAN総裁と面会し、六月九日には総裁みずからチャムーラを訪問し、間もなくPANの事務所がサン・フアン・チャムーラに開設されたのである(Iribarren, 1980: 26–28)。いうまでもなく、こうしたこともカシーケに新たな口実を与えたばかりでなく、カトリック教会に対する村人の不信をつのらせる結果となった。

かつて征服者にとり、インディオはすべて「邪教」の下僕であった。そして今、村にとどまるチャムーラの村人にとり、改革を求める神父たちは、もはや尊重すべき外部権威の代理人でもキリストの代理人でもありえず、「我々のキリスト」を脅かす邪教の使者、夜の権威の代理人に他ならなかった。同様に追放されたカトリック教徒の目に、揺れ動くカトリック教会の姿が、自分たちの教会の基礎として十分信頼にたる権威と映らなかったとしても、それは不思議ではなかったのである。

3　追放者コロニー・ベルト

コロニーへの定住

一九七六年一〇月には、すでに村を追われた者は二〇〇〇人近くに達していたようだ。その月、サン・クリストバルの町では、追放者一七五〇人への支援を求めるビラがばらまかれ、追放者たちは州原住民局と村当局に権利の保証を求め、さらに奪われた家と土地の回復、部落への帰還、そして平和と自由に生きる権利を求めて、数日間にわたるデモを展開した。一一月三日には、サン・クリストバルからおよそ一〇〇キロ離れた州都トゥクストラの政庁前広場で抗議集会が開かれ、その一週間後には、司法当局、州原住民局、村当局に通告した後、追放者たちは村への集団帰還を強行したのである。しかし、その結果は以前同様、彼らに対する集団逮捕と五日間の投獄、そして暴力的な追放であった(Iribarren, 1980: 40; Manguen et al., ──: 19–33)。

これを最後に、プロテスタンテもカトリコ(カトリック教徒)も、部落へ戻ろうとする単発的な試みを除いては、サン・クリストバル周辺のコロニーの建設へと傾いてゆく。

「私たちはまとまって村を出たんだ。その中にはいろんな部落の者がいた。この町の近くの部落の者もいれば、ずっと遠い部落から追い出された者もいた。全てが家族ぐるみというわけじゃない。エバンヘリコ(プロテスタンテ)になった女房だけが村を出て、旦那は子どもたちとそのまま村に残った例もある。その旦那はあとで別の女房をもらったが、病気になったんで子どもたちはこっちにやって来た。これとは逆に男がこっちに来て、女が村に残った例もある。女の両親が許さなかったからだ。あの頃はまだこのコロニア(コロニー)はなかったんで、みんな掘立て小屋を建てて住んでいた。そのうちに、この町の仲間の一人が土地を捜してくれて、町の周辺にばらばらに住んでいたわれわれも、ようやくここに落ち着いたわけだ。」

「まだ追放は続いているが、連中はもう家を焼いたりはしない。四年前にポルポット部落で家が焼かれたのが最後だ。遠いとこに置き去りにすることもなくなった。一、二週間の猶予を与えて、すべて家をかたづけさせる。ただミルパ(トウモロコシ畑)もモンテ(入会地)もそのままだ。私たちの場合、女房の土地はほんのわずかだが、私の土地は三ヘクタール、それに四ヘクタールのモンテがある。畑を耕そうと一度村へ戻ろうとしたが、無理だった。マヨール(警備役)に見つかって追い出されたんだ。村には合わせて何百ヘクタールもの土地が放ったらかしにされたままだというのに、私たちはトウモロコシを買わねばならない。御先祖様が残してくれた土地もあれば買った土地もある。絶対に村のものじゃないしエヒードの土地でもない、土地は私たちのもんだ。でも追い出された私たちは、土地を売ることもできなければ耕しに戻ることもできない。」(CT-Chis. 850922)

一九七一年に始まる「プロテスタンテ」に対する大々的な追放に加え、すでに述べたとおり、七四年からはカトリック教徒の追放も始まった。村を追われた者は膨大な数に達し、彼らの出身部落も、八五年までにチャムーラを構成する七二部落のうち五二部落の多くにおよんでいる。追放問題は単に、家族・夫婦の離散、土地・家屋の喪失といった悲劇にとどまらない。村に今も生きる人たちの少なくとも一部は、いつ何時プロテスタンテだと決めつけられて村を追われるか、妬(ねた)みによる密告の不安、そして仲間相互の疑心暗鬼のなかで生活しているといっても過言ではない。

「最近だと二人部落を出ていった。八月の中頃だ。ドミンゴ・ディアス・サンティス、それにもう一人はドミンゴ・グスマン・ペレスだ。そう、家族もみんな一緒だ。村から追い出されたわけじゃない。自分から出ていった。まあ、プロテスタンテだっていうことが知れて、追い出されると思ったんだろう。これまでに、ペテフ部落からは大体二五〇家族のうち三二家族が居なくなった。」(CT-Chis. 850915)

この話をしてくれた村人はさらにその二年後、怯えた口調でつぎのように語っている。

「どうも最近、村人の様子がおかしいんだ。おれはプロテスタンテでもなんでもな

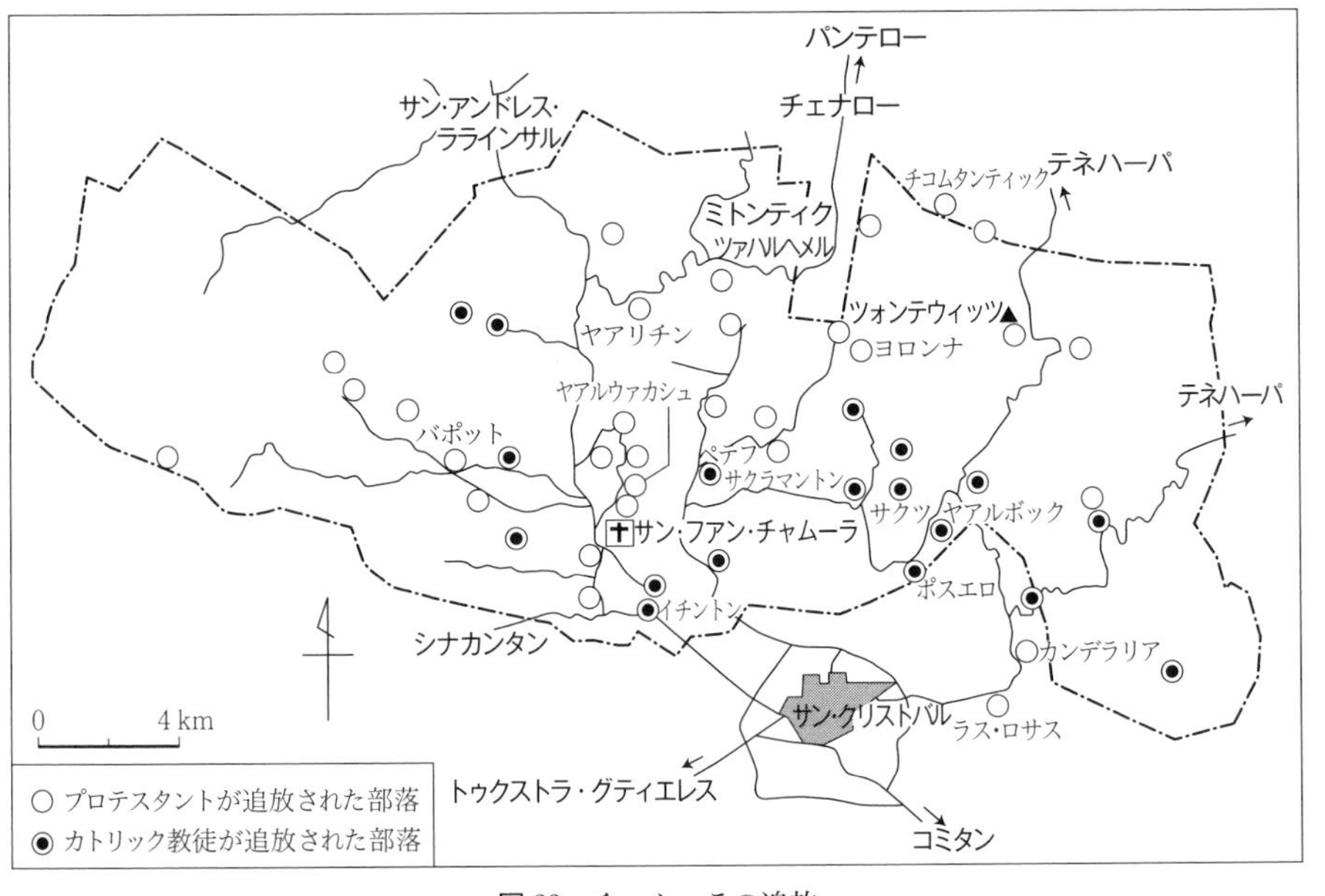

図 33　チャムーラの追放

い。二年先にはアルフェレスになることも決まっている。そのために一所懸命金を貯めてきた。だのに、以前とはどうも様子が違う。なにか白々しいんだ。今すぐ部落を出るつもりはないが、近いうちにサン・クリストバルに土地を買おうと思っている。アルフェレスの役目が終わったら、いつ追い出されるかもしれないから。」(CT–Chis. 870903)

チャムーラの追放問題が発生しておよそ一五年、それはサン・クリストバルの社会問題としても、もはや無視できない段階に達していた。チアパス州政府もついに重い腰をあげ、一九八五年二月、州政府の三権の代表、チャムーラの村当局代表、そして、後述する追放者諸集団の統一組織である「チアパス高地原住民地域委員会」(CRIACH)代表からなる調査委員会が結成され、二月二三日から三カ月にわたり、三者立ち合いによる現地査察が実施された。査察は追放問題を抱えている五二の全部落が対象とされたが、そのうち八部落については追放者が査察参加を放棄し、さらに八部落については期限内に査察は実施されていない。また村当局が追放に直接手を下しているにもかかわらず、行政上はチャムーラではなくサン・クリストバル行政区に属しているカンデラリア、ラス・ロサス等の部落は、はじめから査察の対象からはずされている。したがって、追放の全体の規模を確定することはきわめて困難だが、この査察をもとに州原住民局が作成した三六部落に関する査察調査報告(Comisión del Gobierno, 1985 ①②)によれば、追放されたチャムーラは六四〇人、その家族一八八四人、合わせて二五二四人となる。また、彼らが村に残した土地は三九五・七五ヘクタールに達している。あくまでも推測の域を出ないが、追放が開始される直前におこなわれた一九七〇年センサスの部落別人口統計(Secretaría de Industria……, 1973)を、この査察資料と重ね合わせるなら、八五年五月までに追放されたチャムーラの総数は、七〇年の人口の二〇・三%、五九〇〇人を超えるものと考えられる。なお追放者を出した部落のなかには、ホルパハルトン、サクツ、ポスエロ、ペテフの各部落のように、追放者総数の対七〇年センサス人口比が、それぞれ一八四・八、一二五・四、一〇〇・六、七〇・八%ときわめて高い水準に達している例もあり、人口の自然増加と婚姻による他部落からの人口流入を考慮しても、これらの部落は追放によってほぼ壊滅的な打撃を被っていると考えられる。

村を出た者たちの行方

「……(プロテスタントの)伝道者たちは、村を追われた家族に庇護を与え、彼らに市民的権利の回復と村への帰還をあきらめるよう忠告した。のみならず伝道者たちは、州政府当局とひとつの合意に達したのである。それは、遥か離れたラカンドン密林地帯の〝新たな居住区〟に、追放者を集住させるという内容であった。(中略)伝道者たちは、もっとも不安定な状況に置かれた農民の心をとらえ、譲歩と服従のイデオロギーを彼らに植えつけ、紛争地域の外縁へと導いている。これは、カトリック教会の伝道者たちがとった立場と、まったく同じものであった。彼ら聖職者たちは、地域支配階級（カシーケ）の利害とは無縁な人々、そうした人々の利害を代弁するどころか、今日の資本主義システムの再生産を可能にする生産と統制の関係を、まさに強化、維持しているのである。」（Wasserstrom, 1976 ②：16）

カトリック教会にせよプロテスタント系の諸会派にせよ、それらがひとつの組織として機能する際、そのもとで活動する個々の聖職者や信仰者の善意とは関係なく、既存の共同体とその文化が再編を余儀なくされてきたことは、否定し得ない事実である。またこれらの宗教団体が、今日の資本主義システム、あるいは世俗的な諸権力とつねになんらかの関係を維持しながら、活動を展開してきたことも事実であろう。メキシコにおけるＳＩＬ（夏期言語研究所）の場合、その活動によりほぼ全てのインディオ集団の辞書が出版されるなど、原住民言語の研究面で多大な貢献をした。しかしこうした成果は多くの場合、外部世界に生きるわれわれにとっての利益にすぎない。しかもその成果が得られる過程で実は、メキシコ各地のインディオ集団に内紛と分裂を生じさせてきたこと、その点も決して無視することはできない（*Civilización*, 1983; Bónfil, 1981; Bónfil et al., 1982; Alisedo et al., 1981 参照）。さらにＳＩＬの活動は、国際的な政治戦略とも無関係ではなさそうだ。一九七〇年代に入り、世界各地でＳＩＬとアメリカ中央情報局（ＣＩＡ）との密接な関係を指摘する声が高まり、メキシコ政府もついにヴェトナム、カンプチアについで、一九七九年九月、四五年間維持してきたＳＩＬとの協定を破棄するにいたった（Alisedo et al. 1981: 26, 53–55, 75）。こうした過程と併行して、原住民諸集団の政治的統合をてこに脆弱な政治基盤を補強してきた革命政権の論理と、文化統合をめざす近代国家の論理とが深くかかわってきた経緯については、すでに本書でも触れたとおりである。

この外部世界の論理の破壊的側面について、それを客観的・歴史的事実として今後も冷静に見つめ続け、さらに具体的な姿を明らかにしてゆく必要がある。しかしながら、この種の批判が多くの場合、破壊的側面を強調するあまり、破壊の対象となった世界に生きる人々を、結局は「敗者の歴史」のなかに押しとどめ、彼らの歴史における主体的な選択の方向性を見過ごしてきたことはないだろうか。村を追われ、あるいは村を出た者たちは、単にカトリック教会の神父やプロテスタントの伝道者に騙されたのだろうか。そして彼らは外部世界に完全に取り込まれ、個々ばらばらにプロテスタントあるいはカトリック教徒として再編されてしまったと断言できるのだろうか。現在サン・クリストバルを包囲するかのように拡大しつつある追放者コロニー・ベルトの人々、すなわち、プ、ロ、テ、ス、タ、ン、テの生活とア、イ、デ、ン、テ、ィ、テ、ィ、そして彼らの統一への動きにも、最後にここで簡単に触れておく必要がある。

コロニーの生活

サン・クリストバルの町は、その外縁をペリフェリコと呼ばれる環状道路が走り、そのすぐ外側から、町をとり囲む山並みの急傾斜がはじまる。はじめに村を追われたチャムーラがいわば不法占拠のかたちで住みついたのが、環状道路の外側、すなわち裾野の一帯であった。一九八五年時点では図35のとおり、三〇のコロニーが市街地を包囲するかのように帯状に展開し、一部は市街地内部にまで浸透している。九〇〇家族を抱えるヌエバ・エスペランサ(長老派、地図番号6)や八九〇家族を擁するトラスカーラ(神の家・長老派の混在。23)の大コロニーから、わずか六家族からなるミラドール(5)にいたるまで、その規模はまちまちである。これら全てをサン・クリストバル・グループとすれば、この他、本章冒頭で触れたように、同市よりコミタン方向へ約二五キロの山間部に、ベタニアを中心とする六コロニーが、そしてトゥクストラから太平洋方向へおよそ一〇〇キロのシンタラーパ近郊の山間部(シンタラーパより約六〇キロ)にも、カナアンと呼ばれるコロニーが知られている。このコロニーは一九八四年五月、州政府と連邦政府農地改革省の斡旋で、当初二八家族が国有地に入植して形成した最も新しいコロニーである。

村を追われたチャムーラたちはこのように、地理的に三つのグループに大きく分断され、なかでもシンタラーパ・グループの居住地は、かつての「われわれの土地」から三〇〇キロ近くも離れ、サン・クリストバルの町からも隔絶された「熱い土地」のはずれ

図 34　追放チャムーラのコロニー，ラ・オルミーガ　年を追うに従って，コロニーは山肌を削るように上へとのびてゆく．(**図 35**，No. 1)

に位置し、完全に新しい生活空間である。追放された者たちは、地理的に分断されただけではない。彼らは最大集団であるプロテスタント系の九会派をはじめとするプロテスタント系の九会派に分かれ、それぞれ独自の教会をもっているが、村人からプロテスタンテと総称される追放チャムーラのなかには、この他サン・クリストバルの司祭に従ったために村を追われた「正統派カトリック」の八〇家族も含まれている。コロニーの大半は一コロニー一会派を原則としているが、コロニー**1**、**11**、**17**、**18**、**23**、**24**は、二から四会派の合同コロニーである。会派別の特徴としては、エホバの証人派、ナザレン派、バプテスト派、そしてシンタラーパ・グループの再臨派が、すべて単独コロニーを維持しているのに対し、その他の会派は同一コ

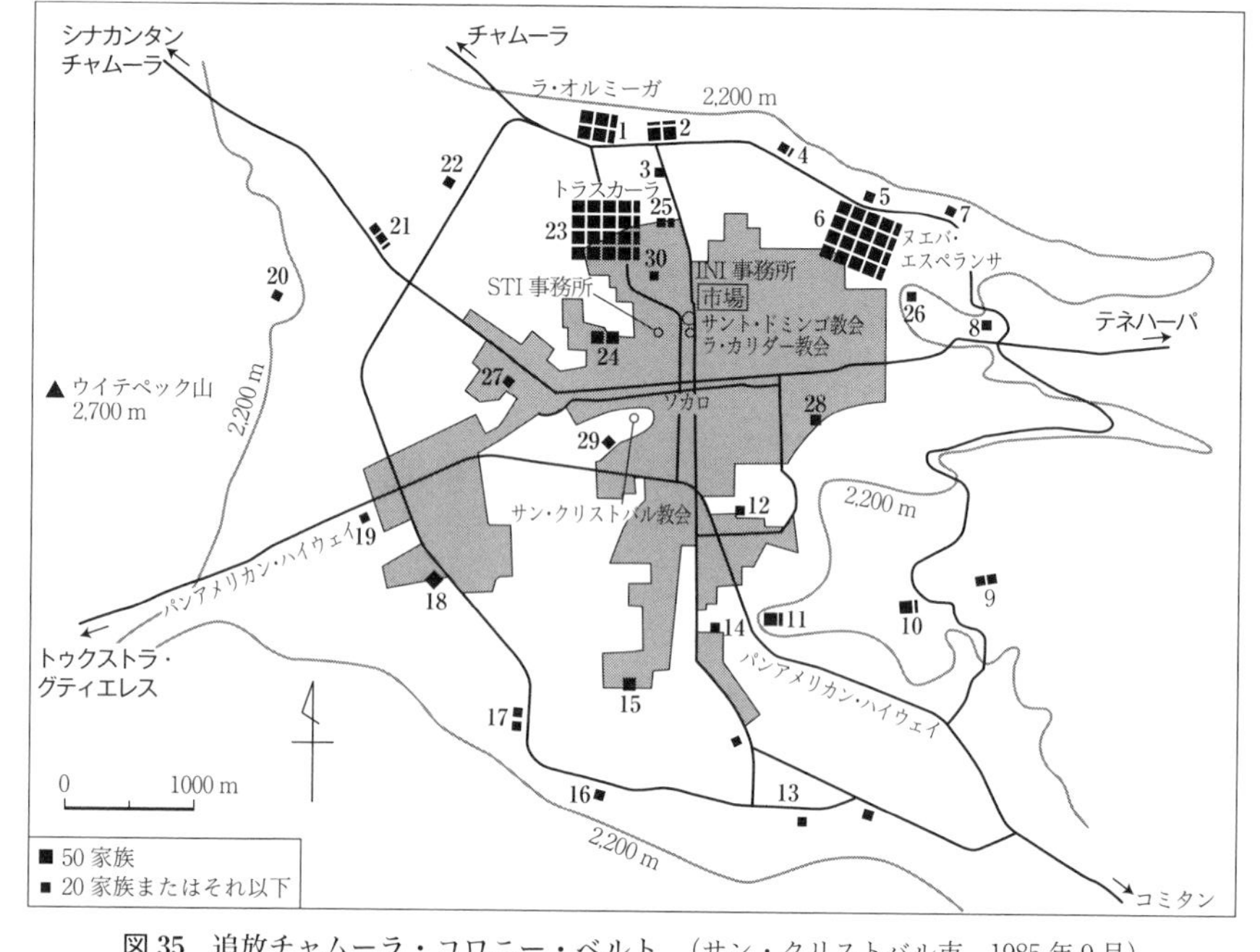

図 35　追放チャムーラ・コロニー・ベルト　(サン・クリストバル市　1985 年 9 月)

ロニーに他会派と共住している。なおモルモン派のチャムーラのみは、市街地に教会をもってはいるが独自の居住区はない。

彼らがどのような過程をへて現在のコロニーを確保したか、シンタラーパ・グループを除けば、その具体的経緯については明らかではない。筆者がインタビューをつうじて調査し得たサン・クリストバル・グループの土地所有についてみるなら、ヌエバ・エスペランサとトラスカーラの二大コロニーを含む一七コロニーが所有権を確定しており、残り一三コロニーがいわゆる不法占拠である。しかし、九〇〇家族を擁するヌエバ・エスペランサの場合、私有地は二〇〇家族、残り七〇〇家族は借地である。なお、先に引用した伝道者批判と関連して興味深いのは、ポブラード・ヌエボ(22)であろう。このコロニーを構成するのは長老派の六家族にすぎないが、すでに六〇区画の土地が購入済みである。一般に村を追われた者たちは、着の身着のままこの町にやってくる。そのような彼らに、不急の土地を確保するゆとりがあるはずはなく、しからばいったい、どのような組織が資金を提供しているのか、きわめて興味ある点であろう。

一九八五年九月時点で、追放者コロニーの住民は表9で明らかなとおり、およそ三五〇〇家族、一世帯の推定家族数を当てはめれば、一万七〇〇〇人近くに達している。言うまでもなく、この全てが追放者だというわけではない。すでに述べたように、追放者数の推定値は五九〇〇人であった。これが現実より大幅に低い数値だとしても、追放者

表 9　セクト別追放チャムーラ家族数(1985年9月現在)

教派・会派	サン・クリストバル・グループ	ベタニア・グループ	シンタラーパ・グループ	総計
プロテスタント系				
長　老　派	1,481	450	0	1,931
カサ・デ・ディオス(神の家)派	860	0	0	860
ペンテコステ派	237	50	0	287
エホバの証人派	65	0	0	65
セブンスデイ・アドベンティスト派	63	0	0	63
ナザレン派	28	0	0	28
バプテスト派	21	0	0	21
モルモン派	8	0	0	8
再　臨　派	0	0	180	180
カトリック	80	0	0	80
計	2,843	500	180	3,523
コロニー数	30	6	1	37

数とコロニー人口との三倍近い差は、コロニーにおける第二世代の急激な増大を物語っている。いわば、かつての「大地のへそ」も祭りも、そして村役制度も知らない若い世代が、追放者コロニーのなかで日を追って増加しつつあるのだ。それだけではない。彼らの生活の糧も、サン・ファンの村とは大幅に変化しつつある。先に触れた査察調査報告をもとに追放チャムーラの職業をまとめると、**表10**のとおりである。職業不明がかなりの数に達しているため断定はできないが、農業、炭焼き、出稼ぎ労働といった、いわば伝統的職種が一一七人であるのに対し、建設土木関係や都市社会関係の雑役、観光客を

対象とした民芸品の製作販売、商業一般など、都市と密着した非伝統的職種は二七二人にのぼっている。いずれにせよ、サン・ファンの村人の生活基盤とコロニーの生活基盤との間に、質的な差が拡大しつつあることは否定できない。

三カ所に分断されたまったく新しい生活空間、プロテスタント九会派とカトリックの計一〇集団に分断された宗教生活、そして都市と密着した仕事の場。こうした要素が、コロニーに生きる人々を、サン・ファンの村のありようから、ますます引き離しつつある。村に生きるチャムーラ自身が、征服・近代化・革命という時の流れとともに自己再編を繰り返し、かつてのチャムーラのありようから徐々に変容をとげてきたのと同じよ

表 10　追放チャムーラの職業
(1985 年 5 月現在)

1	左官・左官助手	103
2	商　業	75
3	農　業	72
4	民芸品製造・販売	58
5	家　事	46
6	出稼ぎ	40
7	庭掃除人夫	5
8	アイスクリーム売り	5
9	夜　警	5
10	炭焼き・行商	5
11	常雇事務員・店員	4
12	洗濯女	4
13	女　中	4
14	革具職人	4
15	運転手・運転助手	3
16	大　工	3
17	小学校教師	3
18	学　生	2
19	その他	17
20	不　明	181
	計	639

出典：Comisión del Gobierno, 1985 ①より作成.

うに、村を追われたチャムーラも今、確かに新たな変容をとげつつある。

プロテスタンテのアイデンティティ

「神は唯一天におられる。私たちとともにおられる。そして私たちは、その神の息子なんだ。サント(聖像)はその神が私たちに授けて下さったものだ。だから大切にしなければいかん。私たちはロウソクをともすために教会へはいかない。だが私たちと同じように聖書で勉強したカトリコたちは、サントについては同じように考えている。だから村を追われたカトリコのなかにも、エバンヘリオになる者が多いんだ。」(CT-Chis. 850922)

「おれだって、サントは大切に扱うよ。だが、あくまでもサントは木でできている。ひとつ例え話をしてやろう。あんたの親父さんが死んだとする。その親父さんの写真をもってるだろう。生きてた頃と同じように、その写真とあんた、話ができるかい。その写真と同じなんだ、おれたちのサン・フアンも。神がどのような方であられたのか、それをサントから知ることはできる。別の言いかたをすれば、サントは大統領のもとで働く警官のようなもんだ。警官は大統領のご命令がないかぎり、勝手におれたちを動かすことはできない。おれたちをお命じになるのは、あくまでも国の大統領だ。州知事だって同じことだ。自分一人で金を払うことはできない。メヒコ(メキシコ市)におられる大統領から金を頂いてこなけりゃ何もできないんだ。つまり、サントは神そのものじゃない。神に従う者たちで、大統領のようには人に命じることはできないんだ。サン・ファンも同じなんだよ。」(CT-Chis. 850922)

サン・クリストバルの市街地の北のはずれ。九〇〇家族を抱える長老派のコロニー、ヌエバ・エスペランサ。環状道路からコロニーに一歩足を踏み入れると、遊びに興じる幼な子たちの群れ。女の子は、揃ってツェキル(巻きスカート)をまとい、男の子は、チャマーラ(貫頭衣)姿もあればシャツにズボンの姿もある。コロニーの奥からは、生き生きとした若者たちの声。小学校のグラウンドでバスケットボールに熱中するチャムーラの少年たち。子どもたちは、サン・ファンの村の子もこのコロニーの子も、どちらも話す言葉はツォツィル語で、基本的には無邪気で人なつっこく、生き生きとしている。しかし、初対面の他所者に対する彼らの態度には、明らかに大きな違いがあるようだ。母親のツエキルの裾にしがみつき、こちらの様子をじっと窺う怯えた目つき。観光客だと分かればわっと取り囲み、小銭をねだるサン・ファンの子どもたち。私の折る紙飛行機で無邪気に一緒に遊んでくれるまでには、いつもかなりの時間が必要だ。それに比べ、コロニーの子どもたちの目には、なぜか怯えた影がない。すり寄ってきて小銭をねだることもない。そして彼らは、観光客のカメラに追い回されることもないのだ。

荒削りの木造バラック、ブロック積みの簡素な家、粗末な家並みになんとも不釣り合

図 36　村より静かなコロニーの生活　ツェキルをまとったチャムーラの女の子．コロニーへ移っても，水汲みは子どもの仕事だ．(**図 35**，No. 23)

いな真っ白い長老派の教会。その入口を、ツェキル姿の女たち、シャツ姿、チャマーラ姿の男たちが、集会準備に忙しげに出入りする。唯一女たちが靴を履いている点を除けば、成人男女の姿もサン・フアンの村人と変わることはない。五〇〇人は十分入れるその教会に、もはやサントの姿は見当たらず、松脂香の煙もなければ呪医の姿もない。しかしながら、正面の白壁にかかる十字架は、色、形ともサン・フアンの村の十字架そのものである。悪霊をはらう松、その松を象徴する緑に塗られた十字架には、はっきりとトウモロコシのモチーフが銀色で描かれている。サントの祭りもコロニーにはない。しかし、教会の床には松葉が敷きつめられ、コロニーの催しものの際には、教会へ通じる道も松葉で覆われる。

夜と昼の対応、「われわれの土地」「冷たい土地」「熱い土地」といった空間認識、あるいは、神意識と外部権威意識との関連など、彼らの集団としての意識が具体的にどのように変化しつつあるのか。それとも、サン・ファンの村人の意識とは完全に異なる、新たな共同意識が形成されつつあるのか。共同意識が明確なかたちで表面に姿を現わすのは、多くの場合、外部世界からの何らかの働きかけに対し人々が集団として反応する瞬間であり、あるいは、既成の秩序が一定の変化をきたす瞬間であろう。それだけに今、彼らのアイデンティティについて語るには、あまりにも時機尚早といえる。しかし、サン・ファン・チャムーラの「大地のへそ」を離れ、新た

図 37　長老派のコロニー，ヌエバ・エスペランサの教会

な生活空間を確保してからおよそ一五年。さまざまな生活面での変化と第二世代の急激な増加にもかかわらず、彼らは少なくともチャムーラとしての言語と民族衣装、そして、緑の十字架、松葉といったチャムーラのシンボルを、現在も頑なに維持している。そして、少なくとも冒頭のプロテスタンテの証言には、神とサントの関係についての新たな意識が感じられる反面、大統領や国家に対する見方には、最高権力を「不可視の外部権威」とみなす、従来の村人と共通するプロテスタンテの意識を、わずかながらそこに感じとることができる。

プロテスタンテのアイデンティティの将来を予測する際、彼ら自身の意識とともに、彼らを取り囲む外部世界との関係も重要な要素となる。いずれの会派のチャムーラも、組織のうえではオアハーカ、トゥクストラ、あるいはビジャエルモサなどにある各会派の支部と関係を維持しており、時折りラディーノの牧師がコロニーを訪れる。また、オアハーカの長老派の支部には、ツォツィル語への聖書の翻訳のために、数人の追放チャムーラが派遣されている。しかしサン・クリストバルの場合、市内に各会派の教会があるにもかかわらず、プロテスタンテのチャムーラたちは、別途独自の教会をコロニーの中にもっており、町のラディーノのプロテスタントと交わろうとはしない。そしてコロニーの教会を支えているのは、チャムーラの牧師あるいは牧師補なのである。

元来サン・クリストバルの町は、征服以来のカトリックの伝統が生活のすみずみにまで定着しており、メキシコ市やベラクルース市といった大都会に比べると、プロテスタント人口は皆無に等しい。推定人口およそ五万人のその町に、わずか一五年足らずのうちに、カトリック教会とは無縁な一万二〇〇〇人のプロテスタンテの社会が出現したのである。ラディーノ社会に取り込まれアトム化されるインディオ。こうしたイメージが通用するためには、追放者コロニー・ベルトの規模はすでにあまりにも大きく、この町では、都市化の問題も都市のインディオ化の様相を呈しつつあるとさえ言える。サン・クリストバルの住民にとって、追放チャムーラはなによりもまずインディオである。この歴史的・社会的認識に加え、町の人々にとりコロニー・ベルトの人々は、自分たちとは異なる別個の宗教集団でもある。プロテスタンテのアイデンティティが、こうしたサン・クリストバルのラディーノ社会の意識によって、逆に補強されてゆく可能性も、決して無視できないであろう。

ラ・カリダーのチャムーラたち

サン・クリストバルの日曜日は、石畳の道を急ぐインディオの足音で夜があける。彼らが向かうのは、この町最大のサント・ドミンゴ教会の裏手にある朝市だが、もうひとつ、その教会の隣にひっそりとたたずむ石造りの教会、ラ・カリダーへと吸いこまれてゆく集団がある。二〇〇人ほどが座れるベンチはすべて、男は貫頭衣のチャマーラを、女は巻きスカートのツエキルをまとったチャムーラで埋めつくされ、彼らが常用する松脂香と体臭が入口まで漂ってくる。七時になると、ようやくチャムーラのカテキスタによるツォツィル語の説教が始まり、静かに耳をかたむける彼らの姿は、従順で敬虔なカトリック教徒そのものとなる。しかし一一時、状況は一変する。説教の終わりを待ちかねていたかのように、呪医による治療儀礼が何体もの聖像のまえで一斉に始まり、すべてが再びサン・フアンの世界へと逆転する。

説教を担当するカテキスタはもとより、この教会に集まるチャムーラも、その大半は村を追われた人々である。カトリック教徒が在住する一六部落の代表がこの町に集まり、追放に対する対策が初めて協議されたのは、追放開始からおよそ半年後の一九七五年六月であり、「チャムーラ原住民教会」の創設が決議されたのも、まさにその集会の場であった。それ以後、チャムーラ全域の重要問題は、この原住民教会の執行部ともいえる原住民教会審議会が解決に当たることとなるが、審議会の委員長、副委員長、財務担当、書記、すべてがチャムーラであった。そして、村を追われるカトリック教徒が増大するにしたがって、原住民教会は時にカトリック教会をも批判するなど、独自の動きをみせ始める(Iribarren, 1980: 35–36)。

およそ二年後の七七年一月、すでにカテキスタたちの村での活動は不可能となり、信者が残っている部落もヤアルボック部落ただひとつとなった。カトリック教会が新任の村長ファン・ドミンゴ二世との和解に踏み切り、村での洗礼を再開したのはまさにそのような時であった。追放問題を未解決のまま洗礼再開に踏み切ろうとするカトリック教会に対し、チャムーラのカテキスタも助祭も真っ向から反対し、洗礼前教育への協力も拒否する。彼らはさらに、神父がラ・カリダー教会で洗礼を実施する際に徴収する金を、カトリック教会のものとせず、村を追われたチャムーラたちのために、原住民教会が管理する「民衆基金」へ納めるよう司教に求めたのである(Iribarren, 1980: 34-36)。

助祭やカテキスタを育てたのは、カトリック教会であった。そして、カシーケに公開選挙の実現を迫った政治指導者たちを育てたのも、同じカトリック教会が開設した若手指導者の養成講座である。しかしカトリコたちは、反カシーケ運動への参加と挫折、そして村からの追放という苦い経験を踏まえて独自の道を模索し始めた時、カトリック教会のありかたそれ自体にも、疑問を抱かざるを得なかったのである。そして彼らの一部が、神父より身近な存在としてプロテスタンテに接近していったとしても、それは当然のなりゆきであった。ラ・カリダー教会は今も、サン・クリストバル司教区の管轄下にある。しかしこの時を境に、この教会は原住民教会の拠点として、さらには、カトリコとプロテスタンテとの合流の場へと、徐々に転化してゆくこととなる。

金曜日のラ・カリダー

夕暮時のラ・カリダー。自転車にのったコロニーの代表が、三々五々教会前の広場に集まってくる。そこには、カトリコもいればプロテスタンテもいる。長老派もいればペンテコステ派もいる。ＰＲＩ派もいれば反ＰＲＩ派もいる。毎週金曜日の夜七時。代表が勢揃いすると、教会の中庭をはさんだ一室でさっそく活発な議論が始まる。村長選挙の動向はどうか、ロレンソ派とエンリケ派の対立はどうなるか。対立候補のエンリケを支援すべきか否か。サン・クリストバル郊外でアメリカ人が経営するホテルとの、道路建設をめぐる対立で、農民をどう支援してゆくか……

「まずわれわれは二五人で会議をもって、皆の意見を出しあった。昨日はこの運動のために寄付金を募った。一人二〇〇〇ペソずつ集めようと思ったんだが、私もそうだが金の無い者が多い。二〇〇ペソ、三〇〇ペソしか出さん者もいれば、五〇〇ペソ、一〇〇〇ペソ出した者もいる。今でも三万五〇〇〇ペソが集まっただけだ。でも諦めたわけじゃない、まだまだ頑張るつもりだ。もっと金があれば、闘いだってやりやすい。でも少しずつわれわれは力を取り戻しつつある。来週にはもっと人が集まってくれると思う。」

「この町でも、われわれを助けてやろうという話はあった。だが断ったんだ。もし援助話にのっていたら、とんでも無いことになっていたかもしれない。噂だが、そ

図 38　代表者たち　ラ・カリダーに結集するコロニーの代表は，サン・クリストバル近郊の部落を訪れ土地問題の解決に知恵を寄せあう．

の援助の金の出所は、村のカシーケだという話だ。そんな金を受け取ったらカシーケの思うつぼだ。子どもにアメをくれてやるようなもんだ。アメをやって黙らせようとしている。われわれがいま必要なのは、コロニア（コロニー）の道路の舗装とか、水道や学校だ。だが、州政府がやろうとしているのは融資だ。二週間前に私は聞いたんだ、どれくらい援助してくれるかって。二五〇〇万ペソが限度だという。しかも只でくれるわけじゃない、あとで返せっていうんだ。私は気がついたんだ。州政府も正義を金で買おうとしている。こんなものは援助じゃない。州政府ははした金でわれわれを騙そうとしてるんだ。それくらいなら、自分たちで金を出しあって頑張るほうがましだ。チャムーラの自由のために。ほら〝団結すれば、敗けることはない〟って言うだろう。追放されたわれわれも、今までは敗けていた。今でもみんな生活で精一杯だが、力を合わせれば敗けることはない。われわれには村に戻る権利がある。決して諦めたわけじゃない。でもそのためにはまず、追放を中止させることが先決だ。」(CT-Chis. 850922)

一九八四年九月六日、追放チャムーラのコロニーの代表たちの手で、「チアパス高地原住民地域委員会」(ＣＲＩＡＣＨ＝Consejo Regional de Indígenas de los Altos de Chiapas)が誕生した。そこにはカトリコの代表もいれば、プロテスタンテの長老派も「神の家」派の代表もいる。ＰＲＩ傘下の労働者組織の指導者もいれば、新興の左翼政党に近い者もいる。それ以後、新たに村人が追放されると、ＣＲＩＡＣＨが正式に州政府のインディオ局に訴える。コロニーの生活改善についても、この組織が州政府と交渉する。こうして結成直後からＣＲＩＡＣＨは、村当局はもとより州政府にとっても無視できない存在となった。翌八五年六月からは活版印刷の新聞『インディオ――インディオの尊厳を求めるＣＲＩＡＣＨの声』が、三カ月に二回の間隔で定期的に発刊される。一〇月には、プロテスタンテによる伝道の中止を条件として、州当局が提示した追放停止の提案を、ようやく村当局も受け入れることとなる(Comisión del Gobierno, 1985 ③)。すでに紹介した追放者に関する査察調査も、ＣＲＩＡＣＨのこうした圧力を背景に実現したものであった。

yi ch'el ta mue'jchilactic ta sjunul chiapas

POR LA DIGNIDAD DE LOS INDIOS

indio

LA PALABRA DEL CRIACH

SAN CRISTOBAL DE LAS CASAS, CHIAPAS. LUNES 3 DE MARZO DE 1986

Núm. 7

Buch a bat? Shibat ta Jovel

.... a mirar a mi hermano que está en el hospital, la policía de Jovel le hechó bala en una pata. Ya no se entiende, nuestra gente tiene que ir a mirar el arreglo de su problema a la PRODECH, y da mucha vuelta porque no hay ayuda, no hay arreglo y tenemos que dar otra vuelta.

.... y luego, vé, a mi hermano que tenía su necesidad se matió en el monte, allá por la PRO-

Los indios nos sabemos mantener y si vamos en la oficina por ayuda es porque el gobierno tiene la obligación de mirar a los indios, falta el camino, la escuela, el maestro, el agua potable, tierra para que tengamos más maíz y frijol y para que nuestros hijos puedan trabajar un su pedazo........ cuando hay ayuda del gobierno, damos nuestro material del lugar, damos nuestro trabajo y muchas vueltas a la

図39 追放チャムーラの新聞『インディオ』「どこへ行く? サン・クリストバルへ」のツォツィル語の見出しが目を引くが，記事はスペイン語だ．プロテスタンテはスペイン語を覚えることにも熱心だ．

外部世界の既成の会派や政党の枠にしばられず、生活に直結した共通の問題をめぐって「われわれ」を意識したとき、彼らは初めて、自分たちのための組織をもつことができたといえる。カシーケによる追放は、実は今も続いている(*Hoy*, 1986 ①-⑤, 1987 ①⑧参照)。しかしそれが、限界に近づきつつあることも事実のようだ。

「この寄付はエバンヘリスタから土地を買い取ってやるためのものだ。そう言って村人に寄付を強制するのは、いつもマヨールの仕事だ。部落長(アヘンテ)たちは、部落にエバンヘリスタがいたら知らせるよう村役から命令されている。ところで、エバンヘリスタが増えれば売り上げが減る。もう酒を買いに来なくなるし、ロウソクも買わなくなるからだ。だが今では、エバンヘリスタのほうが多くなっている部落もある。こうなると、部落の店を牛耳っている部落長も、そう簡単に密告はできない。全部追い出したら自分が困るからだ。そういう部落のエバンヘリスタは、だから今でも、昼間にここの教会に来て夜は自分の部落に戻れるんだ。追放が始まった頃、私が住んでいたサクラマントン部落は全体で三〇〇家族ほどで、エバンヘリスタは一〇家族にすぎなかった。でも今じゃ、部落に残っている二七五家族のうち一二五家族がエバンヘリスタで、その差は二五家族なんだよ。」(CT-Chis. 850922)

村当局が州政府の追放停止の提案を受け入れた同じ頃、村長選挙をめぐって対立を深めていたカシーケたちは、PRIによる和解の提案を受諾する。八五年一〇月二七日、PRIのチャムーラ支部の一室で、村当局が推薦するロレンソと対立候補のエンリケの両者は、「サン・フアン・チャムーラの統一的な発展のために分裂を回避する必要を認め」、村長にはロレンソが、第一レヒドールにエンリケが就任することに同意したのである。ちなみに村長に指名されたロレンソは年齢三五歳、小学校四年修了であった(Comité del PRI, 1985)。そして、カシーケ相互の対立と妥協から生まれた新村長の体制は、その直後から新たな対立を生み、もろくも任期半ばにして崩れ去ることとなる(*Hoy*,

1987 ②-⑦)。死亡にともなう村長の交替はこれまでにもあったが、こうした対立による村長の交替は、村人にとって初めての経験だったのである。

プロテスタンテもカトリコも、サン・フアンの祭りを拒否し教会へ行くこともやめた。そして村役制や祭りのための寄付も拒否した。しかしこうした共同性への参加の拒否が神や「村」それ自体の否定ではなく、カシーケによって強制される「神」と祭り、カシーケによって空洞化された共同性に対する拒否であった点を忘れてはなるまい。かつて征服によって神々と祭りを奪われた彼らが、太陽神をキリストに、月の女神をマリーアへと名を変えてみずからの手に取り戻したのと同様に、彼らは今、カトリコあるいはプロテスタンテとみずからの名を変えて、カシーケに奪われた神と祭りを、空洞化された村の原理を、民衆〈知〉に支えられた怒りをもって、取り戻しつつあるのかもしれない。そしてその怒りは、当面、村にとどまらざるを得ないチャムーラたちの怒りとも、また、チアパス高地の他のインディオ民衆の怒りとも、同じ波長で静かに、しかも着実に共鳴しつつ、みずからの価値の絶対性を信じてやまない「近代的」外部世界へ向けて、共鳴を求め訴えつづけてゆくようだ。

エピローグ

「ウォークマンが欲しいんだが、金は払うからあんた、今度くる時もってきてくれないか。」

一九八一年にチャムーラの村を訪れた頃は、頼まれるのはせいぜいデジタル時計であった。しかし今はウォークマンである。サン・フアン・チャムーラの広場のまわりには、カシーケたちが経営するいくつもの雑貨店が軒を並べ、コーラ、ファンタをはじめとする清涼飲料から、タバコ、乾電池、カセット・テープ、ラジカセにいたるまで、ラディーノの町の雑貨商とほぼ変わらない商品がずらりと並ぶ。

こうした流通経済の影響の高まりとともに、国際的な政治動向や国の資源開発政策も、村の生活を左右し始めている。とくに一九七九年から八一年にかけ、ゲリラ掃討作戦の一環としてグアテマラ軍事政権が米軍の支援のもとに強行した、メキシコとの国境地帯のインディオ村落の焼き討ちは、四〇万とも五〇万ともいわれるグアテマラ難民を生みだし、難民インディオの一部はソコヌスコ地方(コーヒー生産第I地域)へ流れ込んだ(*Car-*

gua, 1983; ENIAL, 1982; *Informe*, 1983)。第Ⅰ地域から第Ⅱ地域への出稼ぎ労働の移動や、コーヒー・プランテーションへの移動労働力の全般的減少傾向(第2章参照)の裏には、実はチアパス州の北に隣接する石油開発地帯での労働力需要の高まりとともに、こうしたグアテマラからの難民や「不法入国者」の問題もあるようだ(Wasserstrom, 1976 ①; *Uno más Uno*, 1983 ①-④)。チャムーラにとって、別の場所への出稼ぎ先の変化は単なる移動の問題ではない。石油開発地帯の労働は、労働者が個々ばらばらに現場を転々とするいわゆる飯場労働であり、石油ブームに湧く町のさまざまな誘いも多い。すなわち、プランテーションにみられるような、労働現場での「村」の再生は不可能に近い。

しかし、「文明」と「村」、「外部世界」と「われわれ」との従来の構図は、そう簡単に崩れさる気配はない。羊毛の手織りの巻きスカートに、上半身は、簡単な手刺繡(ししゅう)をほどこした粗綿のブラウス、そのうえにチリル(ショール)をまとう。それが、最近までのチャムーラ女性の民族衣装であった。しかし今、ブラウスは木綿でなく化繊の生地がもてはやされ、手刺繡に代わり、町で売っているチロリアン・テープを使った胸飾りが主流である。がらりとデザインすべてが変わったが、見過ごしてならないのはそれが現在、彼女たちのチャムーラとしてのシンボルであり、またチャムーラ以外の集団がそのデザインのブラウスを身につけることはないということだ。かつてアメリカ大陸に羊はいなかった。征服者がもたらした羊と毛織物を基礎に、みずからの民族衣装をつくりあげたチャムーラは今、村に残ったチャムーラも村を出たチャムーラもともに、チロリアン・テープをみずからのものとして主張し始めている。

征服と西欧文明の流入により固有の文化を破壊された人々。今日もなお頑なに文明を拒否し因習を守りつづける人々。われわれがインディオという言葉から受けるイメージは、このいずれかではなかったか。あるいは、コカ・コーラを神に捧げ、チロリアン・テープを嬉々として身につける哀れなインディオ……。このような「文明人」の考えとは無関係に、「文明」の波にもまれながらも、その一部を自分なりの価値の体系のなかに取りこみ、しかもそれを逆手にとって自己を主張する「村」。そこに、征服以来つねに「文明社会」の周縁におかれてきた者たちの、歴史に裏打ちされたしたたかさと、知恵を読みとることができる。

＊

「インディオ」は本来、西欧近代のひとつの表現としての「征服」をつうじて、アメリカ大陸に生みおとされた植民地主義的範疇であった。同じように、現存するチャムーラをはじめとする個々のインディオ集団も、「伝統」をひきずった過去の遺物ではありえず、基本的に植民地支配によって生みおとされ、近代という時代のなかで権力によって再編を余儀なくされた。現存するエスニック集団はこの意味で、すぐれて近代的な共同体だが、近代的共同体の近代的たる所以は、こうした擬制的側面にとどまらない。征服以後今日にいたる近代化の歴史のなかで、その「近代」＝「外部世界」との攻めぎあいをつうじて、主体的に自己再編をとげつつアイデンティティの存続を追求してゆくあり方、すなわち、「近代」への「村」の主体的対応のありようも、近代的共同体の重要な一側面であろう。

共同体的なるものを、すべて「遅れたもの」「遺制」として捉え、そこにかかわる人々の意識についても、「階級的自覚の未発達」「意識化の遅れ」として問題とする共同体論の一部の潮流や、逆に、「未開社会」をひとつの回帰すべき理想郷として追い求める「文明人」のあり方に関し、筆者はかつて素朴な疑問を呈示した（清水、一九八四、一九八七②）。本書の目的のひとつは、まさにこの近代的共同体の歴史への主体的かかわりを明らかにし、共同体論の再生にひとつの素材を提供することにあった。

具体的なエスニック集団やその共同領域を、われわれは固定的なものとして捉えたり、固定的であることを無意識のうちに願っていることはないであろうか。あるいはまた、彼らの歴史における存在を単なる敗者とみなし、彼らに同情し、「伝統」の破壊を憂い、破壊者に対し怒り、しかも、彼らの歴史における主体的ありようを見過ごしていることはないか。新たな神＝キリストを強要されても、彼らはそれを彼らなりの神意識のもとに取り込んでしまう。異集団との集住を強制されても、そこに新たな「われわれ」と

「われわれの土地」を築きあげる。時には、みずから新たな「大地のへそ」と新たな神を中心に、異なる集団が集合する。そして、現在進行しつつあるチャムーラの「分裂問題」も、メキシコ革命によって生み出されたボス支配という、ひとつの内部矛盾に対する自己再編の形態として、基本的に位置づけることができるであろう。

本文では触れることができなかったが、現在追放者コロニーによっては、追放チャムーラと同じく、カシキスモと宗教問題が原因で村を追われたシナカンタンやチェナロー、オシュチュック村の人々と、チャムーラが共同生活を始めつつある。今後どのような方向をたどるのか。追放チャムーラは再び、村に踏みとどまったチャムーラ民衆とともに「村」の再生を試みるか、それとも、追放された者たちが従来のエスニシティの枠を乗り越え、サン・クリストバルの町を居住領域とする「プロテスタンテ族」「CRIACH族」を構成するのか。あるいはまた、サン・クリストバルのラディーノ民衆とともに、新たな「われわれ」をかたちづくるか。今の段階で断定することはできない。しかしいずれにせよ、メキシコのインディオ社会が征服以後たどってきた歴史は、場合によっては自己分裂をも辞さない、共同体のきわめて敏感な、しかも自由にみずからの姿を変える柔軟な対応のありようをみせてくれる。

「村」は、外部世界・支配的社会からの外圧に対して単に、柔軟であっただけではない。チアパス高地のインディオ社会とプランテーションとの関係は、安価な労働力を必要とする資本主義の論理のみによって成立していたわけではなかった。またインディオ村落における土地不足や現金収入の必要性といった、純経済的な要因のみに規定されているわけでもない。資本主義は村を再編し活用してゆくと同時に、逆に村も、祭りに見合った労働の場を選びとってゆく。村の論理に一致した資本主義のみが、接合を許されたといえるかもしれない。「村」が外部世界を逆規定する姿は、「村」と国家との関係についても当てはまる。征服以後インディオ社会がたどった歩みが、幾度となく繰り返される統合化の歴史であったことは、ここで改めて述べるまでもない。しかし物理的な破壊と統合化の過程にもかかわらず抹消されない「野蛮」をまえに、ついに国家はエスニック集団に一定の自立性を認めざるを得ず、近年には多文化国家構想を打ち出すにいたった。一方で、カシーケをつうじて「村」全体を国家機構のなかにとりこみ、とくに一九三〇年代のカルデナス政権期には、いわゆるポプリスモ(人民主義)が現出する。しかし、カシーケを仲介とする村支配が限界に近づきつつある点は、チャムーラ村の最近の動向からも明らかであり、また七〇年代以降活発化する自律的なさまざまなインディオ運動も、それを物語っている。「村」はつねに、「村」の存在を認める神のまことの代理人が誰かを、日常のなかで嗅ぎ分けてきた。その鋭敏な嗅覚に、国家も安易に手を出せないのが現状だといえよう。

*

ところで、外部世界の論理の強要による文化破壊や、村に対する物理的破壊を支えてきた支配的社会の論理は、多くの場合その社会のエリートのみの論理ではない。それは彼らエリートを支える支配的社会の民衆の論理との複合に他ならず、それだけに厄介な存在だ。反面、支配的社会の良心的部分による「変革」の試み、善意にもとづくさまざまな人道主義的試みも、おうおうにして、その社会の論理の大枠を乗り越えることはできなかった。むしろ良心的・革新的かつ理論的であればあるほどに、みずからの論理の正当性を疑わず、そうした彼らにとって「村」は、非論理的世界にすぎない。そして、「村」自体が彼らに語りかけてくる歴史的現実にも気づくことは少ない。

メキシコ市からやってきてインディオをデモに組織しすぐまたメキシコ市へ戻る「左翼活動家」。わずか三、四年をインディオとともに生活し、「彼らのために」カシーケと闘い、自分の命が危うくなると村を引き揚げる善意の文化人類学者。第5章で紹介した「赤い司教」サムエル・ルイスは、明らかに彼らとは違う。グアテマラ難民が熱帯低地に形成した難民キャンプを飛び回り、彼らの保護に軍隊や政治家とわたりあい、その数日あとにはアメリカの国際会議に出席し、現場を知らぬ学者や神学者の「解放の神学」をめぐる、いわば議論のための議論、学者のための議論に現場の声で挑戦する。カシーケの抑圧から村人を守るためにはどこにでも出かけ、そして殺し屋に追われる。しかしその彼も、「村」の語りかけに気づくには、あまりにも「文明社会」的エリートであった。

第5章で紹介した「ミシオン・チャムーラ」計画の挫折とカトリック教会の追放の経緯は、そのことを如実に物語っているが、この問題は言うまでもなく、サムエル・ルイス個人の問題ではない。研究者として日本で生活し、チャムーラを研究素材とさせてもらっている筆者には、サムエル・ルイス個人を批判する資格も勇気もない。しかし、神のまことの代理人は誰か、というチャムーラの問いが、「村」＝「われわれ」の存在を認めその価値を理解する意志と感性とを外部世界に求めていることは事実だ。国家によって生み出されたカシキスモという、いわば外部世界の側の非を外部世界の論理にもとづいて打破しようとしても、それは論理を強要されてきた人々にとっては、新たな論理の押しつけに他ならなかったのである。

*

チャムーラたちがなおこれからも、国家の統合化、国際的な政治環境の変動、経済開発、そして、プロテスタント、カトリックの双方が交錯するなかで、厳しい選択を迫られてゆくことは間違いない。そして、外圧が存在するかぎり、彼らが「われわれ」を主張し「村」を求めつづけてゆくことも疑いない。しかしその「村」は、決して「文明社会」ほどには自己完結的でも排他的でもありえず、支配的社会の知的エリートの論理ほどには、意外にもろくもないのかもしれない。いずれにせよチャムーラの世界が、われわれを含む外部世界の人間たちに自己の価値観・文明観の相対化を迫り、同時に、民衆〈知〉に支えられた「われわれ」の問題が、実は、単なるメキシコのインディオ問題ではなく、わが国を含む「文明社会」の民衆の問題でもあることを、示唆しているとは言えないであろうか。

第Ⅰ部　資料・文献一覧

（1）本文中で直接引用していない参考文献には＊を付した。

（2）聞き取り資料番号のCTはカセット・テープを意味し、その後に西暦年・月・日順に録音の日付が数字で付してある。

（3）出版年が記載されていない文献は、著者名の後に——で示した。

［聞き取り資料］

清水テープ・ライブラリー：CT-Chiapas, 811019; 830913; 830915; 830928; 850904 ①②; 850908; 850913; 850915; 850922; 850923; 850926; 850930; 870903

［公的機関資料］

Comisión del Gobierno del Estado de Chiapas.［州政府・チャムーラ自治体当局・CRIACH代表合同委員会］

① *Investigación expulsados Chamula*, 28 de mayo de 1985.

② *Relación de expulsados del municipio de Chamula*, Chiapas, 1985.

③ *Acta*, 1985: 8 de noviembre.

Comité del PRI, E1: 1985 *Acta de Acuerdo,* 27 de octubre.

Gobierno Constitucional del Estado de Chiapas, Poder Legislativo: *Ley del Municipio Libre.*［チアパス州自由自治体法］

Secretaría de Hacienda: 1871 *Expediente de la Secretaría de Hacienda, respecto de las medidas propuestas y acordadas para impulsar el desarrollo de los elementos de riqueza agrícola del Departamento de Soconusco en el Estado de Chiapas. 1870–1871* (México, Imprenta del Gobierno)

Secretaría de Industria y Comercio, Dirección General de Estadística: 1973 *IX censo general de población. 1970, 28 de enero de 1970. Localidades por entidad federative y municipio, con algunas características de su población y vivienda.* vol. I: *Aguascalientes a Guerrero.*

STI (Sindicato de Trabajadores Indígenas del Estado de Chiapas)

① *Contratos por finca y representante.*［農園・代理人別前借り労働契約書原簿］

f. 1949: enero–diciembre: 180 págs.

f. 1960: noviembre: 189 págs.

f. 1980–1: Rptes. Muñoz y Trujillo: 229 págs.

f. 1980–2: Rptes. Rosales, G. Ozuna, A. Ozuna, Guzmán, Cordero: 207 págs.

f. 1980–3: Rptes. Cordero, Estrada, M. López, B. López, Hernández, Trejo, Velasco: 191 págs.

f. 1982–1: Rptes. Rosales, Trujillo, Cordero: 229 págs.

f. 1982-2: Rptes. Muñoz, Hernández, A. Ozuna, G. Ozuna, A. Gómez, P. Gómez, H. López, Santis-Ytzin, Girón, Martínez, S. Santis, Pérez: 242 págs.

② *Trabajadores contratados por finca y fecha.*［チアパス州原住民労働者組合労働契約集計報告書］

f. 1957: enero-diciembre: 43 págs.

f. 1960: enero, marzo-diciembre: 27 págs.

f. 1963: enero-diciembre: 26 págs.

f. 1964: enero-diciembre: 28 págs.

f. 1965: enero-diciembre: 27 págs.

f. 1966: enero-diciembre: 22 págs.

f. 1968: enero-diciembre: 16 págs.

f. 1980: enero-diciembre: 18 págs.

f. 1981: enero-diciembre: 17 págs.

f. 1982: enero-diciembre: 20 págs.

(注)　資料①②ともに、一九八三年に筆者がＳＴＩ事務所で同所法律顧問の協力を得て整理しコピーしたもので、①はＳＴＩと農園代理人との労働契約書原簿であり、各契約書原簿には農園の名称、所在地、所有者、代理人、契約労働者の氏名、年齢、出身村落および部落名、そして前借り額がそれぞれ記載されている。資料②はＳＴＩが月ごとにまとめた報告書で、契約日、農園名、契約労働者数、斡旋手数料が契約日順に記載されている。

③ *Estatutos del Sindicato de Trabajadores Indígenas del Estado de Chiapas, adherido a la Confederación de Trabajadores de México*, 20 de agosto de 1937.[STI規約]

④ *Modificación de sus estatutos*, 20 de agosto de 1955.

⑤ *Modificación de sus estatutos*, 22 de agosto de 1981.

⑥ *Manual del trabajador indígena*, 1980.

⑦ *Contrato colectivo de trabajo celebrado por el STI, representado por el Srio. Gral. Salvador López Castellanos; y por el Sr. Bernardo Parlange, propietario de la Finca Cafetalera "El Zapote" del Mpio. de Cacahoatán, Chis., representada en esta Cd. por el Sr. Refugio R. Vda. de Zúñiga*. 24 de junio de 1966.[STI委員長ロペス・カステジャノスと〈サポーテ〉コーヒー園主との契約書]

[新聞・雑誌]

Ambar: 1988: No. 2(enero)(Túxtla Gutiérrez, Chis.)

Brújula, La: 1869: 5 de nov.

Cargua: 1983: Boletín No. 2, August.

Espíritu del Siglo: 1869 ① No. 43, junio 26; ② No. 55, sept. 18.

Etnias. Por la unidad y desarrollo de los pueblos indios: 1987 * No. 1; 1988 * No. 2(México)

Excelsior: 1966: 29 de noviembre.

Hoy: 1986 ① 18 de feb.; ② 26 de feb.; ③ 4 de sept.; ④ 10 de oct.; ⑤ 12 de dic.(S. C. L. C., Chis.)

: 1987 ① 22 de ene.; ② 5 de mar.; ③ 13 de may.; ④ 14 de may.; ⑤ 5 de ago.; ⑥ 6 de ago.; ⑦ 8 de ago.; ⑧ 21 de ago.(S. C. L. C., Chis.)

Indio. La Palabra del CRIACH: 1986: 3 de mar., No. 7(S. C. L. C., Chis.)

Punto Crítico: 1976: 6 de sept.; 5 de oct.

Uno más Uno: 1983 ① 15 de ago.; ② 19 de ago.; ③ 20 de ago.; ④ 26 de ago.

[著書・論文等]

Ach' Testamento. Ja' sc'oplal ti ja' Cajcoltavanetic il Cajvaltic Jesucristoe: 1983(México, WHBL & Liga del Sembrador)

Aguirre Beltrán, Gonzalo: 1981 *Formas de gobierno indígena*(México, INI)

Alisedo, Pedro, et al.: 1981 *El Instituto Lingüístico de Verano*(México, Rev. Proceso)

Baumann, Friederike: 1983 ＊ "Terratenientes, campesinos y la expansión de la agricultura capitalista en Chiapas, 1896–1916", *Mesoamérica*: 4–5(Antigua, Guatemala, Centro de Investigaciones Regionales de Mesoamérica)

Bazant, Jan: 1971 *Alienation of Church Wealth in Mexico. Social and Economic Aspects of the Liberal Revolution. 1856–1875*(Cambridge, Cambridge Univ. Pr.)

Bónfil Batalla, Guillermo: 1981 *Utopía y revolución: el pensamiento político contemporáneo de los indios en América Latina*(México, Ed. Nueva Imagen)

Bónfil Batalla, Guillermo, et al.: 1982 *América Latina: Etnodesarrollo y etnocidio*(Costa Rica, Ed.

FLACSO)

Borges, Pedro, OFM: 1960 *Métodos misionales en la cristianización de América. Siglo XVI*(Madrid, Consejo Superior de Investigaciones Científicas. Depto. de Misionología Española)

Bridges, Julian C.: 1973 *Expansión evangélica en México*(México, Ed. Mundo Hispano)

Campillo Sainz, José: 1960 "Los recursos naturales no renovables", *México; 50 años de revolución*(México, F. C. E.)

Casarrubias, Vicente: 1951 *Rebeliones indígenas en la Nueva España*(Guatemala, Ministerio de Educación Pública)

Castañón, Jesús, et al.(ed.): 1967 *50 discursos doctrinales en el Congreso Constituyente de la Revolución Mexicana 1916–1917*(México, Talleres Gráficos de la Nación)

Castañón Gamboa, Fernando: 1979 *Motines indígenas en Chiapas. 1693–1722*(S. C. L. C., Chis., Ed. Fr. Bartolomé de Las Casas)

Castro A., José Luis: 1979 *La explotación del campesino indígena de los Altos de Chiapas: Un análisis regional de la proletarización del campesino indígena*(S. C. L. C., Chis., Ed. Fr. Bartolomé de Las Cases)

Chevalier, François: 1956 * *La formación de los grandes latifundios en México: Tierra y sociedad en los siglos XVI y XVII*(México, Problemas Agrícolas e Industriales de México)

Civilización: Configuraciones de la diversidad 1983: No. 1(México, CDAL & CEESTEM)

Collier, George A.: 1976 *Planos de interacción del mundo tzotzil. Bases ecológicas de la tradición en los Altos de Chiapas*(México, INI. Orig.: 1975)

Cook, Sherburne F. & Borah, Woodrow: 1971 *Essays in Population History*. vol. 1: *Mexico and Caribbean*(Berkeley, Univ. of Calif. Pr.)

Cosío Villegas, Daniel: 1972 *Historia moderna de México. El Porfiriato: La vida política exterior. Primera parte*(México, Ed. Hermes)

: 1973 *La constitución de 1857 y sus críticos*(México, Sría. de Educación Pública. Org.: 1957)

De la Peña, Moisés T.: 1951 *Chiapas económico,* 4 vols.(Túxtla Gutiérrez, Chis., Depto. de Prensa y Turismo)

De la Torre Villar, et al.: 1974 *Historia documental de México,* vol. II(México, UNAM)

De Vos, Jan: 1978 *La paz de Dios y del Rey. Historia de la conquista del Lacandón por los españoles.(1525-1822)*(Tesis doctoral, Lovaina)

: 1979 *Tierra y libertad: Panorama de cuatro rebeliones indígenas de Chiapas*(Mimeog., Chilón, Chis.)

: 1985 *La batalla del Sumidero*(México, Ed. Katún)

"Declaración de Barbados II, 28 de julio de 1977" *, *Civilización: Configuraciones de la diversidad,* No. 1(México, CADAL & CEESTEM, 1983)

"Declaración de política colonialista del ILV, Barbados, 28 de julio de 1977" *, *Civilización: Configuraciones de la diversidad,* No. 1(México, CADAL & CEESTEM, 1983)

Díaz, José & Rodríguez, Román: 1979 *El movimiento cristero: Sociedad y conflicto en los Altos de Jalisco*(México, Ed. Nueva Imagen)

Díaz del Castillo, Bernal: 1960 *Historia verdadera de la conquista de la Nueva España*(México, Ed. Porrúa)

ENIAL(Encuentro Indígena de América Latina): 1982 *La resistencia y las luchas de los indígenas de Guatemala*(México)

Espinosa, Luis: 1912 *Rastros de sangre. Historia de la revolución en Chiapas*(México, Impr. de Manuel León Sánchez)

Favre, Henri: 1973 *Cambio y continuidad entre los mayas de México. Contribución al estudio de la situación colonial en América Latina*(México, Siglo XXI Ed. Orig.: 1971)

Gage, Thomas: 1969 *Thomas Gage's Travels in the New World*(ed. J. Eric S. Thompson) (Norman, Univ. of Oklahoma Pr. Orig.: 1958)

García de León, Antonio: 1979 "Lucha de clases y poder político en Chiapas", *Historia y sociedad*, No. 22(México)

: 1985 *Resistencia y utopía. Memorial de agravios y profecías acaecidas en la provincia de Chiapas durante los últimos quinientos años de su historia*, 2 vols.(México, Ed. Era)

: —— "Chamula: Una larga historia de resistencia", Juan Jaime Manguen E., et al., *La violencia en Chamula*(S. C. L. C., Chis., UNACH)

García Icazbalceta, Joaquín: 1971 *Colección de documentos para la historia de México*, 2 vols.

(México, Ed. Porrúa)

Gerhard, Peter: 1979 *A Guide to the Historical Geography of New Spain*(Cambridge, Cambridge Univ. Pr.)

González Navarro, Moisés: 1970 *Raza y tierra: La guerra de castas y el henequén*(México, El Colegio de México)

: 1974 "La era moderna", De la Torre Villar et al., *Historia documental de México*, vol. II (México, UNAM)

González Pacheco, Cuauhtémoc: 1983 *Capital extranjero en la selva de Chiapas. 1863–1982* (México, UNAM)

Gossen, Gary H.: 1974 *Chamulas in the World of the Sun. Time and Space in a Maya Oral Tradition*(Cambridge, Mass., Harvard Univ. Pr.)

Heath, Shirley Brice: 1972 *Telling Tongues. Language Policy in Mexico. Colony to Nation*(N. Y. & London, Teachers College Pr.)

Helbig, Carlos: 1964 *El Soconusco y su zona cafetalera en Chiapas*(Tuxtla Gutiérrez, Chis., Instituto de Ciencias y Artes de Chis. Orig.: 1961)

Hurtado Martínez, Raul: 1982 *La verdad sobre el volcán"Chichonal": Narración verídica sobre la erupción de 1982*(S. C. L. C., Chis., Impr. "La Merced")

Informe de un genocidio. Los refugiados guatemaltecos: 1983(Guatemala, Ed. de la Paz)

Iribarren, Pablo: 1980 *Misión Chamula*(Mimeog.)

Kern, Robert (ed.): 1973 * *The Caciques: Oligarchical Politics and the System of Caciquismo in the Luso-Hispanic World* (Albuquerque, Univ. of New Mexico Pr.)

K'in tajimoltik ta chamo' (S. C. L. C., Chis., Dirección de Fortalecimiento y Fomento a las Culturas, Sub-Secretaría de Asuntos Indígenas del Estado)

Klein, Herbert: 1970 "Rebeliones de las comunidades campesinas: La república tzeltal de 1712", *Ensayos de antropología en la zona central de Chiapas* (México, INI)

Köhler, Ulrich: 1975 *Cambio cultural dirigido en los Altos de Chiapas. Un estudio sobre la antropología social aplicada* (México, INI. Orig.: 1969)

Korsbaek, Leif: 1982 *El desarrollo del sistema de cargos de San Juan Chamula: El modelo teórico de Gonzalo Aguirre Beltrán y los datos empíricos* (Mimeog.)

Larson, Brooke & Wasserstrom, Robert: 1982 "Consumo forzoso en Cochabamba y Chiapa durante la época colonial", *Historia mexicana,* 123 (México, El Colegio de México)

MacLeod, Murdo J: 1980 *Historia socio-económica de la América Central española. 1520-1720* (Guatemala, Ed. Piedra Santa. Orig.: 1973)

Manguen, Juan Jaime & Montesinos, Irma: 1979 *La guerra de castas* (S. C. L. C., Chis., UNACH, Ed. Fr. Bartolomé de Las Casas)

Manguen, Juan Jaime, et al.: ── *La violencia en Chamula* (S. C. L. C., Chis., UNACH)

Martínez Peláez, Severo: 1977 *La sublevación de los zendales* (Tuxtla Gutiérrez, Chis., UNACH. Orig.: 1973)

: —— *Motines de indios: La violencia colonial en Centroamérica y Chiapas*(Puebla, Univ. Autónoma de Puebla)

Matute, Alvaro: 1973 *México en el siglo XIX. Antología de fuentes e interpretaciones históricas*(México, UNAM)

Maza, Enrique: 1981 "El ILV: Antimexicano, pero al servicio del Estado", Alisedo et al., 1981.

Mendieta, Gerónimo de, OFM: 1971 *Historia eclesiástica indiana*(México, Ed. Porrúa)

Menéndez, Carlos R.: 1923 *Historia del infame y vergonzoso comercio de indios vendidos a los esclavistas de Cuba por los políticos yucatecos, desde 1848 hasta 1861: Justificación de la revolución indígena de 1847*(Mérida, Yuc., Talleres Gráficos de "La Revista de Yucatán")

Meyer, Jean: 1973 ① *Problemas campesinos y revueltas agrarias: 1821–1910*(México, Sría. de Educacíon Pública)

: 1973 ② *La Cristiada. El conflicto entre la iglesia y el Estado. 1926–1929*, 3 vols.(México, Siglo XXI Ed.)

: 1984 "The Cristiada: Peasant War and Religious War in Revolutionary Mexico, 1926–9", Janos M. Bak and Gerhard Benecke(eds.), *Religion and Rural Revolt*(Manchester, Manchester Univ. Pr.)

Michel, Marco Antonio: 1977 ＊ *Campesinado, alianzas de clases y poder político en Chiapas*(Mimeog. Presentación en el Seminario de Economía Campesina realizado en la Cd. de México)

Molina, Cristóbal: 1934 "War of the Castes: Indian Uprisings in Chiapas, 1867-70, as Told by an Eye-Witness", *Studies in Middle America* (New Orleans, Tulane Univ. of Louisiana)

Morales, Coello, et al.: 1978 *Los Altos de Chiapas. Una zona de reserva de mano de obra. Programa de Investigación de Recursos Humanos en el Sector Rural* (México, Centro Nac. de Productividad de México, A. C., Fideicomiso del Gobierno Federal)

Moscoso Pastrana, Prudencio: 1972 *Jacinto Pérez "Pajarito". El último líder chamula* (México, Ed. del Gobierno del Edo. de Chis.)

Ochiai, Kazuyasu: 1984 * "Revuelta y renacimiento: una lectura cosmológica del carnaval tzotzil". *Estudios de cultura maya,* vol. XV (México)

: 1985 * *Cuando los Santos vienen marchando. Rituales públicos intercomunitarios tzotziles* (S. C. L. C., Chis., UNACH)

Ortiz, María de los Angeles & Toraya, Bertha: 1985 * *Concentración de poder y tenencia de la tierra. El caso de Soconusco* (S. C. L. C., Chis., CIES)

Othón de Mendizábal, Miguel: 1946 *Obras completas,* vol. II (México, Ed. Talleres Gráficos de la Nación)

"Parecer de los religiosos de Sto. Domingo y S. Francisco", Joaquín García Icazbalceta (ed.), *Colección de documentos para la historia de México,* vol. I (México, Ed. Porrúa, 1971)

Pérez Pérez, Anselmo: —— *Ka'alal ich'ay mosoal* (S. C. L. C., Chis., INAREMAC, Ed. "El Tiempo")

Pineda, Vicente: 1888 *Historia de las sublevaciones indígenas habidas en el estado de Chiapas* (México, Tip. del Gobierno)

Pozas A., Ricardo: 1952 "El trabajo en las plantaciones de café y el cambio socio-cultural del indio", *Revista mexicana de estudios antropológicos,* XIII-1 (México)

: 1975 *Juan Pérez Jolote* (México, F. C. E. Orig.: 1952)

: 1977 *Chamula: Un pueblo indio en los Altos de Chiapas,* 2 vols. (México, INI. Orig.: 1959)

Preciado Llamas, Juan: 1978 "Reflexiones teórico-metodológicas para el estudio de la colonización en Chiapas", *Economía campesina y capitalismo dependiente* (México, CIES, INAH & UNAM)

Recopilación de las leyes de los Reynos de las Indias, 4 vols.: 1973, vol. II (Madrid, Ed. Cultura Hispánica)

Reina, Leticia: 1980 *Las rebeliones campesinas en México (1819-1906)* (México, Siglo XXI Ed.)

"Resoluciones y recomendaciones de la Reunión sobre Etnodesarrollo y Etnocidio en América Latina, Bónfil, Guillermo et al., *América Latina: Etnodesarrollo y etnocidio* (San José, Costa Rica, Ed. FLACSO, 1982)

Ricard, Robert: 1966 *The Spiritual Conquest of Mexico. An Essay on the Apostolate and the Evangelizing Methods of the Mendicant Orders in New Spain: 1523-1572* (Berkeley, Univ. of Calif. Pr.)

Rincón Coutiño, Valentín: 1964 *Chiapas entre Guatemala y México. Injusto motivo de discordias*

(México, Sociedad Mexicana de Geografía y Estadística)

Rodríguez, Nemesio: 1982 "La fragmentación lingüística: prolongación de la fragmentación colonial", Bónfil, Guillermo et al., *América Latina: Etnodesarrollo y etnocidio* (San José, Costa Rica, Ed. FLACSO, 1982)

Romano Delgado, Agustín: 1974/75 *Migración en los Altos de Chiapas* (Mimeog., S. C. L. C., Chis., INI)

Romero, Matías: 1893 *Cultivo del café en la costa meridional de Chiapas* (México, Oficina Tip. de la Sría. de Fomento. Orig.: 1874)

: 1898 *Geographical and Statistical Notes on Mexico* (N. Y., G. P. Putman's Sons)

Rus, Jan: 1988 *The Revolution and its Aftermath in Four Tzotzil Communities of Highland Chiapas, Mexico* (Mimeog. Paper presented to the Latin American Studies Association Meetings, New Orleans, March 16–19)

Rus, Jan & Wasserstrom, Robert: 1979 "Evangelización y control político: el Instituto Lingüístico de Verano (ILV) en México", *Revista mexicana de ciencias políticas y sociales*, 97 (México, UNAM)

Rus, Jan, et al.: 1986 *Abtel ta pinka* (S. C. L. C., Chis., Taller Tzotzil, INAREMAC)

Seargeant, Helen H.: 1980 *San Antonio Nexapa* (México, FONAPAS. Orig.: 1971)

Semo, Enrique: 1975 *Historia del capitalimo en México. Los orígenes. 1521/1763* (México, Ed. Era. Orig.: 1973)

Sherman, William L.: 1979 *Forced Native Labor in Sixteenth-Century Central America* (Lincoln & London, Univ. of Nebraska Pr.)

Spenser, Daniela: 1984 "Soconusco: The Formation of a Coffee Economy in Chiapas", Thomas Benjamin & William McNellie (eds.), *Other Mexicos: Essays on Regional Mexican History 1876–1911* (Albuquerque, Univ. of New Mexico Pr.)

Stavenhagen, Rodolfo: 1980 * *Problemas étnicos y campesinos* (México, INI)

Tannenbaum, Frank: 1929 *Mexican Agrarian Revolution* (N. Y., The MacMillan Co.)

Thompson G., Roberto & Poo R., María de Lourdes: 1985 *Cronología histórica de Chiapas (1516–1940)* (S. C. L. C., Chis., CIES)

Traven, Bruno: 1974 *La rebelión de los colgados* (México, Cía. Gral. de Ediciones. Orig.: 1950)

Trens, Manuel B.: 1942 *Historia de Chiapas desde los tiempos más remotos hasta el gobierno del General Carlos A. Vidal (?....1867)* (México, "La Impresora")

: 1956 * *El imperio en Chiapas. 1863–1864* (Tuxtla Gutiérrez, Chis., Talleres Linotipográficos de "Diario de Chiapas")

Turner, John Kenneth: 1969 *Barbarous Mexico* (Austin & London, Univ. of Texas Pr. Orig.: 1910)

Vernon, Raymond: 1963 *The Dilemma of Mexico's Development* (Cambridge, Mass., Harvard Univ. Pr.)

Waibel, Leo: 1946 *La sierra madre de Chiapas* (México, Sociedad Mexicana de Geografía y Estadística. Orig.: 1933)

Wasserstrom, Robert: 1976 ① "El bracerismo guatemalteco en Chiapas, ¿un motivo de orgullo para el pueblo mexicano?", *Punto crítico*, No. 62, 9 de septiembre.

: 1976 ② "Chamula: los caciques y misioneros contra los indígenas", *Punto crítico*, No. 64, 3 de octubre.

: 1976 ③ "El desarrollo de la economía regional en Chiapas (1530–1975)", *Revista latinoamericana de economía*, vol. 26.

: 1977 ① *La economía familiar en las tierras altas de Chiapas: El caso de San Juan Chamula* (Mimeog., S. C. L. C., Chis., INAREMAC)

: 1977 ② "Land and Labour in Central Chiapas: A Regional Analysis", *Development and Change*, No. 8.

: 1978 "La distribución del ingreso y la estructura del empleo en Chamula, Chiapas", *Economía campesina y capitalismo dependiente* (México, CIES, INAH & UNAM)

: 1980 *Ingreso y trabajo rural en los Altos de Chiapas. Informe final del proyecto "Minifundismo y trabajo asalariado. Estudio de caso. II San Juan Chamula" 1975–1977* (S. C. L. C., Chis., CIES)

: 1983 *Class and Society in Central Chiapas* (Berkeley & Los Angeles, Univ. of Calif. Pr.)

Wilkie, James: 1967 *The Mexican Revolution: Federal Expenditure and Social Change since 1910* (Berkeley & Los Angeles, Univ. of Calif. Pr.)

Wilson, Carter: 1974 ＊ *Crazy February. Death and Life in the Mayan Highlands of Mexico* (Berkeley, Los Angeles & London, Univ. of Calif. Pr. Orig.: 1965)

Ximénez, Francisco: 1977 *Historia de la provincia de San Vicente de Chiapa y Guatemala de la Orden de Predicadores*, Libros I y II (Biblioteca "Goathemala", vol. XXVIII) (Guatemala, Sociedad de Geografía e Historia de Guatemala)

上谷博、一九八六「ラテンアメリカにおける解放の神学——政治的抑圧と経済的貧困からの人間解放のもう一つの論理」『天理大学同和問題研究室紀要』第2号

落合一泰、一九八〇＊「マヤ高地コミュニティの社会経済的構造とその変容」『ラテンアメリカ研究』X号(ラテンアメリカ協会)

——一九八一＊「メキシコ南部ツォツィル語圏の口頭伝承におけるカトリック聖人の位相」メキシコ調査委員会編『南部メキシコ村落におけるカトリック系文化の研究』(昭和54年度メキシコ海外学術調査報告。九州大学文学部)

——一九八六＊「メキシコ南部ツォツィル村落における空間の序列化と儀礼行動——カルゴ・システムへの一視点」『民族学研究』50巻4号別冊

——一九八八＊『ラテンアメリカン・エスノグラフィティ』(弘文堂)

ギブソン、C、一九八一＊(染田秀藤訳)『イスパノアメリカ——植民地時代』(平凡社。Gibson, Charles, *Spain in America*, 1966)

後藤政子、一九八六「第三世界の「解放の神学」」柴田敏夫編『政治と宗教のあいだ——比較政

治論の視点から』(有斐閣)
小林致広、一九八六『沈黙を越えて――中米地域の先住民運動の展開』(神戸市外国語大学外国語研究所)
清水透、一九七〇「メキシコの国民経済と経済政策」松村清二郎編『ラテン・アメリカの石油と経済』(アジア経済研究所)
――一九八一「メキシコにおけるキリスト教世界の成立と原住民社会」メキシコ調査委員会編『南部メキシコ村落におけるカトリック系文化の研究』(昭和54年度メキシコ海外学術調査報告。九州大学文学部)
――一九八四「インディオ部落で考える」江口朴郎他監修『第三世界を知る5 〈南〉からみた世界』(大月書店)
――一九八七①「チャムーラにおける共同体と共同意識」メキシコ調査委員会編『南部メキシコ村落におけるカトリック系文化の研究(Ⅳ)』(一九八五年度メキシコ海外学術調査報告。久留米大学比較文化研究所)
――一九八七②「共同体と共同意識――インディオ社会を中心に」西川正雄/小谷汪之編『現代歴史学入門』(東京大学出版会)
――一九八七③「コーヒー・プランテーションとインディオ共同体――メキシコ・チアパス高地の労働力移動」『人的移動にともなう都市及び農村の変容――国際比較の観点から』(東京外国語大学海外事情研究所)
――一九八七④「インディオ共同体とカシキスモ――チャムーラ社会の事例を中心に」『ラテ

ンアメリカ社会とカシキスモ』(昭和61年度教育研究学内特別経費研究プロジェクト報告書。東京外国語大学外国語学部)

ジョラン、R、一九八五＊(和田信明訳)『白い平和——少数民族絶滅に関する序論』(現代企画室。Jaulin, Robert, *La Paix Blanche: Introduction à L'ethnocide*, Paris, Editions du Seuil, 1970)

デーヴィス、S、一九八五＊(関西ラテンアメリカ研究会訳)『奇跡の犠牲者たち——ブラジルの開発とインディオ』(現代企画室。Davis, Shelton H., *Victims of the Miracle: Development and the Indians of Brazil*, Cambridge, Cambridge Univ. Pr., 1977)

藤田富雄、一九八二＊『ラテンアメリカの宗教』(大明堂)

ブリッカー、V・R、一九八六＊(黒田悦子/桜井三枝子訳)『カーニバル——マヤの祝祭とユーモア』(人文書院。Bricker, Victoria Reifler, *Ritual Humor in Highland Chiapas*, Austin, Univ. of Texas Pr., 1973)

ポサス、R/清水透、一九八四『コーラを聖なる水に変えた人々——メキシコ・インディオの証言』(現代企画室)

ボニーヤ、V・D、一九八七＊(太田昌国訳)『神の下僕かインディオの主人か——アマゾニアのカプチン宣教会』(現代企画室。Bonilla Sandoval, Victor Daniel, *Siervos de Dios y amos de indios: El Estado y la misión capuchina en el Putumayo*, Bogotá, 1968)

ボンフィル・バターヤ、G、一九八五(清水透訳)『アメリカにおける「インディオ」の概念』(東京外国語大学海外事情研究所。Bónfil Batalla, Guillermo, "El concepto de indio en América: Una categoría de la situación colonial", *Anales de antropología*, vol. IX, México, 1972)

真木悠介、一九七七＊『気流の鳴る音――交響するコミューン』（筑摩書房）

マン＝ロ、M、一九八四＊（染田秀藤訳）『イスパノアメリカの征服』（白水社。Mahn-Lot, Marianne, *La Conquête de l'Amérique Espagnole*, Paris, P. U. F., 1983）

宮野啓二、一九八七「スペイン領アメリカにおける原住民の集住政策――メキシコを中心に㈠」『広島大学経済論叢』第11巻第2・3号

――一九八八「スペイン領アメリカにおける原住民の集住政策――メキシコを中心に㈡」『広島大学経済論叢』11巻4号

メジャフェ、R、一九七九（清水透訳）『ラテンアメリカと奴隷制』（岩波書店。Mellafe, Rolando, *Breve historia de la esclavitud negra en América Latina*, México, SEP, 1973）

ラス・カサス、B、一九八七（石原保徳訳）『インディアス破壊を弾劾する簡略なる陳述』（現代企画室。Las Casas, Bartolomé de, *Brevíssima relación de la destruyción de las Indias*, México, F. C. E., 1965）

吉田禎吾、一九八三＊「メキシコ南部チアパス高地のインディオの宗教――治療儀礼・邪術・世界観」『宗教と世界観――文化人類学的考察』（九州大学出版会）

――一九八三＊「チャムラ社会の治療儀礼と象徴体系」『宗教と世界観――文化人類学的考察』（九州大学出版会）

あとがき

「お救い下さい、雨を降らせて下さい、羊のために、トウモロコシのために、とわしらは祈った。それからひと月ほどでようやく雨が降ったが、灰のために泉も川もどろどろになった。ところで、あんたの村じゃ灰は降らなかったかね。ああ、そりゃあよかった。」(CT-Chis. 830913)

エル・チチョンの噴火から一年数カ月、一九八三年九月に二年ぶりにチャムーラの村を訪れた私に、ロル(ロレンソ・ペレス・ホローテ)はそう言って心から喜んでくれた。ロレンソの生きる世界のなかで日本は「未知の世界」のはずだが、私の村にも同じ灰が降るかもしれないと考えてくれていたことに、私は素直に喜びを感じた。

一九七三年から三年間メキシコで歴史学を学んだものの、どうも自分にはしっくりいかない。あまりにも知的にすぎる。そして、人を分かったような錯覚に陥れる概念や論理と、現実とのずれ。大学闘争が収まりかけた頃から、当時のイデオローグたちに感じ始めていたその素朴な疑問が、実は自分が手をそめつつある歴史学の問題でもあるのではないか、と考え始めていた。一年おきに三、四カ月ずつ、メキシコでフィールドワークを始めて九年がたつ。紙飛行機で子どもと遊び、すき鋏で髪を切ってやる。地酒のポッシュをよばれ雑談をする。本格的な仕事に入ったのは八三年の調査からであった。その年はロレンソ一人とのインタビューに集中し、残りの時間はＳＴＩの資料整理に費やした。八五年には、ＳＴＩで残りの資料調査に加え、初めてプロテスタンテのコロニーとプランテーションに入る。昨年の調査では、コロニー調査とともに文献調査に重きをおいた。

この間に、さまざまなことを教えられ、考えさせられもした。例えば、われわれにとって「日常」あるいは保守的と思われることが、本当にそうなのかという問題。日常生活についてただただ話を聞くうちに、「日常」のダイナミズムや「普通に生きる人々」の主体的な歴史へのかかわりといったものが、事件を追うよりもずっとよく見えてくることもある。彼らの感覚で捉えられた過去、そこには事実とは異なるuntrueな部分がいくらもあるが、過去の事実を重視してきた歴史学の立場に拘れば、その「過去」はfalseであり、したがって過去をそのように捉える彼らの価値の世界そのものは、歴史学の対象から排除されてしまう。しかし、その世界を抜きにして、インディオ社会の歴史、メキシコの歴史は描けるのであろうか。

研究者と研究対象との関係性も、フィールドワークのなかでよく突きつけられる問題だ。そもそも自分がやっている作業の意味は何なのか。インディオの歴史を辿ることこそれ自体を究極的な目的としているのか、あるいは、彼らの歴史から何かを吸い取ろうとするための作業なのか。いずれにせよ、こちら側の価値観で彼らを切り刻むつもりは毛頭ないが、実はやはり自分の価値観や既成の概念で一面だけを切り取って持ち帰ってくる、その危険性は常にある。「赤い司教」の問題には気づきながらも、チャムーラと話をしていて、自分の物差しを優先している自分に、はっとすることもある。

両者の関係でもっとも大切なのがお互いの信頼関係ではあるが、これも実は言葉ほどには簡単なものではない。初めてプロテスタンテと接した年には、村長やカシーケの一部とも関係ができた。村の教会の管理責任者であるロレンソとの人間的な関係もつづいている。危険を避けて単なる他所者の研究者に戻れば、冷静に調査だけをやればいい。しかしその結果は見えている。村の側に立ってプロテスタンテを切り捨てるか、その逆の立場に立って村を切るか。それは結局、追う側、追われる側とに分断されながらも、ともに民衆〈知〉を共有しているはずのチャムーラ民衆を、歴史叙述のなかでも分断することとなる。しかも、単なる他所者に、村人は決して自分の心の世界を明かしてはくれない。しかし、プロテスタンテの集会に出席したその足で、村長に招待された村の祭りに出かけるときは、自分が得ている信頼とはいったい何なのか、といった疑問とともに、なによりも自分の命が気にかかる。

まだまだ自己の相対化についても、研究対象との関係のあり方についても、問題は大半が未解決のままだ。また、村のこともコロニーのことも、知りたいことは山ほど残っている。文献も、チアパス州文書館、メキシコ国立公文書館などはついに手をつけないままに、本書を世に問う結果となった。

しかし、チャムーラを「プロクルステスの寝台」に載せるのではなく、自分自身を「チャムーラの寝台」に載せてみたとき、自分の身体はどの部分を切り取られるのか。そして何が見えてくるのか。そのことを捉えることに微力ながら努力し、本書の歴史叙述の方法にも生かしたつもりだ。しかしどこまで自分を「チャムーラの寝台」に載せることができたのか。それは、チャムーラの友人たち、そして、読者の方々の判断にゆだねる以外にない。

本書を執筆するきっかけを与えてくれたのは、現代歴史学研究会(現歴研)だ。その一員としてお誘いを受けた時、正直戸惑いを感じた。私なりに歴史に強い興味をもっていたとはいえ、日本の歴史学の世界からすれば、私はいわばアウトサイダーである。歴史学の重厚な蓄積を踏まえた議論に直接参加したことはなく、また緻密な文献調査の前にフィールドに入ってしまっていた。吸い取ることは多いとしても、何ができるのか。六年にわたる研究会で、毎回の報告は新鮮で刺激的であった。歴史学と自分との接点も見えてきた。そして、いわばフィ﹅ー﹅ル﹅ド﹅派﹅の﹅歴﹅史﹅研﹅究﹅にも、それなりの役割があることにも気づかせてくれた。

本書は、この研究会のメンバーの他にも、数多くの人々に負っている。インタビューに応じてくれたロレンソをはじめとするチャムーラ村の人々やプロテスタント・コロニーの人々、そしてホテルのボーイ、フェルナンド。政府関係の資料だけでなく、二年分の地方新聞をためて毎回私を待っていてくれるチアパス州インディオ局のアンヘル・アルバレス夫妻、資料整理を手伝ってくれた石井康史君とSTI事務所の法律顧問ハビエル・ペナーゴス。文献調査に協力してくれた「メキシコ東南部エコロジー研究所」(CIES)の研究者たち、そして、私の問題関心に新鮮な感覚で反応しあるいは反論してくれた東京外大の院生諸君。また一年おきにチャムーラの村に出かけることができたのは、文部省科学研究費(海外調査)プロジェクトに毎回お誘い下さった野村暢清氏のお蔭である。

本書の主題を一言でくくるなら「われわれ」の問題ということになろうか。しかし、その「われわれ」を皮肉にも本書が裏切ることになってしまったことは、なんとも申し訳なく思っている。出版予定を一年近くもすぎてしまうなかで、「いま、新しい世界史の扉を開く！」で開き始めたその扉を、開き切る間際で軋(きし)ませてしまった。サッと開き切る扉を期待しておられたであろう読者のみなさんはもとより、現歴研という「われわれ」にも多大な迷惑をおかけした。心からお詫びしたい。また家族という「われわれ」

を苛立たせ、疲れさせてしまったことも事実だ。

そして、ともかく出版にこぎつけることができたのは、この間、編集者としての立場とは別に、原稿の遅れの原因にも親身に耳を傾け、私を励ましつづけて下さった、渡邊勲氏のおかげである。

一九八八年九月七日

清水透

第Ⅱ部　砂漠を越えたマヤの民

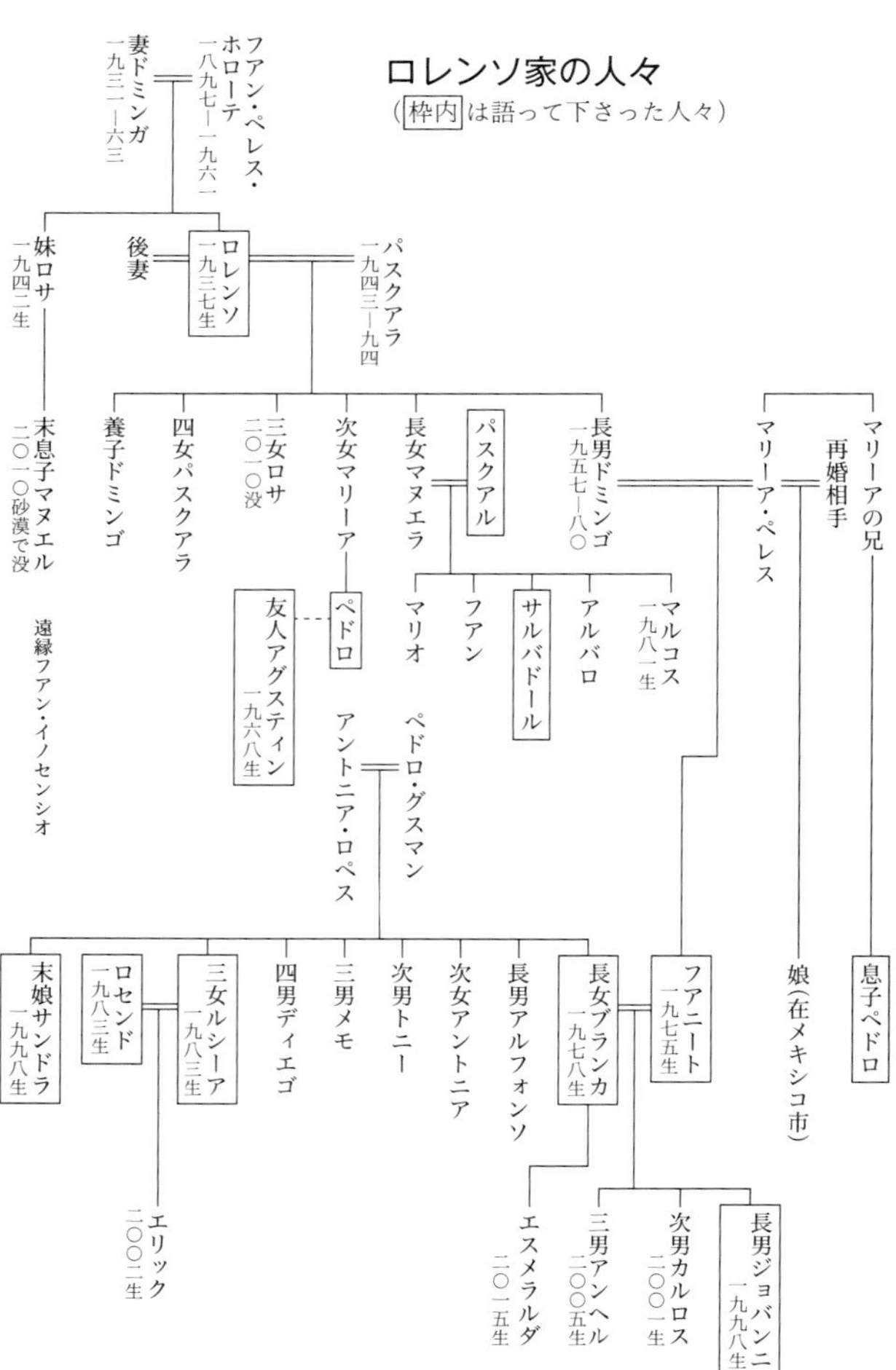

ロレンソ家の人々
（枠内は語って下さった人々）
ファン・ペレス・ホローテ 一八九七—一九六一
妻ドミンガ 一九三一—六三
妹ロサ 一九四二生
後妻
ロレンソ 一九三七生
パスクアラ 一九四三—九四
末息子マヌエル 二〇一〇砂漠で没
養子ドミンゴ
四女パスクアラ
三女ロサ 二〇一〇没
次女マリーア
長女マヌエラ
パスクアル
長男ドミンゴ 一九五七—八〇
マリーア・ペレス
再婚相手
マリーアの兄
友人アグスティン 一九六八生
ペドロ
マリオ
ファン
サルバドール
アルバロ
マルコス 一九八一生
遠縁ファン・イノセンシオ
ペドロ・グスマン
アントニア・ロペス
末娘サンドラ 一九九八生
ロセンド 一九八三生
三女ルシーア 一九八三生
四男ディエゴ
三男メモ
次男トニー
次女アントニア
長男アルフォンソ
長女ブランカ 一九七八生
ファニート 一九七五生
娘（在メキシコ市）
息子ペドロ
エリック 二〇〇二生
エスメラルダ 二〇一五生
三男アンヘル 二〇〇五生
次男カルロス 二〇〇一生
長男ジョバンニ 一九九八生

プロローグ　変わりゆく村、変わりゆく町

あれからも村通いはつづいた。『エル・チチョンの怒り』を出版した翌年の一九八九年から二〇一九年までに、途中七年間のブランクがあったとはいえ、実施したフィールドワークは一六回を数える。[1] その間サン・クリストバルの町も村も、信じがたいほどの変化をとげるが、なかでも衝撃的だったいくつかの出来事について、ここで紹介しておこう。

「突然のことだった。長老から次の村長はお前だ、といわれ、わしは泣いて頼んだ。村の宗教を守るためサクリスタン・マヨール（教会の管理責任者）の役目は責任をもって果たしてきた。でも、村も以前とはずいぶん変わってきた。そんな時、このわしに村長など無理だ。そもそもそんな役には向いてない。そう言い張ってみたが頑として聞き入れてくれなかった。長老には借金もかなりあったし、断りようもなかった。[2]」

村通いを中断する直前の一九九二年一月一日、ロレンソは村長に就任し、長老＝村ボ

スの指示にしたがって、一部村人に対する追放にも手を染めてしまう。しかしすでにその頃、村ボス二家族に対し急成長を遂げていた新興勢力は爆発寸前の状況にあった。就任一年半でロレンソは村長職から引きずり降ろされ、村から追放されてしまう。新興勢力とはいえ、彼らも「伝統派」であることに変わりはなく、追放の口実は、ロレンソはプロテスタントだ、という、根も葉もない噂にすぎなかった。

一九九九年、村通いを再開した僕は、元村長として村人の尊敬を集めているロレンソの姿を想像しつつ村へと急いだ。しかし、二、三メートルもある棕櫚（しゅろ）の葉を束ねた箒で広場を掃いている彼の、なんとも哀れな姿に言葉を失う。村へ戻る条件として、ロレンソは村の広場の清掃の仕事を課せられたのである。この頃を境に、村の政治を牛耳ってきた「伝統派」の勢力は徐々に後退しはじめ、それを象徴するかのように、いくつかの部落には、プロテスタントの教会も現われはじめる。

一九九二年といえば、コロンブスによる「新大陸の発見」からちょうど五〇〇年。ラテンアメリカ各地で先住民の運動が高揚した時期だ。サン・クリストバルの町でもチアパス各地から集まったインディオの集会やデモが繰り返され、サント・ドミンゴ教会の庭に立っていた征服者ディエゴ・デ・マサリエゴスの銅像がインディオの手で引き倒される。さらにその二年後の一九九四年一月一日には、五〇〇年にわたる植民地的支配秩序の象徴、サン・クリストバルの町に激震が走る。チャムーラを含む先住民を主体とするサパティスタ民族解放軍（EZLN）が蜂起し、サン・クリストバルを含むチアパス州の四つの町の市庁舎が銃撃とともに占拠されたのである。

「蜂起するとの情報は、すでに数日前に僕のもとに届いていた。役職上仕方なく、州政府にも軍にも通報したんだ。でも、そんなことはあり得ないと、誰も取り合おうとはしない。彼らが蜂起を目前に最終的な行動に移ったのは、一二月三一日の深夜。軍の将校連中も政府の役人も、年末のパーティに酔いしれていた。ラインサルの村に集結したサパティスタの一隊が、夜陰にまぎれてサン・クリストバル近郊の軍事基地の正門に近づくと、内側から頑丈な扉が静かに開き彼らを招き入れる。そう、基地の監視をまかされた下っ端のインディオの兵士たちは、事前にサパティスタと通じていたんだ。だからそこでは銃撃戦もなく、彼らは武器を運び出すこともできた。(3)」

オアハーカ州生まれのサポテコ・インディオでありながら、苦労して大学も卒業し、当時州政府のインディオ局長を務めていた、長年の友人アンヘル・アルバレスの証言だ。サパティスタが武装蜂起した目的は、権力の打倒ではなく、憲法に保障された権利を政府に認めさせること。つまり、植民地的差別構造に対する痛烈な異議申し立てで、インディオが置かれている現状を国内外にアピールすることであった。しかし蜂起から二日後、政府軍が到着しサパティスタに対する掃討作戦がはじまると、町は一気に血で染まる。政府は急遽、サン・クリストバルやオコシンゴといったチアパス州の主要都市近郊の軍事基地を強化する一方、ラカンドン密林地帯の民族解放軍の本拠や、サパティスタの拠点となっている先住民村落を包囲する形で、つぎつぎと軍事拠点を建設していった。

さらに、パラミリタレスと呼ばれる民兵組織によって、インディオ住民は分断される。民兵組織に協力しないインディオはサパティスタだと決めつけられ、虐殺事件が頻発する。それにおびえた人々が村々を離れ、チアパスの山あいのあちこちに無数の難民集落が現われる(4)。一部の人々は難を逃れて、サン・クリストバルのスラムに新たなコロニーを建設する。

世界各地からサパティスタ支援のボランティアが集まり、ドイツ、スイス、スペインからは赤十字も駆けつける。こうした国際的な監視のもとで、政府による軍事作戦は中断を余儀なくされ、以後二五年以上も経た今日まで続くサパティスタとの膠着状態に入る。しかし二〇〇五年までは、コロニアル風の落ち着いたサン・クリストバルの町も、貧しいながら牧歌的な風景が支配していたチアパス一帯も、軍一色に塗りつぶされた。

トゥクストラの空港に着けば、まずは別室に案内され、詳細な身体検査が、村へ出かけようとすれば、何カ所もの軍隊の検問が待ち受けている。村へ行く目的は？　何時にここに戻ってくるか？　など、重装備した兵士に囲まれて尋問を受ける。こちらの表情のわずかな動きまで読み取ろうとする、兵士たちのあの冷徹な鋭い眼光は、今でも忘れない。ドイツ人のある文化人類学者は「研究・調査」を口にしたとたん調査ビザの提示を求められ、観光ビザで入国したことが判明。その場で国外退去、再入国禁止の憂き目にあった。僕をいつも救ってくれたのは、名付け親になったインディオの子どもたちだ。洗礼式で彼らと一緒に撮った写真を見せれば、その都度、検問を無事通過することができた。

一方、サン・クリストバルの町では、一九八〇年代後半に入ると、村を追われた人々は帰村運動から町の住民としての権利獲得運動へと転換する。彼らは占拠した土地の居住権を求め、あるいは、その土地を売り渡すよう地主に迫る。市当局に対しては、水道施設や小学校の設置を要求する。学校教育も、一般市民の子弟を対象とするスペイン語による教育ではなく、ツォツィル語による教育を要求し、着実に成果を上げてゆく。

村とは異なり、スラムでは作物栽培は不可能だ。そのため一部の人々は最も手っ取り早い収入の道、麻薬の売買から武器の密輸へと手を染めてゆく。サパティスタ運動が膠着状態に入り、内外の観光客が増え始めると、彼らを対象にした民芸品の製作が活発化する。男たちはおよそ四〇〇キロ先の、グアテマラのケツァルテナンゴまでバスで出かけ、旅行者受けするキチェの人々の織物の端切れを、ただ同然で大量に仕入れてはスラムへ戻る。女たちはその端切れを縫い合わせ、独自の民芸品に仕立て上げる。男はそれを担いで、一〇〇〇キロ先のユカタン半島の高級リゾート地へと向かい、サン・クリストバルの数倍の値で外国人観光客に売りさばく。再びスラムへ戻れば、その足で再度グアテマラに仕入れの旅に出かけてゆくのだ。

一九九〇年代に入ると、女性たちが町の市場の周辺に独自の露店を構え始める。それまでは町の歩道に露店を開くにも、政府系の組合の許可が必要だったが、今では独自の組織が取り仕切る。この彼らの組織力には、市当局も政府系の組合もカトリック教会も対抗することはできない。かつてサント・ドミンゴ教会とラ・カリダー教会の間には、大木に覆われた静かな公園があった。しかし今では、公園はどこへやら、びっしりと無数の露店で埋め尽くされ、サント・ドミンゴ教会の正面に通じる石段までが、露店に占拠されているありさまだ。

彼らの経済活動はこれに留まらない。タクシー会社の経営者や町と村々を結ぶマイクロバスの経営者さえ現われる。ペリフェリコと呼ばれる、市街地を取り囲む外周道路沿いは、車の修理工場から家具屋、食料品店、文房具屋にいたるまで、スラムの住民だった人々が経営する店が建ち並び、活気に満ちている。移住当初は段ボールと黒いビニールシートで雨風をしのぐ程度であった住居も、荒削りの木材を使った木造に、さらにはブロック造りへ、そしてさらに、鉄筋コンクリートの住宅までが、急傾斜の山肌に広がるスラムに現われる。二年おきに町を訪れるたびに、この急激な変化と彼らのエネルギーには目を疑ったほどだ。

こうした急速な発展に引き寄せられるかのように、宗教とは関係なく、チャムーラをはじめチアパス高地の村々からも仕事を求めて町へ移住する村人が急増し、市街地の外周道路の外側の山肌に広がったスラムは、徐々に外周道路の内側の牧草地を埋め尽くし、かつて白人のみの居住空間であった市の中心部はインディオに包囲されたかの様相を呈している。ちなみに、一九八〇年に約六万人であった同市の人口は、二〇一五年には二〇万人を超えた。言語統計上はその約六割が白人系・混血系とされているが、社会生活の実態からは、約七割がインディオ系住民とみて間違いはなさそうだ。

こうした発展の裏に、離村インディオ社会に階層分化が進展していることも事実だ。貧困層にとり、生き残る道のひとつは、米国への越境であった。二〇〇一年の報道によれば、この時までにすでに三〇〇〇人のチャムーラが町を離れ米国へと向かったという⑸。町なかのホテルのボーイの仕事にありつけても、週給は五〇〇ペソ程度に過ぎない。うまく越境できて仕事にありつければ、その数倍の収入が確保できるとの噂もある。

越境先で成功した者は、帰国すると越境の経験と知識をもとに、町に住むインディオ仲間をリクルートする。コヨーテ、あるいはポジェーロと呼ばれる越境斡旋業者の誕生だ。彼らはさらに親類縁者を頼って、村にもリクルートの対象を広げてゆく。そして、越境に成功しうまく村に帰還できた村人のなかから、村にもポジェーロが誕生してゆくこととなる。

それではここで、ロレンソの孫ファニート(ファン・ペレス・ロペス。別人のファンと区別するため、第Ⅱ部では一貫して、愛称のファニートを使う)の越境の話に移ることにしよう。

(1) この間の変化の詳細については、拙論「離村インディオの流入と都市エスニシティの変容――サン・クリストバル市の事例から」倉沢愛子編著『都市下層の生活構造と移動ネットワーク』(明石書店、二〇〇七年)を参照されたい。
(2) Chis. 20100720 con Lorenzo Pérez Jolote y Pascual Gómez Xilón. 清水音声資料ライブラリー。以下同様。
(3) Chis. 19990828-2 on Angel Alvarez Orozco.
(4) チアパスの軍事化の経緯については拙稿「メキシコ・アクテアルにおける虐殺(一九九七年)」松村高夫他編著『大量虐殺の社会史』(ミネルヴァ書房、二〇〇七年)を参照されたい。
(5) *Notimex*, 2001.

第1章　雪けぶるマンハッタン

突然の電話

初めて訪れたニューヨークは、どんよりとした雪雲に覆われていた。高層ビル街の谷底を縫うマンハッタンの歩道には、たとえ晴れても陽光はとどかず、凍てつくようなビル風だけが吹き抜けてゆく。僕はそのマンハッタンの一角に宿をとり、連日、フェリーで二〇分ほどのスタテン島に通いつづけることとなる。フェリーから遠ざかる高層ビルの群れ、上半分は雪雲に覆われ、その下は雪けぶる灰色のベール。横殴りの雪に頬を打たれる「自由の女神」像が、フェリーの動きとともに、灰色の世界の奥へと静かに吸いこまれてゆく。僕の眼にはその光景が、九・一一以後米国社会に漂いつづける影、翳りゆく米国の今を象徴しているかのように映った。これはいい写真になる。すかさずデッキへ出てカメラを構えてみる。しかし海風の冷たさに、五分とたたぬ間に指先が凍りつく。

ファニートはいったい、林立する高層ビルの群れを目にして、何を感じただろうか。

このフェリーに乗って「自由の女神」像をどのような思いで見つめたか。彼が生まれ育ったメキシコ最果ての村チャムーラ村では想像もつかないこの光景。命がけでアリゾナの砂漠を越え、幾重にも張りめぐらされた検問におびえつつ旅した末の、この凍てつくような寒さ。呆然と立ちつくす彼の姿を思い浮かべた。

今から一五年ほど前の二〇〇五年春、チャムーラ村に滞在していた僕は、ファニートと彼の祖父ロレンソとともにカーニバルの祭りを楽しんだ。夕暮れがせまり、広場から祭りの人波が引きはじめた頃、ファニートは僕をカーニバルを組織した役職者(アルフェレス・パシオン)の家に案内してくれた。一年の祭りのなかで最も重要なこの祭りを組織する役職者になるには、申し出てから一五年近くも待たねばならない。伝統を重んずる村人の一生にとって、これほど名誉ある仕事はないのだ。

「金を貯めて、いつか必ずこの役目を引き受けてみせる。」

急激な村の近代化とともに、すでに村の伝統はあらゆる面で揺らぎはじめていた。村人の間ではまだ珍しく、町の高校まで卒業した彼は、その近代化の一翼を担う新しい世代かと思えたが、伝統に拘るこの彼のひと言は、今も僕の脳裏にこびりついて離れない。

「トオル、僕だよ、ファニートだ。今ニューヨークに居るんだ。でも仕事が見つからない。そっちに何かいい仕事はないだろうか?」

突然のニューヨークからの電話に唖然としたのは、それからわずか半年後、二〇〇五年の暮れのことだ。また砂漠を越えれば、日本までやって来られるとでも思っているかのような電話だった。

村の伝統に拘っていたあの彼が、どうしてニューヨークに行ってしまったのか。しかもその後、彼からの連絡は完全に途絶え、こちらから何度電話をかけても、聞きなれない男の声が返ってくるだけだ。電話代が払えなくなったのか。それならまだいい。越境者の世界には、犯罪と暴力がつきまとう。麻薬などよくない誘いも多いはずだ。生きていてくれるのか……。不安を掻きたてる嫌な想像だけが、膨らんでいった。

騙されて

彼、ファニートと知り合ったのは一九八一年、当時彼は五歳の幼な子であった。その前年父親は病で急逝し、母親は再婚後、村の掟を破ってプロテスタントに改宗し村八分にあった。そのためファニートは、父方の祖父ロレンソ夫妻のもとに引き取られ、青年になるまでずっとそこで育てられた。ロレンソは当時、村の教会の管理責任者＝サクリスタン・マヨールだったが、彼が教会の仕事へ出かければ教会へ、畑仕事に出かければ一緒に畑へ、ロレンソがどこへ行こうが、つねに彼のすぐ脇にファニートの姿があった。寂しげで無口な男の子だったが、その後彼は小学校を終え中学に進学し、さらに隣町のサン・クリストバルで自活しながら高校も終えた。チャムーラの隣村テネハーパから来ていだ高校の同級生と結婚してからは、小学校を管理する教育委員の仕事をこなし、村長を支える村の書記にも選ばれて、ロレンソ一家の希望の星に成長した。その間一年おきに村に通っていた僕を、フアニートは、ことあるごとに父親のように頼りにしてくれて、結婚してからも、父子のような関係がつづいた。

カーニバルの祭りの少し前、フアニートの家族に転機が訪れる。有能な彼に州都トゥクストラに住む一人のラディーノ(町に住む非先住民)が近づき、文房具屋の共同経営の話をもちこんできたのだ。仲間を二〇人ほど集めて一人一万ペソ(当時の換算で約一〇万円)ずつ準備してくれれば、大型のお店の経営者になれる、そうなれば大金が手に入る。今金がなくても、立て替えてくれる人も紹介できる。この怪しげな話に反対した僕の忠告も、彼の決断を覆すことはできなかった。あのカーニバルが終わり僕が帰国の途についた直後、そのラディーノは、フアニートが借金をして揃えた金と、彼が呼びかけた仲間の出資金をもって雲隠れする。フアニートには月利一〇％の巨額の借金にくわえ、仲間にも、声をかけた責任を果たす必要に迫られた。

「実際は、一人一万五〇〇〇ペソ(当時の換算で約一五万円)ずつ出しあった。全部で一〇人だ。僕は五万ペソ出すことにした。今でもその領収書は持っている[1]。」

雲隠れした男がせめて村人であったなら、領収書を突きつけて村役に訴えることもできる。しかし相手が町の人間であるかぎり、インディオが訴えても、警察も司法も相手

図 40　ロレンソ一家と　筆者の両側にロレンソ夫妻，ロレンソの前がフアニート．1985 年．

にしてくれることは、まず期待できない。

武器の密売に手を出す村人もいる。麻薬取引に引きずり込まれる若者も、今では珍しくない。そのなかで彼の犯した過ちは、まだましな類ではあったが、毎月の利払いだけで五〇〇〇ペソ、すでに子どもを二人抱え、三人目も生まれたばかりだ。どうするか？　そこで彼が思いついたのが、すでに八〇年代末から村人の間でも広まりはじめていた米国への越境と「不法」就労の道だったのである。

うまく仕事を見つけて成功し帰国できた村人のなかには、家を新築した者もいる。従兄弟のマルコスはすでに無事に村に戻ってきたし、またアメリカに出かけるという。その弟のシャリック（サルバドール）も行きたいと言っている。妻ブランカの妹の夫ロセンドは、すでにアトランタで働いている。米国への越境は、村のなかではすでに、珍しいことではなかった。いずれにせよファニートにとって、多額の借金を返せる道はそれしかなかったようだ。

「私は間違っていたのかどうか分からない。でも、借金のことでアメリカに行くってことに反対できなかった。悲しかったし彼だっておなじ、でも仕方なかった。お金を立て替えてくれた人に借金が返せなかったら、村役に訴えられて牢屋に入れられてしまうのよ。」

ファニートから電話を受けた翌年(二〇〇六年)、ふたたび村を訪れた僕は、彼の妻ブランカから、ファニートが莫大な借金を背負ったこの経緯を知ることとなる。(2)

村役制からの脱出

ファニートがアメリカ行きを思い立ったのは偶然、しかも突然のことだったが、しかし、経済的理由だけではなかったようだ。

「全くアメリカへ来るなんて考えてもいなかった。借金をどうするかの問題もあったけど、三年間村の役職をつづけて、村の政治に嫌気がさしていた。僕が生きていた世界は本当に狭かった。クチュルムティク部落で生まれ、ツォツィル語しか話せなかった。サン・クリストバルの町へ出て中学、高校で勉強するうちに、スペイン

図 41　「伝統的村」の象徴，村役たち

語は十分わかるようになったし、少しずつ視野も広がっていった。でも、結婚してロレンソ宅の隣に家を建てた頃、多分、僕に対する嫉妬なんだと思う、まだ僕には小学校に通う子どもがいなかったのに、学校で子どもたちの世話をする、そう、そのＰＴＡの役員みたいな仕事(Comité de Asociación de Padres de Familia)を押しつけられた。それが終わったと思ったら、今度は州政府から教育委員に任命された。この仕事は嬉しかったけど、その八カ月後、まだ委員の任期が終わっていないのに、村役から今度は書記をやれと言われたんだ。ぽろっと口から出たよ、なんて嫉妬だ!!　って。」

「僕は結婚して家も建てた。その後は大学の法学部で勉強したかった。だって、ずっとその間も、勉強は自分でつづけていたんだ。書記になれと言われたとき、一年だけで許してくれと頼んだ。でも聞き入れてもらえず、三年間も村役用の借家に住みつづけるはめになった。特に村長にとって僕は、彼の右腕と言われるくらいで、ともかく便利に使われた。だって、スペイン語はすでにうまかったしツォツィル語もできた。あのまま村に残っていては、ますます村役たちの言いなりになりそうだった。もう村の仕事に嫌気がさしていたし、村役たちにも愛想がつきた。もっと自由になりたかった。そう、生活の環境を変えるきっかけが欲しかったんだ(3)。」

新興勢力の台頭で従来のカシーケの権威は失墜しはじめていた。村の行政も、村独自の制度から州行政の末端組織へと再編されつつあった。村長選びにも公的な選挙制度が導入され、女性も選挙権を認められた。かつては無報酬だった村役には、今では州政府から給与が支給される。しかし、年長の村役のなかに十分教育を受けた者はおらず、四年任期の村長をのぞけば、一年任期で交代する役職者たちに、行政官としての実務の経験もない。にもかかわらず役職者としての権威への執着だけは、そう簡単に崩れ去らない。若手の書記役は、そうした彼らに呼び出されれば、深夜でも村役場へ参上せねばならなかったのである。

彼が教育委員の職についていた頃にも、象徴的な事件があった。二〇〇一年九月一六日、その日はメキシコの独立記念日。深夜におよぶチャムーラ村での祭りの調査を終えて、サン・クリストバルの町の常宿へ戻って間もない頃だ。宿の中庭にインディオを満載した小型トラックが入ってくる。しかし、町のホテルにインディオが泊まるはずがない。こんな夜中にどうしたことか？　何かあったな、と嫌な予感がした。案の定、血だらけのファニートが、従兄弟たちに抱えられるようにして駆けこんできた。

二六歳の若手ながら、政府筋に認められ、村のエリートとなった彼は、その前夜から小学校で開かれる独立記念祭の冒頭で演説する、是非見に来て欲しいという。できれば写真も撮って欲しい。主催者の彼の願いだ。しかもこれは、ようやく村に定着しはじめた国家の祭りを観察できる絶好の機会だ。僕は早朝に宿を後にし、村の学校へと勇んで出かけていった。主賓席に招かれ、村の慣習にしたがって校長や教師たちと地酒のポッシュを酌み交わす。学童全員に鉛筆をプレゼントする。照明のための電球も、自腹を切って学校に寄付もした。父兄の村人たちとも、半数以上は既に知り合いの仲だ。これまでの調査の時と同様に、その日もすべて問題はなかった、と思い込んでいた。

しかしただひとつ、うかつにも僕が見過ごしていた問題があった。「伝統」が大幅に後退し始めたとはいえ、州政府の公的な教育制度に対し、村は村で、学校を管理する独自の役職者を新たに任命していたのである。毎朝校長は、村役の家に立ち寄り学校の鍵を受け取らねばならない。しかし、村役が酒に酔って寝ていれば、起きてくれるまで教室を開けることすらできず、授業は始まらない。

思えば、祭りの最中に一人、アル中の酔いどれが意味不明の言葉を吐きながらしつこくまとわりついてきた。祭りではよくあることと、適当にあしらったのが、実は事件の発端であった。

「あの他所者(よそもの)は、学校を取り仕切る俺様に挨拶もせず、酒一杯注がなかった！　そんな他所者を村の祭りに呼ぶとは何事か！」

祭りが終わり村人の姿が消えかけた暗がりで、「伝統派」の面々がファニートを襲ったのである。権威に執着する「伝統派」と、教育を受けた若者世代との間の乖離は今もって深刻で、若者の村離れの原因の一端でもある。移行期にある村に翻弄される若者。ファニートはまさに、その一人であった。

マヌエルの死

二〇〇八年、すでにその間に、ファニートの妻ブランカは三人の息子を引きつれて、新婚生活を送ったチャムーラ村のロレンソ宅の隣家を離れ、サン・クリストバルの町に住む両親の世話になっていた。ブランカの妹の夫ロセンドは、二年間のアメリカ生活を終えて無事アトランタから帰国していた。一方ファニートは、一向に戻ってくる気配がないばかりか、連絡も途絶えがちになり、ブランカの心配は募るばかりだ。

「アメリカに着いて最初の数カ月は、毎週電話もくれたし月に五〇〇〇ペソの送金もしてくれたの。でも、その後はたまに電話をくれたけど、携帯じゃなくて町の公衆電話からで、こっちから連絡は取れなくなった。たまにかけてくる電話でもいつも喧嘩になってしまう。なぜ電話くれないの！　もう他に女がいるんじゃないの？　でも答えはいつも、仕事中に怪我をした、英語の勉強に忙しい、仕事がなくて金がない、電話だけでも金がかかる、時には喰うにも困ってる……。私、怒鳴っちゃった、仕事がないならなぜ戻ってこないの！　って。こんな喧嘩のあと電話も途切れがちになり、お金もついに送ってこなくなってしまったの[4]。」

二〇一〇年、越境から五年たっても、ファニートは家族のもとに戻ってはいなかった。しかし二カ月前、二年ぶりに電話があったという。ニューヨークのスタテン島の住所も分かったと、ブランカが弾む声で教えてくれた。ファニートの育ての親ロレンソも、会うたびにファニートの安否を気づかっていた。すぐに知らせてあげねばと、ブランカから連絡先を聞いたその足で、村のロレンソ宅へと急ぐ。

しかし、あたりの重苦しい空気に、浮き立つ気分は一気に吹き飛んだ。ロレンソ宅の隣に住む彼の妹の家では、葬儀の準備が始まっていたのだ。二一歳になる末息子のマヌエルが、アメリカへの越境の途中、砂漠で息絶えたという。アメリカに無事着いたら、家族に必ず電話をくれることになっていた。しかし、予定の日から三週間たっても一向に連絡はない。不審に思った家族が、越境の斡旋をした村の業者(ポジェーロ)の家を訪ね、はじめて息子の死を知ったという。

マヌエルの家につうじるトウモロコシ畑の間の細い道には、弔問に駆けつけた一〇〇人を超える村人がひしめいていたが、その村人たちに混じって、見るからにインディオではない、町の若い女性の姿が目をひいた。村の葬儀でも町の葬儀でもあり得ない、白一色のドレスに身をつつみ、誰と語るでもなく、ただ一人、目を泣き腫らして立ちつくしている。ロレンソに案内されて八畳ほどの小さな家の扉を開くと、土間に安置された真新しい棺を家族が囲んでいる。

部屋一面にただよう松脂香の煙、そしてロウソクの炎が、母親の嗚咽でかすかに揺れうごく。ロレンソは甥のために、乾いたシュロの葉を黙々と細く裂いては糸状に分け、その糸を水にひたして柔らかくし、長さ三センチほどの小さな十字架に編みあげる。本来なら遺体の胸にその十字架を供えるのだが、棺に納められていたのは、マヌエルの着古したTシャツが一枚。その胸のあたりにそっと十字架を添える。砂漠越えは誰にとっても命がけだ。だから、倒れた者の遺体もなにも、戻ってくることはない。遺体のない空の棺、その棺にすがって泣きつづける母親の姿。なんとも耐えがたい空しい光景に、慰めの言葉すら見つからない。

昼をわずかに回った頃、葬列は家から二キロほど離れた村の共同墓地へと向かう。村には専門の葬儀屋はいない。神父の姿も呪医の姿もない。すべて近親者の手で埋葬は行

図 42　マヌエルの埋葬

われる。日没前に埋葬を終えるのも、今も変わらぬ村の仕来たりだ。若い男たちと交代で、僕もシャベルを手に墓穴を掘りはじめ、三時間近くかかってようやく一メートル半ほどの深さに掘りあげた。頭を西向きに静かに棺を納め、それぞれの思いをこめた土くれで徐々に棺の姿が消えかけた頃、遠くから村の広場の教会の鐘の音が、夕暮れ迫った墓地の空に響きわたった。町からやってきた白一色に身をつつんだ彼女が、こぼれ落ちる涙をぬぐおうともしないまま、そっと一人、町へ向かって立ち去ってゆく。結婚式の祝いの鐘ではない。弔いの鐘の音に急きたてられるかのように、一人、とり残された花嫁の痛ましい姿が消えていった。

何が彼らを駆り立てるのか

はじめて彼らと接触した一九七九年には、チャムーラが米国へ出かけるなど、想像もできないことであった。チアパス中央低地のトウモロコシ生産地への出稼ぎ労働はつづいていたが、太平洋岸低地ソコヌスコ地方のコーヒー・プランテーションでの季節労働は、すでに廃れはじめていた。たまには村人が、一〇〇キロほど離れた州都トゥクストラへ請願の集会に出かけることはあった。しかし日常的には、七、八キロ離れたサン・クリストバルの町の朝市へ出かけるか、周辺の村々の祭りに出かけるのがせいぜいで、村人の通常の移動範囲は、一日の歩行距離五〇キロの半分、およそ二五キロ周辺に限られていたのである。

米国への越境は、極貧生活に喘(あえ)ぐ村人の前に突如姿を現わした一攫千金の希望の道だったが、既にこれまで、チャムーラの村人だけで何百人もの若者の命が砂漠に消えたという。マヌエルの死もその夢を追った末の悲劇であった。そうした危険を承知で、なぜ村人たちはアメリカへ出かけるのか。出かけざるを得ないのか。村役制に代表される村のしがらみから逃れたい欲求や経済的な理由以外にも、彼らを米国へと駆り立てる何かがあるのだろうか。

ファニートを捜しだし、まずは、この目と耳で越境の実態から確認してみたい。しかしそれだけではない。彼が村を離れてすでに丸五年以上が過ぎていた。ファニートには妻がいる、彼を待つ三人の子どももいる。実態に迫りたい欲求にくわえ、元気な彼の姿をこの目で確かめたい。家族の声も届けてやりたい。なかば義務感に似た思いが、僕をニューヨーク、スタテン島へと突き動かした。

スタテン島での再会

二〇一一年一月、半年前にブランカから聞いた電話と住所を頼りに、スタテン島へ向かう。しかし、ファニートに見て欲しい、聞いて欲しいと、留守家族やロレンソ一族の写真、そして録音したブランカと長男ジョバンニのメッセージを携えてようやく島に着いたものの、頼みの電話が通じない。しかも住んでいるはずの住所を訪ねると、メキシコ人と思しき中年女性が現われ、半年前に越してきたが、ファン（ファニート）という若者には会ったこともない、と取りつくしまもない。頭から血の気がひいていった。はるばるスタテン島までやってきて、またゼロからの出発か！　しかし、このまま引き下がるわけにはいかない。とは思っても、さて？　どこから手をつけるべきか？……。

貧しい不法就労者のためには、なんらかの支援組織や炊き出し組織があるはずだ。そしてファニートの性格からして、キリスト教から離れることは考えにくい。そうだ、ダメ元でいい、支援組織と教会、この二つに的を絞ろう。こうしてファニート捜しは、彼の顔写真のカラーコピーのプリントから始まった。ニューヨーク駐在のジャーナリスト

K氏の協力も得て、そのコピーを携えてスタテン島のラテンアメリカ系住民の集住地区へと向かう。あたり一帯の街並みは、予想に反してスラムとは程遠い。歩道に積み上げられた雪を避け、街角の陽だまりにたむろする、いかにもラテンアメリカ系と思しき貧しい身なりの男たち、やたらと目立つスペイン語の看板。それらを除けば、メキシコの田舎町や先住民の村を見慣れていた僕の目には、いたって小綺麗な街並みに見える。

黒人が集中している地区のすぐそば、キャッストン通りとパーク通りの角から数軒目に「移民センター——日雇い労働者・移民労働者・その家族のための労働支援センター」の建物があった。応対してくれたのは事務局長のグアテマラ人で、事務所には仕事を求めてラテンアメリカ各地から集まった、見るからに貧しい姿の労働者たちがたむろしている。見慣れない東洋人の姿を目にして一瞬警戒感がただよったが、三〇年にわたるファニート一家との関係を話す。顔写真のコピーを見せながら訪問の目的を告げる。すると、一気に空気がやわらいだ。しかし、誰ひとりメキシコからやってきたインディオなど知らないという。センターの登録者名簿にも彼の名前はなかった。「何か分かったらホテルに連絡する。」事務局長のその言葉に一縷の望みを託しつつ、その足で、センターで得た情報をもとに、教会をひとつずつ、つぶしにかかる。

庭一面に雪が積もったセント・ポール・カトリック教会では、町のボランティアが準備した食事を求めて、夕暮れの集会にぞくぞくとラテン系の労働者の男たちや家族づれが集まってくる。案内された集会室には、一〇〇人ほどが集まっていただろうか。外の身を切る真冬の寒さとはうって変わって、炊き出しの食事から立ちのぼる湯気のあたたかさ、それを求めて集まった人々の熱気であふれている。その場を借りて協力を呼びかけると、驚くほどの反応が返ってきた。協力を申し出る手がつぎつぎとあがったのである。

「男一人の生活なら、コイン・ランドリーには絶対来るはずよ。顔写真、私が三カ所に貼ってくるわ。」

「俺にもコピーくれ、電柱に貼ってくる。」

予定していた滞在日程はあと四日を残すのみ。諦めかけていた気持ちが一転、再会への期待が膨らんでくる。それは、故郷を遠く離れ貧しい生活を送りつづける人々の温かい仲間意識に接した、感動的な瞬間でもあった。顔写真のコピーにホテルと支援事務所の電話番号を書き添える。あとは連絡を待つ以外にない。

「事務所から一ブロックと離れていない貸家に住んでいる、電話番号も分かった。」ついに支援事務所からホテルに電話が入ったのは、帰国が明日に迫った日の朝だった。張り詰めた気持ちが一気に解けてゆく。即座にファニートに電話をかけ、スタテン島に向けてフェリーに飛び乗った。

ついに会える！　踊る心を抑えつつ、約束した彼の住む借家の前でじっと待つ。そこ

図 43　家族の声に涙するフアニート

へ昼食の休憩時間を利用して、ついに姿を現わした。作業着姿のフアニートが、ついに姿を現わした。六年ぶりの再会だ。すでに彼も三〇代の半ば。がっしりとした元気そうな姿にほっとする。しかし、ゆっくり話を聞く時間はすでにない。明日の朝には帰国しなければならないのだ。近くのメキシコ料理屋で昼食をすませると、彼は仕事の現場へと戻っていった。僕はそこで、彼が仕事から戻る夜八時まで、彼のアパートで待たせてもらうことにする。

木造二階建てのこぢんまりとした借家には、グアテマラ人とカリブ海地域出身の若者数人が三つの部屋に分かれて住んでいる。全員若い男たちで、女の気配はない。六畳一間ほどの彼の部屋にはベッドがひとつ、簡単な仕事用のテーブルにビデオテープや書籍が雑然と積み重なっている。目を引いたのは、英語の教科書数冊と建築や内装関係の分厚い英語の解説書だ。最後のページまで赤線が引いてあり、スペイン語の訳語がびっしりと書きこまれている。そうか、さすが自力で高校まで卒業したファニートらしい。技術と知識を身につけようと懸命に生きる、彼の涙ぐましい努力の一端が伝わってきた。

帰宅後は深夜まで話がつきなかった。家族や村の写真を見つめながら、長男ジョバンニと妻ブランカの声にじっと聞き入っていたファニートの頬を、とめどなく涙がこぼれ落ちる。お互いに気持ちが高揚したこの状況では、冷静な聞き取りはできない。今回は会えただけで十分だ。来月またここに戻ってこようと心に決め、ファニートに頼んだ。二日間だけでいい、仕事を休んで僕のために時間をつくって欲しい。その時に、ここ六年近くの体験や、村や家族への思いを語って欲しい。僕の依頼に彼は快く承知してくれた。

（1）NY. 20110227-1 con Juan Pérez López.
（2）Chis. 20060312 con Blanca Estela Guzmán López.
（3）NY. 20110227-1 con Juan Pérez López.
（4）Chis. 20080925 con Blanca Estela Guzmán López.

第2章　越境の旅

ウェット・バックから砂漠越えへ

米国におけるラテンアメリカ系住民、いわゆるラティーノ人口は、二〇一〇年に五〇五〇万人、総人口の一六・三％に達し、今も増加の一途をたどっている。移住者はメキシコにかぎらず、グアテマラ、エル・サルバドル、ホンジュラスなど中米諸国や、ハイチ、ドミニカなどカリブ海諸国からもやってくる。このラティーノ人口の急増は、すでに米国政府にとり社会問題と化して久しいが、特にメキシコ経由の越境者が麻薬密輸との関連で問題視されはじめて以来、メキシコ政府は太平洋沿岸ルートにいくつもの検問所を設け、中米諸国から北へ向かおうとする密入国者に対し監視を強化した。その結果彼らの一部は、一九九〇年代末から太平洋沿岸ルートを避け、グアテマラとの国境からチアパス高地へ向かい、サン・クリストバル市を経由する内陸ルートに変更する。それは、チャムーラの村人をはじめチアパス高地のインディオが、越境を身近なものとして感じる直接的な契機ともなった。

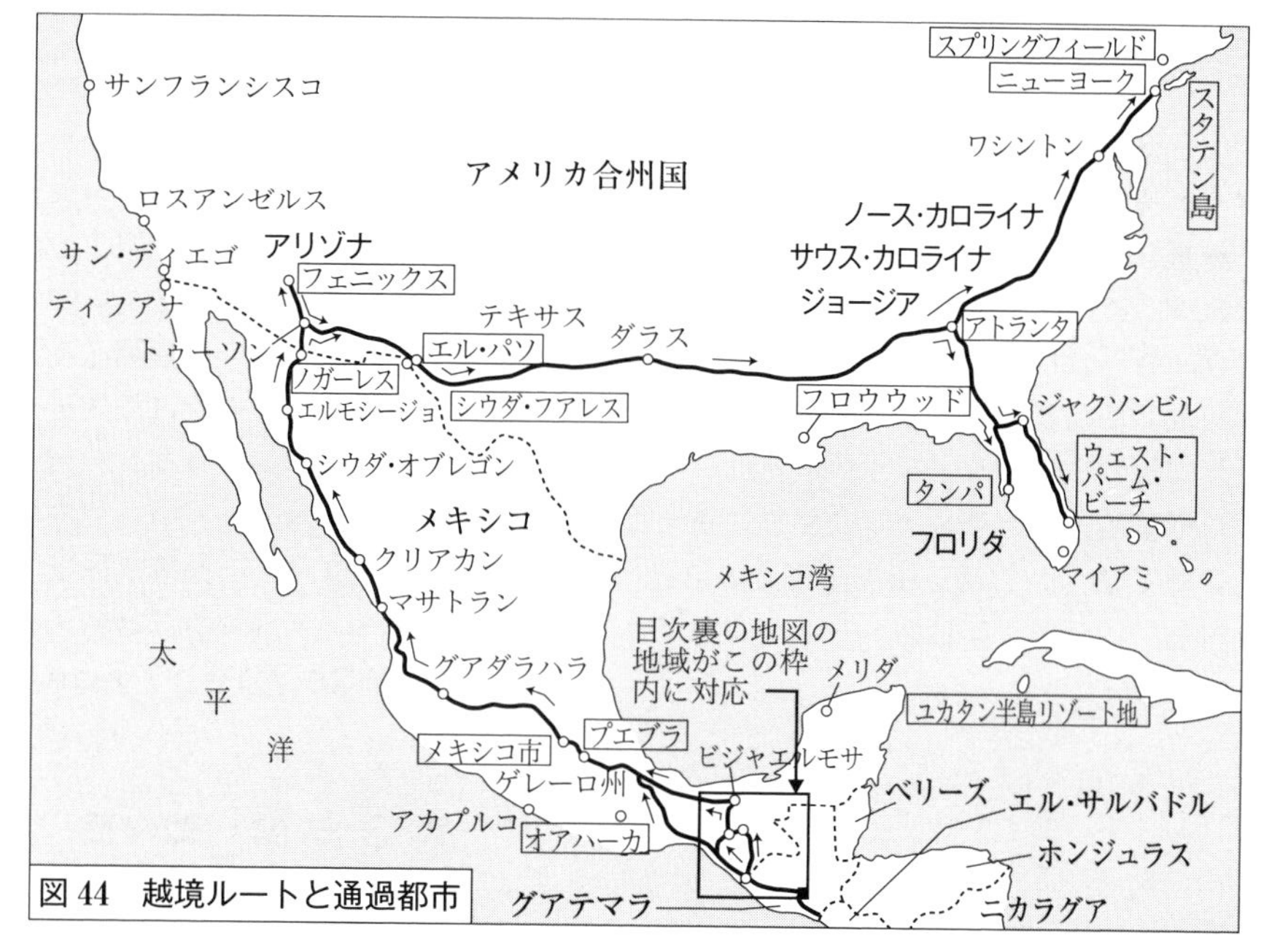

図 44　越境ルートと通過都市

注記：本文中に登場する地名は□で囲んで示した．⟶で示したのが越境ルート．------は国境．

一方、米国政府は、すでに一九九三年に米墨国境の内陸部の町エル・パソ(米国側)とシウダ・フアレス(メキシコ側)との間に、翌九四年には太平洋側のサン・ディエゴに国境を仕切る高い壁を建設し、以後、ウェット・バック(スペイン語ではエスパルダ・モハーダ)と呼ばれる、リオ・グランデ河を徒歩で渡る越境者は激減する。さらに二〇〇六年一〇月二六日には、「米墨国境強化フェンス建設法」にブッシュ大統領(George W. Bush)が署名し、国境一一〇〇キロにおよぶフェンスの建設計画が決定される。こうして比較的可能な越境ルートは、内陸部の国境の町ノガーレス近郊の一部砂漠地帯など、かなり限定されることとなる。

二〇〇四年のチアパス州総人口は約四〇〇万人だが、その年までの一〇年間に毎年三万から五万人が米国へ移住あるいは越境し、その数は三〇万人にのぼるという。その六五%を先住民が占め、彼らの米国からの送金額は同じ期間に五〇億ドルに達したと推定されている。これは、同州の主要農産物であるトウモロコシに加え、豆・バナナ・マンゴーの生産額の合計に匹敵するという(1)。

チャムーラ村からの越境者は、特に二〇〇五年以降急増したようだ。フアニートが村を出たのも同じ年であった。ジャン・ルス夫妻の研究によれば、一五歳から三四歳の男性の内、越境した村人は一五〜二〇%に達する(2)。これは彼らが調査対象とした一部落チュル・オシルの二〇〇五年の数値だが、外部世界との接触の機会が多い村中央部ではその比率はさらに高く、翌年以降その数値は上昇しはじめるという。
越境する先住民はチャムーラだけではない。テネハーパ、オシュチュック、ラライン
サル、チェナローなど、チアパス高地のマヤ系先住民の村々も多くの越境者を出してい
る。しかし、なかでもチャムーラは最大勢力で、彼らの主たる就労先は、従来メキシコ
からの移住者が集中している米国南西部ではなく、ジョージア、サウス・カロライナ、
ノース・カロライナ、フロリダ、とくにフロリダ南東海岸ウェスト・パーム・ビーチで
ある。その後フロリダ半島の西海岸タンパの町に独自のコロニーを建設し、今では一〇
〇〇人規模とも五〇〇〇人規模ともいわれる「リトル・チャムーラ」(Bik'it Chamu)を形
成している。そこでは、チャムーラの言語ツォツィル語だけが幅をきかせ、英語もスペ
イン語も必要ない。

村から国境の町へ

借金もどうにかせねばならない、ともかく村役から離れたい。そんな思いを抱えたフ
アニートは、遠縁のフアン・イノセンシオに相談をもちかけると、偶然にもこれからア
メリカに向かうという。彼は村の広場の入口の角でレストランを経営するかたわら、数
年前から米国への越境を仲介するポジェーロの仕事にも手を出していた。出発は明後日
の午後だ、しかも、まず村から国境までの費用に一万ペソ、国境から先はさらに一万四

〇〇〇ペソが必要だという。日本円に換算すると、合計でざっと二四万円。ちなみに町で庭師の仕事で稼げる金は、せいぜい月に二〇〇〇ペソにすぎない。実に丸一年分の賃金に相当する。ファニートの義理の弟のロセンドは、越境後の手数料として一万八〇〇〇ペソ、ファニートの従弟の友人アグスティンは、同じく二万ペソを支払っている。しかも、ポジェーロに支払うこの金は、越境に失敗しても戻ってはこない。砂漠地帯で移民局に捕まれば国境の町に強制送還されるが、そこで再度越境を試みようと思えば、改めて手数料をポジェーロに支払わねばならない。諦めて村に戻ろうとしても、交通費は自腹を切る以外になく、ポジェーロから前借りした月利一〇%の借金だけが待っている。

越境の成否を左右するのは、案内役のポジェーロだが、彼ら相互の結束は固く、連絡はつねに携帯電話一本で、リクルートの人数が足りなければ知り合いのポジェーロに補充を依頼する。役割も、村から国境まで案内し、その先の砂漠越えからアメリカ側の拠点フェニックスまでは別の仲間が引き受ける。あるいは、村からアメリカの就労先の町まですべてのルートを引き受けるポジェーロもいる。それに応じて手数料が大きく異なる。砂漠越えに成功すると、フェニックスに拠点を構えるメキシコ人、グアテマラ人、アメリカ人などの仲介者が、砂漠のそばまで車で迎えに来ている。いわば国際的な連携が携帯電話一本で成立しているのだ。普通越境を希望する村人も、出発のその日まで、ポジェーロと顔を合わせることはない。すべて携帯電話で事前にことが運ばれるのである。

ファニートは、イノセンシオに一部前借りをして、アメリカ行きを決意する。しかしファニートも妻ブランカも、すでにこの旅がどれほど危険なものか、十分知っていた。砂漠越えの厳しい話も耳にしていた。途中で見つかって殺された村人の話も聞いていた。彼は歩きには自信があったというが、いずれにせよ彼には、親の世代には当たり前だったソコヌスコ地方のコーヒー・プランテーションへの出稼ぎの経験もなく、いくら遠くても、せいぜい村から一〇〇キロの州都トゥクストラへ行ったことがあるだけだ。その彼に、国境までおよそ三〇〇〇キロのバスの旅、国境の警報装置がしかけられた鉄条網をうまくかいくぐっても、そこからおよそ一週間近く、砂漠の「死の行軍」が待ちうけている。アメリカ側の拠点フェニックスの町からは、さらに四〇〇〇キロ以上もの旅が待っているとは、ブランカにもファニートにも想像もできないことであった。

メキシコの国歌うたえるか?

二〇〇五年四月二〇日、ファニートは奥さんと三人の息子を村に残し、慌ただしく越境の旅へと向かう。イノセンシオに言われたとおり、現金は一五〇〇ペソしか持たなかった。途中で襲われて殺されることもあるからだ。それにわずかの食糧と銀行のカード、それがすべてだった。

「私たちはただ祈るだけだった。家の祭壇にロウソクをともしたり、呪医にも無事を祈ってもらったの。(3)」

「午後四時にバスがやってきた。みんなで四四人だ。チャムーラだけでなく、チェナローやテネハーパ、パンテローやシナカンタン、そのほかチアパス高地の村出身の連中だ。あまり年寄りはいなかったが、二五歳から三〇歳くらいの女もいた。みんな砂漠越えのことは知らされていたから、持ち物はリュックひとつで、運動靴かワラーチ(革製の簡単なサンダル)姿だった。(4)」

チャムーラの村を出るとハイウェイを州都トゥクストラへと向かう。その先、メキシコ市の手前一〇〇キロほどのプエブラの町に着くまでに、いくつも軍隊の検問所があった。その都度全員バスから降ろされ、矢継ぎ早に尋問を受ける。

「どこから来た？」

「サン・フアン・チャムーラです。」

「で、行き先は？」

「ティフアナまで。そこで仕事にありつけることになっているんです。」

事前にポジェーロに言われていたとおりの返事をした。尋問はさらにつづく。

「そうか、チャムーラか。そんなら聞くが、今の村長の名前は？　チャムーラの隣村の名前を言ってみろ。州知事の名前は知ってるよな？　じゃ最後に、メキシコの国歌をうたってもらおうか。」

ファニートはそこで、小学校時代、独立記念日のために覚えさせられた長々としたメキシコの国歌をスペイン語でうたう。

「うん、確かにお前はメキシコ人だ。」

こうしてようやく彼はバスに戻される。しかし同行した仲間には、メキシコの先住民だけでなく、グアテマラやエル・サルバドル、ホンジュラス出身の外国人もいた。米墨国境の警備が厳しくなった後も、「野獣」(The Beast)、あるいは「死の列車」(The Train of Death)と呼ばれる貨物列車の屋根に隠れて越境する例は今も後を絶たないが、移動中の事故、国境地帯での身代金目当ての誘拐で、中米からやってきた多くの青少年の命が消えている。それに加え、すでに述べた太平洋岸ルートの警備強化の結果、中米から北を目指す人々の一部は、チアパス高地経由で先住民の越境者と合流する。彼らは、メキシコに密入国した後、偽造の身分証明書を手に入れ、検問所での尋問にもある程度の準備はしていたが、延々とつづくあのメキシコの国歌でつまずく者が続出する。偽造の身分証明書も、もとの写真をはがした上に自分の写真を貼った単純なものであった。

「国境の町までほぼ丸二日かかった。ノガーレスの町だ。ほっと一息ついたとき、仲間の女に聞いたんだ。どこから来たのって。そしたらシナカンタンからだって言う。なぁんだ、隣村じゃないか、そんなら僕と同じ言葉話せるんだ、って言ってツォツィル語で話しかけたら、彼女、きょとんとしてる。そこで白状した。実はグアテマラから来たの、証明書はもちろん偽造よ。でも私のは上手くできた証明書だったから、感づかれないですんだ。」

最初の検問所で、グアテマラやエル・サルバドルから来ていた四人がまず捕まった。一緒に出発した四四人のうち、三〇〇〇キロのバスの旅のすえ、国境の町ノガーレスに無事たどり着いたのは三二人だったという。

砂漠を前に祈る

ノガーレスに着いたファニート一行は四グループに分かれ、各グループに一人ずつ砂漠越えの案内人がついた。つまり、八、九人に一人ずつの案内人で、その先はグループごとのつかず離れずの別行動となる。ファニートのグループの案内役はイノセンシオの知り合いで、チアパス低地の村テオピスカの先住民の彼は、チャムーラの村からずっと一緒だった。いよいよ砂漠越えが直前に迫ったときだ。ポジェーロは袋にはいったコカインを全員に配った。

「疲れてどうしようもなくなったら、これを飲むんだ。足の痛みも感じなくなるから。」

一袋一五ペソか二〇ペソ程度で、決して高い値段ではなかったが、砂漠で水が底をついたとき、それが命綱になろうとは想像もできなかった。国境を越える前から砂漠がはじまった。

「ポジェーロはキリスト教徒だったが、全員に向かってこう言ったんだ。いいか、俺にとっては宗教・宗派がなんであれ関係ない。カトリックであれプロテスタントであれ。ともかくみんなで神に祈ろう。砂漠を目の前にした夜、僕らはみんなひざまずいて無事を神に祈った。」

砂漠には月明かりに照らされて不気味に光る鉄条網が二重、三重に張りめぐらされている。すこしでも引っかかれば、すかさず警報のサイレンが鳴りだす。しかしポジェーロはルートだけでなく、鉄条網の越え方もよく心得ていた。引っ張らないようにして、そっと越えるのだ。鉄条網をうまく越えても、その先はヘリコプターによる国境警備の監視の目が光っている。砂漠の夜はぐっと冷えこむ。煌々と照る月明かりだけが頼りだが、見つかる危険も避けられない。しかし昼間はもっと危険だ。歩くのは原則、夜に限る。だが、監視がゆるいと思えば昼間でも歩く。昼も夜も身体をすっぽり覆えるほどの木の枝を担いで、ヘリコプターの音が聞こえたら、すかさずその枝で身を隠す。

「ポジェーロが言うには、絶対ヘリコプターを見ちゃだめだ、目が光って相手にばれてしまうから。だからヘリコプターが来たら、ただただ突っ伏していた。でも一度だけ、あやうく見つかりかけたことがあった。砂漠を突っ切る大きな道路を横切ろうとしていたときだ。戻れ！　とポジェーロが突然叫ぶ。一機じゃない、砂丘の陰から数機のヘリコプターの音が近づいてきた。運よく近くに橋がかかっていた。みんなその下に隠れたんだ。ポジェーロは急いで、砂に残った足跡を木の枝で消してから逃げ込んできた。でもそのすぐ後だ、ヘリコプターが何機か頭の上に飛んできた。そのまま丸一日そこに隠れてたけど、夜の一一時頃にはまた歩きだした。まだまだ先は長かったから。」

危険はヘリコプターだけではない。狼に似たコヨーテは、よほどのことがない限り人を襲うことはない。しかし突然砂丘に現われ、月明かりで長い影を落とすその姿は、なんとも不気味だ。日中は焼けた砂の上で仮眠する。見つからないように灌木を探してみるが、時には根元にいくつもの穴が開いている。ガラガラヘビの巣だ。砂に隠れた蛇を踏みつけることもある。猛毒のサソリも怖い。

「日中木の下で一休みしようとしたら、それこそでかい蛇がいた。仲間の一人は、俺に任せろ、心配するな、といって村から持ってきた薬草の粉、僕の村じゃバンキラルっていうんだが、それを取り出した。その粉をかけたら、蛇は酔っ払ったようになった。魔法をかけられたみたいに、動けなくなったんだ。そこで四人がかりで抱えあげ、川の淵に投げ捨てた。ともかくでかいやつだった。」

砂漠には、リュックやシャツ、帽子や水のボトルなどが、ところどころに散乱している。なかにはお守りのグアダルーペの聖母像も転がっている。ファニートは死体とは出会わないで済んだというが、すでに家族のもとに戻っていた義理の弟ロセンドは、その話になると顔を引きつらせた。

「捨てられたリュックだけならまだいい。ともかく思い出すのも嫌だけど、途中では人骨、骸骨も散らばっていた。砂漠のど真ん中で、リュックを膝にかかえて車座になって休んでいる男たちがいた。六人ほどだ。仲間だ！　と駆け寄ってみたら、みんな干からびた骸骨姿だ。すぐ横に、空っぽの水のボトルが転がってた。[5]」

砂漠は昼前から気温が急に上がる。地面は焼けつくようで、ともかく暑い。疲れ果てて眠りこけても、ぐっしょりかいた汗、からからに乾いた喉の痛さで目が覚める。水を飲もうとすると、死にたいのか！　とポジェーロの罵声が飛んでくる。まだ先は長いんだ、と。しかし三日目の夜、もう二、三リットル入る容器に入れてきた水も、すでに底をつきはじめた頃だ。ポジェーロは彼らに命令した。

命綱のコカイン

「あとわずかだ、町はもうすぐだ。リュックも水も食い物も、全てここで捨てるんだ。」

しかしそれは、彼の勘違いだった。実際はまだその先、丸二日の距離が残っていたのだ。それからは、誰一人手持ちの食糧も水もなく、寒さをしのぐ毛布もすでにない。夜になると、みんな寒さと空腹、喉の痛みで死ぬ思いだった。焼けつくような砂漠の砂で、豆だらけの足ははれ上がっていた。もう一歩も歩けないと思ったとき、彼らを救ったのが、あのコカインであった。

「午前二時頃には、もう我慢できなくなった。生まれてはじめてだ、それまで一回も試したことはなかったけど、ポジェーロの言うとおりだった。麻酔をかけられたみたいに、痛みが消えるんだ。粉になってるコカインを鼻に入れるだけで、水を飲む必要もない。痛みも消えるし身体全体に力が戻ってくる感じなんだ。ただ、薬が切れるとただただ眠くなる。」

命がけの砂漠越えは、喧嘩する気力も奪ってしまう。しかし、仲間意識は逆に強くなることもあるようだ。ファニートのグループには二人の女性がいたが、二人とも途中で限界に達していた。

「もうだめ。私たちはここに残る。いいからあんたたちは先に行って、って言うんだ。みんなへとへとだったけど、そんなこと言うんじゃない、って励ました。結局僕たち男が交代で、二人を担いで歩きつづけた。」

もう誰にとってもこれ以上歩くのは限界だと思われたその時だ、人里が近い気配がしはじめた。馬の姿、牛の姿の黒い小さな影が見えはじめたのだ。家畜がいれば水場もあるはずだ。「あとわずかだ！」とポジェーロは叫んだ。明け方の五時頃、彼らは家畜が群れる水たまりに行きつき、先を争って喉を潤したという。

荷物すべてを捨てて丸二日がたってようやく、彼らは目的の町のそばまでたどり着いた。受け入れ先に米国の携帯で連絡をとったポジェーロは、ゴミ捨て場の山のそばで明日まで先方の連絡を待つという。

「まずは木の枝を切って、それをかぶって寝た。だってそのあたりは、国境警備の連中に見つかる危険がすごく高かったんだ。二人、三人が一組になってグループごとに離れて眠ろうとしたとたん、案の定、警備の連中が通りかかった。馬に乗ってね。葉陰の間から見てたんだ。三人が馬に乗っていた。そこで捕まったら、メキシコへ戻されるとこだった。でも、うまく隠れていたんで、見つからずに済んだ。その後、バイクに乗った警備の連中も通りかかった。でも、川の岸辺までバイクは来られなかったんで、そのまま通り過ぎてくれた。」

深夜を待って彼らはゴミ捨て場を後にし、明け方の四時頃にようやく、迎えの車と合流する。一台に一〇人くらい乗れる大型のバンが三台、座れない連中は床に横になって隠れる。連れて行かれた一軒の家にいったん全員集合したが、その家はすでに当局に睨まれていた。そのため、すぐに二、三人ずつに分かれて車でホテルへと移動する。

「フェニックスで迎えてくれたのはアメリカ人だ。ホテルは、そのアメリカ人とグルになっているんで何も問題はなかった。あのゴミの山まで迎えにきたのも同じアメリカ人。スペイン語は話せず英語だけだ。フェニックスに着いた時には金も底をついていたんで、銀行から引き出した。」

アリゾナ州の町フェニックス、そこに三、四日滞在した彼らは、就労先の各地からやってきた迎えの車に乗って、それぞれの目的地へと向かうこととなる(前掲図44参照)。

強制送還されたロセンド

ファニートの義理の弟ロセンドの場合は、一度越境に失敗して強制送還され、その直後に再度挑戦し越境に成功した一人だ。最初に国境の町ノガーレスから砂漠越えの案内役を引き受けたポジェーロ(コヨーテ)は、何とも頼りない男だった。

「そいつは見るからにズブの素人だった。しかも新たに一〇人、女が四人に男が三人、それに子どもまで引き連れてきた。僕たちは、それはないと思った。全部で二〇人近くに膨れ上がったんだ。」

夜の砂漠越えがはじまっても、どこへ向かっているのか確信のないポジェーロの様子は、容易に見てとれた。

「あいつは何も分かっちゃいない。」「いやそんなことないだろう、ともかく付いてゆく以外ない。」

そんな会話を仲間と交わす間もなく、移民局のヘリコプターが近づいてきた。実は彼ら一行は、よりにもよって移民局の監視ポストへ向かって歩いていたのだ。しかもロセンドたちが捕まる直前、ポジェーロと彼が連れてきた一〇人は、彼らを置き去りにしてどこかへ逃げ去ってしまった。

水も食糧もすべて、ピストル片手の移民局の役人に取り上げられ、「さあ、歩くんだ」と怒鳴られる。その先に待っていたマイクロバスは、すでに捕まった連中でいっぱいだ。そのまま収容所へ連行され尋問を受ける。

「収容所は人であふれかえっていて、横になることもできない。トイレも十分なかったんで、床がベタベタだ。まあ、ともかく恐ろしく汚いとこだった。すごく寒かったけど、毛布もなにもない。腹もぺこぺこで、眠れたもんじゃない。水がコップ一杯配られただけで、食事も翌日サンドイッチが出るまで、なにももらえなかった。ゴミだらけだし、糞尿だらけ。で、二台の大型バスがいっぱいになるまでそのまま待たされ、そこから国境の町ノガーレスまで送り返された。」

バスから降ろされて国境にかかる橋を歩いて渡る。金はすでに誰も持っていない。村から付き添ってきたポジェーロに食い物を、と言ってみても、「金がなけりゃしょうがないだろ」と怒鳴られる。その間にポジェーロはあちこち電話で連絡をとり、新たな越境の準備に入っていた。

「明後日、多分出発できそうだ。だが、その前に金を払ってもらう。」

「どうしてまた金を？　すでに出発前に全額払っている。」

そもそものポジェーロは、村から国境の町までの案内役だったが、砂漠越えの手数料まで全額彼に払い済みであった。

「もし国境を越えたければ、ともかく払ってもらう。五〇〇ドルだ。その金は俺が貸してやる。アメリカへ行けば、そんな金はすぐに稼げる。嫌なら帰ればいい。メキシコ市に直行するバスがある。村に連絡してバス代を送ってもらえばいい。」

もうこれ以上借金は増やしたくない。村に帰りたくもなった。しかし村を出る前より、今はもっと借金が増えている。今さら後悔してもはじまらなかった。ともかく我慢する以外なく、彼の言いなりになるほかなかった。

二度目の砂漠越えの案内役はグアテマラ人のポジェーロで、その道のベテランだったようだ。米国側の税関では、たとえパスポートがなくとも出国に問題はない。メキシコへの入国手続きは、メキシコの身分証明書さえあれば、これまた問題はない。そのため、砂漠越えに成功しフェニックスの町まで越境者を送り届けると、すぐまたメキシコ側の国境の町に戻り、新たな越境グループを待ち受ける。こうして越境、再入国を繰り返し稼ぎまくるポジェーロもいるようだ。

新たに合流した仲間をふくめ総勢五二人、まさに蟻の行列のような砂漠越えがはじまる。子どももいれば、年取った女たちもいた。夕暮れの六時頃に、ソノーラ州のエル・チャンゴという寒村(ノガーレス近郊の村)から米国の砂漠地帯に入る。休めたのは一日にわずか二時間程度で、日中も歩きつづけた。二日目が終わるころ、早くも水は底をつき、食糧もすべてなくなっていた。二日で目的地に着けると言われていたからだ。

「そうなると、幻想が走るんだ。すでに旦那がアメリカにいた女は、色々情報をもっていたようで、まだ水のボトルを何本ももっていた。少し分けてくれないか？死にそうなんだ。ほんのわずかでいいから、と頼んでみた。そしたらこうだ。少しでもあんたに上げたら、あんたも私も死ぬことになる。私は生きる、あんたが死ぬしかない。」

グアテマラ人のポジェーロは、状況を見渡しながら、時々歩く方向を変える。二日目の夜のこと。五〇〇メートルくらい先でブレーキの音がし、車のライトも見えた。ところがポジェーロは慌てる様子もない。「いや、まだ気づかれていない。静かに後ずさりするんだ。」運よくそのままライトは遠ざかっていった。

「あの先に丘がある。あのあたりは時々雨が降る。運がよければ、水があるかもしれない。」

ポジェーロのいうとおり、確かにそこには水たまりがあった。家畜の水の飲み場のようで、泥に混じってわずかに水が光っている。彼らは走る。泥水でも、ともかく死なないようにと必死で顔を埋める。三日目の夜、もう目的地は近かった。農園のそばだったからだ。ところが、突然センサー・ライトが彼らを照らし出した。ポジェーロは小声で叫ぶ。「身を伏せろ‼ 絶対見つからないから。」しかしライトを右左に動かしながら男たちの姿が現われる。あたりには全員が隠れるような大きな木はない。とげだらけの藪があるだけだ。その藪に飛びこみ折り重なって身を伏せる。とげが刺さって悲鳴があがる。「声を立てるんじゃない‼ 動くんじゃない‼」ヘリコプターも二機やってきて、彼らの真上で二回、三回と旋回した。

出迎えのトラック

「みんな、またか‼ と押し殺した声で泣き出した。ここで捕まれば、もう村に帰る以外にない。ところが運よく、ヘリはそのまま飛び去っていった。その後、しばらくしたら、二台のトラックが通りかかった。みんなヒヤリとして後ずさりしようとしたら、ポジェーロが叫んだ。あのトラックだ、迎えのトラックだ！ 走れ‼」ようやく彼らはトラックに跳び乗った。しかしまだ気を緩めるわけにはいかない。そこからフェニックスの町までの道のりは、監視の目はさらに厳しくなるからだ。

「身体のでかい僕は最初に乗せられて、一番下だ。見つからないように、その僕の上に何人もが折り重なった。いわしの缶詰みたいだ。トラックを運転していたのはアメリカ人の女で、途中の家で果物や食事も十分出してくれた。椅子に座って一休みすることもできた。でもそれもほんのつかの間。さらに僕たちはホンダの車で別の家に移動する。前と同じように僕が床の一番下、その上に何人も折り重なった。座席に座れたのは三人だけだ。水一滴くれなかったあの女には、助手席があてがわれた。彼女はかつらにサングラス姿で、まさに車のオーナーみたいな姿に変装した。僕はもう息もつけないくらい、そのままフェニックスまで我慢した。」

フェニックスの町ではある家に案内され、ロセンドはそこで一週間をすごす。

「その家は運転してきた女の家じゃなく、ポジエーロの女の家だという。あのポジエーロは、ソノーラにもフェニックスにも、あちこちに女を抱えていたようだ。ともかくそこでは大切にもてなしてくれた。久しぶりのシャワーは天国だった。その後は鶏料理だ。おかわりもできた。」

ロセンドの場合も、フェニックスにたどり着くまで、仲間の誰一人死なないで済んだ。しかも彼は、ファニートと似た体験をしている。すでにアメリカにわたった息子を求めて旅をともにした女性が一人、砂漠の途中で倒れかける。

「足は腫れあがって、それ以上歩くのは無理な様子だった。その女は泣きながらいったんだ。私を置いて、みんな先に行って、と。」

死を覚悟して一人砂漠に残った人々、あるいは仲間全員で、砂漠で永遠の眠りについた人々。第1章で紹介したマヌエルもそうした人々の一人だ。無念の涙の跡を頬に残し、こうして砂漠の砂に埋もれていった人々は、チャムーラだけでも数百人にのぼるという。そして、他人に手を貸す力はすでになく、一人、二人と、旅の仲間を残したまま必死に歩きつづけた人々。今では大半の日本人の記憶から消え去ってしまった満州からの引き揚げ者や敗走兵士たちの、そして今も世界各地で絶えることのない難民の世界で展開されているであろう壮絶なドラマ。それに似たドラマが、アリゾナの砂漠のあちこちに染みわたっている。

ロセンドたちはファニートの場合と同様に、その女性を背負って必死の旅をつづけた。そのおかげでフェニックスにたどり着くことができた彼女は、出迎えた息子たちと抱きあって再会を喜びあったという。その光景は、ロセンドの胸に深く突き刺さる。それまで、家族に対する思いが薄かった彼は、砂漠越えという「死の行軍」を乗り越えて、そしてまた、担いで運んだ母親と息子たちとの再会の光景を目にして、生まれて初めて家族への思いを強くしたという。二〇〇一年に結婚した翌年には息子が生まれ、その翌年には洗礼式もおこなった。

「たくさんの知り合いを招待して大掛かりなお祝いをした。でも金はなかったんで、すごい借金をした。そのころレストランで働いていたけど、無断で仕事をサボってバスケットボールの試合にでたら、首にされたんだ。いずれにせよ、あの頃の僕は無責任な生き方をしていた。オムツを買ってやる金もない。だのに家族そっちのけで、バスケにのめりこんでいた。妻は働いていなかったけど、彼女の両親が面倒を見てくれていた。両親の家で一緒に生活してたんだ。ともかくこの砂漠越えの経験で、彼女や息子への思いが変わった。家族がいかに大切か。以前は、彼女が好きだとか、息子が可愛いとか思ったことはない。全く家族のことは考えてなかった。家族のために何ひとつせず、彼女も僕にとっては、ただの女でしかなかったんだ。」

バスケットボールはロセンドにとって、家族を崩壊させかねない麻薬だったようだが、実はその「麻薬」が皮肉にも、アメリカで彼を成功に導く重要な鍵となるのであった。

（1）http://www.sipaz.org/data/chis_es_03.htm

（2）Diane Rus y Jan Rus, "La migración de trabajadoes indígenas de Los Altos de Chiapas a Estados Unidos, 2001–2005: el caso de San Juan Chamula" en Daniael Villafuerte Solís y María del Carmen García Aguilar (coods.), *Migración en el sur de México y Centroamérica*, México, Porrúa, 2008, p. 343.

（3）Chis. 20060312 con Blanca Estela Guzmán López.

（4）NY 20110227 con Juan Pérez López. 以下フアニートの語りは、特に断りのない限り、この録音データによる。

（5）Chis. 20100812-1 con Rosendo Nicolás Mushan Pérez. 以下ロセンドの語りは、この録音データによる。

第3章　「夢」の現実

ハイウェイの「奴隷船」

砂漠越えは命がけだ。しかしその危険を無事乗り越えても、就労先にたどり着くには、西から東へとアメリカ大陸を横断する必要がある。フェニックスから東南部のジョージア州アトランタまでがおよそ二九〇〇キロ、越境したチャムーラはその町で二手に分かれ、一方は彼らの最大の集結地のフロリダ半島へ、もう一方は、オレンジやトマト、玉ねぎといった野菜の収穫労働を目指してサウス・カロライナ、さらにノース・カロライナへと向かう。

この旅も油断は禁物だ。フアニートが乗せられた車の運転手は、出発を前に全員に告げた。

「もし検問があったら、みんなオレンジの収穫の仕事で三、四カ月滞在するだけだ、と言ってくれ。(1)」

「ミニ・バンの車に乗せられて、午後二時くらいにフェニックスを出発した。一台に二〇人くらい押し込められ、座席に座れたのは四人だけ。残り全員が折り重なって床に寝かされた。僕は一番下、息をするのも苦しい。アトランタまでずっとそのままだった。全員にペットボトルが渡され、小便がしたくなったらそれで済ませる。その間、ほとんど食い物はもらえない。腹ぺこだと訴えても、返ってくるのは怒鳴り声だけだ。」

「運よく検問にあったのは一回だけ、しかも入管じゃなく警官だった。スピードの出し過ぎで停められたけど、グアテマラ人のポジェーロは英語が上手かったし、やり取りもお手のもんで、警官とうまく交渉してくれた。みんな働くために来たんだ、盗みや麻薬とは関係ない。そう言うと警官はそのまま立ち去ってくれた。アトランタに着くまで丸三日、空腹と寝不足そして身体の痛みで、何人も気を失った。砂漠越えよりはましだったけど、七二時間寝たままの旅だ。」

これでもファニートはまだましな方だ。ロセンドの場合、フェニックスで乗せられたのは、トウモロコシを積んだ大型のトレーラーだ。荷台の床に穴がしかけてあって、そこから床下の鉄製の小さな箱にもぐりこむ。いったん入ったら、その上にトウモロコシが満載されて、終着地まで丸三日外へは出られない。

「軍隊の検問にあった時のことだ。兵隊たちはまずトレーラーの荷台をチェックする。その後、車体をたたいて回るんだ。冷たい水があるぜぇー！　欲しくないかぁーって声をかけながら。とっさに叫びたくなった。でもじっと我慢した。そこで声でも出したらすべてがばれてしまうから。(2)」

ファニートが越境した二〇〇五年あたりを境に、越境者の集結地フェニックスの町の取り締まりも厳しさを増した。そのため、砂漠を越えても休む暇なく、そのまま直接、就労地まで運ばれるケースが増えたようだ。二〇一〇年七月にチャムーラ村で話をしてくれたファニートの従兄の友人アグスティン・ゴメスは、当時四二歳、六人の子持ちだ。二〇〇二年にいったん米国から戻り、ファニートが村を出た同じ二〇〇五年に二回目の越境の旅に出ている。目的地はチャムーラが集中しているフロリダのタンパの町だ。

「二回目も砂漠越えだったけど、四日では済まなかった。監視が厳しくなっていたんで、遠回りして七日くらいかかった。で、ようやく砂漠を越えたと思ったら、そのまま直接マイアミへ運ばれた。どのあたりでトラックが迎えに来たのか分からない。トラックの荷台の下に箱があって、その中に隠れて寝たまま運ばれた。仲間は一〇人くらいだったけど、一台のトラックに全員一緒だ。その間ずっと、口にできたのは水だけだった。(3)」

ファニートの場合はまだしも、ロセンドやアグスティンが経験した就労地までの移動は、まさにハイウェイを突っ走る「奴隷船」の旅だ。かつてチアパスのコーヒー・プランテーションで奴隷制に近いインディオの労働実態をはじめて見聞きした後、毎日口にするコーヒーが、それまでとは違った味に感じた経験がある。しかし日常のなかでその感覚も次第に薄れていったのが事実だ。砂漠越えと「奴隷船」の実態を知った今、米国産のオレンジの味も変わったように思う。ただその感覚が、いつまで僕のなかでつづくのか、ふと不安に思う。

アトランタからニューヨークへ

ついにファニートはアトランタにたどり着き、ロセンドとの再会を果たす。そこで彼の世話で絨毯工場の仕事にありつけるはずだった。しかし期待は見事に外れてしまう。当てにしていた仕事はすでにない。そのまま一週間がたち、翌週になっても仕事は見つからない。

「ロセンドは金のことなんか心配するなよ、仕事が見つかるまでここに居ればいいじゃないか、って言ってくれる。でも甘えてはいられない。ブランキータ(妻。ブランカ)に電話して、彼女の母親に金を貸してくれと頼んだ。で、すぐに三〇〇〇ペソくらい送金してくれたけど、アメリカではあっという間になくなってしまう。」

そこで彼は、メキシコ市で働いている妹(再婚した母親の娘)に電話してみた。

「彼女は何も知らなかったんで、えっ、アトランタに居るの？　まさかぁーーって驚いてた。そこで初めて知ったんだ。従兄の一人、ペドロがニューヨークに居るってことを。」

妹にペドロと言われても、それが誰だかファニートにはよく分からなかった。でもペドロはすでに二〇年近くニューヨークで働いている、彼だったら仕事を見つけてくれるかも知れないという。さっそく妹に教えてもらった連絡先に電話してみるが、ペドロはペドロで、従弟のファン・ペレスだよ、といっても、すぐには思い当たらない様子だ。

「君の叔母さん、マリーアは知ってるだろ？　僕のお袋だよ。」

「おお、知っとる知っとる。そうか、俺の従弟か。で、今どこに居る？」

「ジョージアのアトランタだ。二週間前にここに着いたけど、仕事がないんだ。」

「おお、そんならこっちに来ればいい。一〇〇ドル程度でバスで来れるよ。ニューヨークに着いたら、四四番街に着くから、そこから電話よこしな、迎えに行くから。」

ロセンドは道中の検問の危険を考え、ニューヨーク行きに反対した。しかし、これ以上世話になりつづけることできない。ペドロは建設の仕事をやっているという。仕事も見つけてくれそうだ。バスは夜一一時にアトランタを出発した。途中、検問があるたびに、捕まるかとびくびくする。しかし、一四〇〇キロにおよぶバスの旅は、座席に座っての夢のような旅だった。しかも運がよかった。検問でメキシコの身分証明書を見せた時のことだ。相手はスペイン語で尋ねてきた。

「どこへ行く?」

「ニューヨークです。親戚に会いに。」

「で、ビザは?」

「いや、持っていません。身分証明書と出生証明書、運転免許証だけです。」

「どうやって入国したんだ?」ファニートは正直に密入国したと答えた。

「おお、砂漠を越えたのか!　お前は運がいい。正直でよろしい、わかった、このまま旅をつづけなさい。」

「ほんとですか!　ありがとうございます。」

彼の正直な態度に検問官は同情したようだ。その後何回も検問はあった。でもバスのチケットを見せるだけで問題はなかった。

「ニューヨークに着いたのは、確か五月一七日だった。ペドロが言っていたように四四番街にバスは着いた。そこでペドロに電話する。確か夜の一二時か一時頃だった。」

「今すぐ迎えにいくから、二時間くらい待ってくれ、何も心配することはない。」

村を出てからおよそ一カ月、七〇〇〇キロにおよぶ越境の旅の末、ついにファニートに、「夢」の扉が開かれたかに思えた。

従兄ペドロに助けられて

出迎えてくれたペドロは、ファニートの母マリーアの兄の息子だ。彼は一一歳のまだ幼い頃にチャムーラ村の親元を離れ、単身チアパス州の州都トゥクストラへ出かけ自活する。いわゆるストリート・チルドレンの生活で生きながらえた末、わずかな可能性を求めてメキシコ市へと移動した。そこからさらに、二五歳をすぎた頃、一般のメキシコ人にまぎれて越境し、ニューヨークにたどり着いた。いわば、越境チャムーラの走りである。以来二〇年もの間スタテン島に住みつづけ、今ではアメリカ人のボスのもとで、ビルの清掃や補修工事の現場を任され、イリーガルの労働者たちを雇って現場監督の仕事に就いていた。時には自分でも仕事を引き受け、一般家庭の内装工事や建築関係の仕事もこなす。

すでに四〇代の半ばをすぎたペドロだが、小太りで背丈も一五〇センチほど。真っ黒に日焼けした顔に鋭い眼光、そして、幼い頃からの苦労を思わせる深い皺が刻まれている。その彼も、なぜ僕がスタテン島までやってきたか、ファニートと僕との関係を知ると、さっと顔から厳しさが消え、懐の深い温かな表情で、初対面の僕に語りかけた。

「次にここに来るときは、ホテルなんかに泊まるんじゃない。俺の家に来ればいい。」

村の人々には、町へ出た時の、ときに居丈高、ときに卑屈な表情がある。しかし村へもどれば温かい穏やかさを取り戻す。ペドロの表情の変化は、ふと、そんな光景を思い

図 45　フアニート(左)とペドロ　メキシカン・レストランにて.

出させた。

「ここへ着いて二カ月くらい、まずペドロの下働きをやらせてもらった。いろんな家のペンキ塗りや修理工事の仕事だ。でもどれも初めてだ。村にいた頃は、高校に通いその後は村の役職の仕事。せいぜいロレンソの後について畑の手伝いをやる程度だった。だから、すべてペドロから教わった。彼がくれたのは一日五〇ドルだったけど、家に居候させてもらっていたし、食費もとってはくれない。送り迎えもしてくれた。」

二カ月ほどしてようやく、フアニートはアパートに移り住み、一人で仕事もこなすようになる。手はじめに庭師の仕事を五カ月ほどつづけてみる。庭師といっても、白人の家の庭掃除や芝刈り、除草作業が大半だ。朝七時から夕方五時まで実質八時間働いて、七五ドルの日当。当時米国の最低賃金は時給七・二五ドル。だから比較的ましな収入だが、食事は自前で交通費もでない。いくら生活を切りつめても、貯蓄のゆとりは一向にでてこない。しかも、この手の仕事がいつもあるわけではない。特に一二月初めからの三カ月は、仕事の枯れ時だ。そんな時期には、ペドロからたまに内装の仕事を分けてもらう。ファニートが日本に電話をかけてきたのも、ちょうどその頃のことであった。

言葉の壁

言葉の問題も大きい。スタテン島には、レストラン、食料品店、雑貨店、洗濯屋、電気店からパソコン関係の店まで、メキシコ人の店が軒を連ねている。そのため、日常生活はスペイン語だけで不自由はない。しかし、バスに乗れば行き先は英語、仕事先の町で食事をするにも英語が必要だ。たとえ仕事があっても、ボスのアメリカ人の言うことはからっきし分からない。

「建築中の木造家屋の仕事のときだった。木製の階段を積み上げる仕事だ。一日の仕事が終わり七〇ドルの日当をくれた後、ボスが何か話しかけてきた。一言一言ゆっくり話している。でも、文句を言われているのか、褒められているのか全然分からない。ボスは仕方なく知り合いのメキシコ人に電話した。そのメキシコ人が電話で教えてくれたんだ。つまり、翌日もやりたければ仕事があるって。でもそう言われても、そのボスに何て答えていいのか、イエスもノーも知らなかったんだ。」

ファニート捜しで世話になった移民センターは、イリーガルの労働者を対象に、仕事の斡旋から法律相談、健康管理など生活全般にわたる相談窓口の役割を果たしているが、彼らのために英語講座も開いている。毎週火曜と木曜、それぞれ二時間の一年コース。初級・中級・上級の三コースまであり、全部で三年間の教室だ。すべて無料で、ニューヨークの大学生がボランティアで授業を担当している。スタテン島へ着いて一年ほどたった頃、ファニートはそのコースを受講しはじめる。

「三年間、働きながら英語の夜間授業を受けた。朝八時から夕方五時まで働いて、六時から八時まで英語を頑張った。始めたころ生徒は一二人、でも最後まで残ったのは四人だけだ。まだ完全じゃないけど、もう言葉では不便は感じない。」

英語が読めるようになると、彼は早速、内装や建築関係の書籍を手に入れ、独学で勉強を始める。恐らくは、専門書というより日曜大工の手引書だろうが、木工、タイル、セメント、壁紙、水道、ガス、電気と、ほぼ全ての建築関係の分野が網羅され、写真入りで詳細な説明が書かれている。一冊三〇〇ページを超える本が三冊、第1章ですでに触れたように、そのページの各所に赤線が引かれ、スペイン語の訳が丹念に書きこまれている。ファニートはこうして、新築であれ改築・改装であれ、仕事の知識を着実に身につけていく。働く場も、スタテン島にかぎらず、マンハッタンの建築現場からその周辺の住宅街へと、徐々に広がりを見せた。仕事の冬枯れは今も変わらないが、生活と仕事にはすでに自信がある。

「庭師、ビルの床掃除、倉庫でのダンボール詰めの仕事など、いろいろやってるけど、やっぱり建設関係の仕事が好きだ。大工仕事、配管、電気、セメント打ち、塗装、窓や扉の付け替え、タイル貼りなど、ほとんどすべての技術が身についた。今ではずいぶん多くの雇い主とも親しくなって、その都度直接契約を交わしている。一番割がいいのは電気工事の仕事だけど、配管工事やエアコンの仕事、塗装もいい。最初はどこも日当は一〇〇ドル止まりだ。でも仕事の出来栄えを見てもらうと、次からはもっと払ってくれることもある。」

「今僕は一人、時に四人の助手を使ってる。仕事次第で一人でやる時もある。助手は二人ともメキシコ人だ。仕事が忙しい時にはグアテマラ人にも頼む。ペドロが大きな家の仕事をくれた時は、四人助手を使うこともある。日給は大体一〇〇ドルだ。でも、手間のかかる仕事は一二〇ドル、一五〇ドル請求する。でも、そんな仕事がいつもあるわけじゃない。助手には僕から直接手渡すけど、その分は別にボスに払ってもらう。僕が一五〇ドルのときは助手は一〇〇ドルだ。九〇、八〇ドルの場合もある。庭師の仕事やコンクリ打ちの仕事は、一二月からはぱったりだ。そうなると、室内の塗装や内装の仕事だけど、この手の仕事は滅多にない。せいぜい月に五、六日だ。だから、一二月から二月末までの三カ月は、食費と家賃ですべて飛んでしまう。時には食うにも困ることもある。三月に仕事が入りはじめるまで、じっと我慢だ。」

ファニートからの送金が途絶え、留守家族に電話連絡もこなくなったのは、後に改めて触れるバブルが崩壊した時期と重なっている。しかし不況のなかでも彼は、英語を勉強し、着実に技術を身につけていったようだ。アメリカの景気は一向に改善の兆しを見せないが、最近は家族への送金もわずかながらできるようになった。

「ここで週に五、六日働けば、四〇〇ドルから五〇〇ドルは稼げる。仕事によってはもっとだ。でもそこから食費や家賃、電話代、交通費、電気代、ガス代を差し引くと、ほんのわずかしか残らない。特にここは家賃が高いんだ。一軒をグアテマラ人たちと借りてるけど、僕の部屋だけで月に四〇〇ドル。小さい部屋なら二五〇ドルで済むけど、ベッドがひとつ入るだけなんだ。でも借金はすべて返したし、家族へ毎週送金もできるようになった。ただ一回二〇〇ドル、普通は一〇〇ドルが精一杯だ。大きな仕事が入ったときは一二〇〇ペソから一三〇〇ペソくらい送れるときもある。大した額じゃないけど、それでもメキシコでは役に立つんだ。」

バスケが縁で

生真面目で努力家のファアニートとは異なり、遊びに長けたロセンドの場合は、得意のバスケットボールが仕事に道を開いてくれた。アトランタに着いてはみたものの、すぐに仕事は見つからない。町をふらついていたら、白人の若者がバスケに興じていた。我慢できずに、身振り手振りで仲間に入れてもらう。

「バスケのお蔭で一気に親しくなった。その場で古いシューズもくれて、おまけにその晩から仕事にありつけたんだ。でも夜一一時から朝七時まで、トマトを入れるプラスチックの箱を洗う仕事だ。工場主は白人だったけど、現場監督はメキシコ人の女で、男のくせして何のろのろしてる！　このインディオが！　って、慣れない僕はどやされた。時給六ドルでそこから税金が引かれる。八時間働いて一晩で四八ドル。週五日働いて二四〇ドル、そこから四五ドルの税金だ。それに交通費が週に一五ドル、食費もかかる、家賃も五〇ドルかかった。そうなると、ほとんど手元には残らない。ともかくつらい仕事だったけど、それでも最初はありがたかった。」

その後ロセンドは、アラブ系アメリカ人が経営する絨毯工場の積み下ろしの仕事に移る。そこでは時給七ドル、やはりバスケ仲間の紹介だった。ファアニートがアトランタに着いたのは、ちょうどその頃だ。そこでロセンドは一年ほど働いたが、最初八人だった仲間のうち残ったのは三人。一人は二カ月くらいで諦めて、借金だけ抱えてメキシコへ戻ったと言う。

「時々泣いたよ。僕も家族のもとへ戻りたかった。力仕事で疲れはて、飯をつくるのもつらかった。洗濯もある。スープばっかで、やせ細ったね。でも、帰りたくても借金がある。残って頑張る以外なかった。」

しかしそのロセンドに、幸運が転がりこむ。バスケ仲間の紹介で、米国バスケット・リーグのオーナーに巡りあい、試合に出ないかと誘いを受けたのだ。どの試合でも控えの要員だったが、メダルも二つ獲得する。正規の選手とは比較にならないが、それでもかなりの収入になった。しかもそのオーナーの紹介で、電気工事の仕事にもありつくことができた。

「電気工事の仕事だと言われても、ボスの後にくっついていただけで、その工具を取ってくれと言われれば、それを手渡す、ただそれだけの仕事なのに、時給一〇ドルもくれた。でも残念ながらその仕事は長つづきしなかった。確か三カ月くらいだ。その後はフォークリフトの運転。それもバスケ仲間の紹介だった。アトランタにいた二年間に四つの仕事をやったけど、みんなバスケのおかげ、友情のおかげだね。」

使い捨ての飯場労働

砂漠から直接タンパの町へ運ばれたアグスティン・ゴメスは、案内された借家で一日休息をとっただけで、翌日から仕事に入っている。チャムーラが集中している地域だけに、仕事を見つけるには問題はなかった。しかし、ホッと一息つけるかと思いきや、現実は厳しかった。アメリカの建築会社と契約したボスが、ポジェーロに直接越境者の斡旋を依頼をしていたのが実情だ。仕事に慣れてくれれば不満もでてくる。でも不満を漏らせばすぐ首だ。おとなしくよく働いてくれる新参のインディオと交代させればそれで済むからだ。

ボスはスペイン語を話すホンジュラス人だ。タンパの町の彼のアパートの周辺には、一〇〇〇人を超えるチャムーラが住んでいたという。しかも同宿の仲間五人も全員チャムーラだった。そのため、日常生活は村の言葉ツォツィル語、ボスとの間はスペイン語で、ほとんど言葉に問題はない。

「朝は五時起きで一時間かけてボスの家まで歩く。そこから仕事場までまた一時間歩き、朝七時には仕事が始まる。仕事はビルの建築現場で、かなりきつい。しかも最初のころは本当に怖かった。何十メートルも高いところで、板の上を重い資材を担いで歩くんだ。下を見たら目がくらむ。でもそういう仕事は大体二週間程度で終わってしまった。仕事場にはランチ売りがやってくるんで、昼飯は彼らから買って済ませた。夕方四時か五時で仕事が終わると、また二時間かけてアパートに戻る。そこで夕飯の支度だ。村ではやったこともなかったけど、ともかく何か食わなきゃならない。月曜から金曜まで、仕事が多いときは土曜日も働いた。」

時給は八ドル、ひと月で多くても一六〇〇ドルの収入だったという。そこから家賃二〇〇ドル、さらに水光熱費、食費を差し引くと、残りはわずか二〇〇ドル程度にすぎない。その後彼は、ドミニカ人が手配してくれた芝刈りの仕事につく。給料は建築現場と大差ないが、支払いはドミニカ人からだ。

「大体一週間かけてひとつのアパートの芝を刈る。次の週はまた別のアパートの仕事だ。その次の週はまた最初のアパートの芝刈りだ。ドミニカ人のボスがそれでどれくらい儲けていたか、僕には分からない。ともかくタンパには仕事にあぶれている連中がたくさんいるんで、言われるままだ。少しでも文句をつけようものなら、これで嫌なら別のやつに頼むと言われて首だよ。」

ファニートともロセンドとも異なり、タンパの町でアグスティンを待ち受けていたのは、組織化された使い捨ての飯場労働だったのである。

働く仲間と住民たち

ニューヨーク市の二〇一一年の人口はおよそ八二五万人。その二八・六％が、ラテンアメリカ各国からの移民もしくは越境者が占めている。そのなかでも、二〇〇三年以降、急増がもっとも著しいのがメキシコからの移流民である。現在ではメキシコ系がカリブ海のプエルト・リコ、ドミニカについで第三位の位置にある。そのおよそ六〇%がニューヨーク市の五行政区のうちの二つ、ブルックリンとクイーンズ地区に集中している。スタテン島もニューヨーク市のひとつの行政区だが、ここはラテンアメリカ各地からやってきた人々が三つの地区に集住する雑多な地域だ。南米のブラジル、チリ、エクアドル、中米のパナマ、ホンジュラス、エル・サルバドル、グアテマラ、メキシコ、そしてカリブ海のドミニカや、その他の島々からやって来たアフロ系の人々もいる。しかしファニートが住んでいるポート・リッチモンド地区は、小メキシコといえるほどメキシコ人が多い。次に多いのがグアテマラ人だ。

「ここに居るメキシコ人の大半は、ベラクルース、プエブラ、オアハーカ、モレロス、メキシコ州の出身で、チアパス州からは四人だけ。そのうち二人はトゥクストラからで、チャムーラはペドロと僕の二人だけだ。」

働く町を異にする三人のインタビューのなかで、雇い主の白人からひどい扱いを受けた話は全く出てこない。「働かない黒人よりも、いつも僕たちを評価してくれて、扱いも親切だった」という。しかし、白人の居住地にメキシコ人が住むとなると話は別だ。ファニートが住むスタテン島でのことだ。

「白人が集中している一角がある。仕事の面では差別された経験はないけど、そこにメキシコ人が住もうとしたら猛反対にあった。メキシコ人が一人殴られて殺されたこともある。あそこでは差別がすごいんだ。」

一方、同じメキシコ人との間、特に非先住民と先住民との関係は、ケースによって異なるようだ。スタテン島にはすでに触れたように、チャムーラは二人だけだが、彼ら以外のメキシコ人も地方出身が大半で、都市からの出身者でもイリーガルはみな貧しく、明らかに先住民の血を多かれ少なかれ受け継いでいるようだ。そのためか、ファニートやペドロの話から推測するかぎり、「インディオ」を特別視する意識は、メキシコ人の間にもその他のラティーノ住民の間でも見受けられない。

「英語のコースに通いはじめて、移民センターでいろんな国の仲間たちと知り合いになれた。だれも僕をインディオだと特別な目では見ない。トオルが僕を捜しに事務所に行った時、チャムーラ村のインディオ、ファニートは知らないかって聞いただろう。だからみんな分からなかったんだ。」

「確かコースが二年目に入ったころだ。クラス仲間でお祭りをやろうという話になった。でも、仲間内だけじゃなく町の人たちにも呼びかけて、踊りのグループをつくったんだ。「グルーポ・フォルクローレ・ラティーノ」っていう名前で今もやっている。メキシコやペルーの踊り、グアテマラやホンジュラスの踊り、そのほか仲間たちの国の踊りを、教えたり教わったりする。週に二回集まって練習を続け、時々町の祭りで踊っている。もう町では結構有名だよ。」

しかしある程度経済基盤を築いたメキシコ人が多いアトランタでは、新参者のインディオに対する差別感情は厳しいようだ。ロセンドの話からは、そのような状況の一端が見えてくる。一般のメキシコ人にとり、チアパス州とはマヤ系の「インディオ」が集中する地域、しかも、国内で一、二を争う極貧の州である。

「最初の仕事のときは、監督のメキシコ女からインディオ！　インディオ！　と、ことあるたびに怒鳴られた。メキシコ市からやってきた男で、僕のことをチアパネコ(チアパスの田舎者)だって見下したやつもいた。臭いとか、風呂も入ったことないんだろうとか、チ・ア・パスからなんだ!!　とか。ついに殴ってしまった。その後は一目おいてくれるようになったけど、今度は僕に麻薬の売買の話をもちかけてきた。でも、チャムーラの友人が忠告してくれたんだ。止めといたほうがいい、そんなものに手を出したら、家族もなにも全部おしまいになる、と。麻薬には結局手は出さないで済んだ。でも、酒はあっちでも少しは飲みはじめていた。酒におぼれれば商売女も近づいてくる。でも、家族のことを考えれば間違ったことはできない。それに多くの仲間が女に手を出して、金を使い果たしていたからだ。」

就労地での住民相互の関係は、地域によって多様な現実が浮かんでくる。アトランタでロセンドが経験したような例もあれば、スタテン島のようにメキシコ人という枠組み、さらには移民センターを中心とするイリーガルという仲間意識が根づきつつある地域もある。また、タンパのようにチャムーラが集中している地域では、チャムーラ独自の祭りも一部復活しつつある一方で、チアパスの飯場労働と変わらぬ現実もある。しかしアフロ系のアメリカ人との対立は、どこも共通しているようだ。

「スタテン島では、お互いの対立や反目はほとんどない。でもアフロ系のアメリカ人との間にはときどき問題が起きる。彼らは僕たちラティーノを嫌っているんだ。突然殴りかかってきたり物を奪ったり、ともかくこれまで暴力沙汰が絶えなかった。でも、メキシコ人同士でもラティーノ同士でも、そんな事件はこれまでなかった。仕事でも黒人と一緒に働くことはない。ともかく黒人はあんまり働き者じゃないんだ。」

ファニートを捜し求めてはじめて移民センターを訪れたとき、警察のパトカーが、しばしば通りかかるのを目にし、イリーガルの取り締まりかと錯覚した。

「バーやレストランでもメキシコ人がたくさん働いている。金曜日が給料日で、その日を狙って、黒人が金をせびる。金があると分かれば、後をつけてきて殴りかかることもある。金だけじゃない、携帯電話を奪われることもある。ともかくこんなことは日常茶飯事だ。僕が知ってるだけで、これまでメキシコ人が三人ピストルで殺された。三、四カ月前のことだ。黒人が集団でメキシコ人を襲い金を奪ったんだ。それをきっかけに、街の角々に警官が配置され、パトカーの監視も強まった。だから今では警官がうようよしてるんだ。」

ところで、三人の経験で共通しているもうひとつの注目すべき特徴は、彼らイリーガルと当局との関係である。すなわち、いったん働く町に落ち着いてしまえば、密入国者というレッテルに怯えることがないという現実だ。越境者たちに「死の行軍」を強いるあれほど厳しい国境警備、そしてフェニックスの町の取り締まりの強化、さらに、そこから就労地まで検問を潜り抜けるには「奴隷船」の苦痛に耐える必要があった。しかし、三人ともに、就労地での一斉検問や、官憲からパスポートの提示を求められた経験はない。仲間たちからもそのような話は聞いたことがないという。住む場所でも働く場でも、仲間はすべてイリーガルだ。その彼らに対する当局の甘い姿勢は、わが国では想像もできないものだ。ファニートは一日だけスタテン島で収監された経験がある。自転車で道路を逆走しただけでパトカーに捕まり連行されたが、イリーガルだと分かっても強制送還されるような話はまったくなかったという。国境地帯の厳しさと就労地での甘さ、イリーガルに対するこの対照的な状況は、米国社会のひとつの現実であるようだ。

いずれにせよ彼らを待ち受けていた米国社会は、「夢」とは程遠いものであった。偶然の幸運に恵まれたロセンドもふくめ、彼らに開かれていた労働の機会は、技術のあるなしに関係なく、経済動向にもっとも左右されやすい短期的かつ不安定な労働である。米国主導の新自由主義に忠実に従い北米自由貿易協定（ＮＡＦＴＡ）の一員となったメキシコ、その国の「最果ての南」から「夢」を求めて命がけの砂漠越えをした彼らは、その米国の、同じく「最果ての南」での生活を余儀なくされている。そして、米国のイリーガル就労者に対する甘さは、米国社会自体が、そうした「南」の存在を、むしろ必要としている実態を物語っているようだ。

（1）Chis. 20110226 con Juan Pérez López. 以下ファニートの語りは、この録音資料による。
（2）Chis. 20100812-1 con Rosendo Nicolás Mushan Pérez. 以下ロセンドの語りは、この録音資料による。
（3）Chis. 20100722 con Agustín Gómez.

第4章　帰る者、残る者

リーマンショックのもとで

周知のとおり米国では、二〇〇六年のなかばをピークに住宅価格の下落がはじまり、翌年のサブプライム住宅ローンの危機の到来で、アメリカン・バブルが崩壊する。そして〇八年九月には、いわゆるリーマンショックが世界の経済界を震撼させた。

チャムーラ村からの越境者が急増し始めたのは二〇〇五年、アメリカン・バブルの末期にあたり、ロセンドはバブル崩壊の三年前、ファニートとアグスティンは二年前に越境したことになる。こうした状況のもとで、得意のバスケットボールのおかげで幸運に恵まれたロセンドだけでなく、ファニートもアグスティンも、ともにポジェーロから前借りした借金はすべて返済することができた。しかし、経済状況の悪化を機に米国での生活に見切りをつけ帰国したのは、ボスから与えられる仕事をただこなすだけだった、ロセンドとアグスティンである。技術を身につけ助手も使えるようになりつつあったファニートは、まだそれでも可能性を信じて、帰国の機会を逸してしまったようだ。才能が皮肉にも、彼の決断を鈍らせたとも言えそうだ。家族のもとへ戻ったロセンドは、帰国の経緯をつぎのように語ってくれた。

「二〇〇六年になって不景気になり、週に二、三日しか仕事にありつけなくなった。そこで引き揚げようと決めた。でもバスケのおかげで、借金だけはもうなかった。いくら厳しくても家族に送金だけは欠かさなかった。いつもメキシコ人の仲介者をつうじて送金してもらったんだ。一〇〇〇ドル送ると一〇ドルの手数料だ。でも送ったその日のうちに、家族の口座にペソで振り込まれる。貯金も五〇〇〇ドルくらいにはなっていた。帰るときにはある程度のおみやげも買えた。女房のためにパソコンも買ったんだ[1]。」

帰路はバスの旅だ。飛行機なら空港でパスポートが必要だが、バスなら村までおよそ三〇〇ドルあれば全く問題はない。入国には厳しい米国も、イリーガルの出国についてはきわめて甘い。メキシコ側も身分証明書を見せるだけで再入国が可能だ。ただ、何よりも怖いのは、メキシコの国境の町を徘徊する麻薬組織による襲撃だ。アメリカ帰りと分かれば、これから越境する者を襲うよりも稼ぎは大きい。北部国境地帯のメキシコの町は、今ではどこもこの問題で揺れている。しかしロセンドは運良く、エル・パソからシウダ・フアレスの町を無事通過し、バスで村までたどり着くことができた。

「ロセンドから帰ってくると電話があったとき、ともかく嬉しかったの。彼は私たちが世話になっている両親の家に直接戻ってきたの、大きな荷物を抱えて。でも、出て行くときはほんとに痩せていたのに、かなり太って帰ってきた。それに、毎週かかってきた電話である程度分かってはいたけど、以前とは別人のように家族思いで、優しくなって帰ってきた。息子にも本当に優しくしてくれるの。(2)」

テネハーパ村出身の妻ルシーアと、ウィスタン村出身のロセンドは、バスケットの試合が縁でともに一八の同い歳で結婚し、以来サン・クリストバルに住む妻の両親の世話になってきた。

「まあ、全体をふりかえってみれば、僕は成功した部類だ。金は大して手にできなかったけど、家族の大切さを知っただけでもよかったと思う。二七歳の今になって、ようやく人間が大きく変わったよ。今でもときに酒は飲むけど、もう酒びたりにはならない。いつも家族への責任は忘れない。台所でも皿を洗ったり、彼女の手伝いもする。こんなこと、以前は全く考えられなかった。今はともかく彼女のこと、息子のことをいつも考えている。」

家族のもとへ戻ったロセンドは、ニッサンのツルの中古車を手に入れて、タクシーの運転手の仕事をはじめる。新車だと一二万ペソだが、中古で四万ペソで済んだ。

「朝四時から夕方四時まで働いて二〇〇ペソ。夕方四時から明け方四時まで働いて二〇〇ペソ、つまり丸一日で四〇〇ペソだ。アトランタでの日給とどっこいどっこ

図 46　帰国したロセンドの家族とフアニートの留守家族　後列左から，ブランカの母アントニア，末の妹サンドラ，ブランカ，ロセンド夫妻，ブランカの弟，前列左からフアニートの 3 人の息子，ロセンドの一人息子と筆者．2010 年 8 月 8 日．

いだけど、車さえあれば、観光客も増えたんでいつでも仕事はある。それに何といってもここの物価はともかく安い。もう全て車のローンも支払いが済んだ。今度は新車を手に入れる予定だ。いい車さえもっていれば、一万二〇〇〇ペソは月に稼げる。ガソリン代など経費を差し引いても一万ペソは残るはずだ。土地を買うためのローンも組めた。子どももう一人欲しいと思ってる。」

バスケットも再開した。チャムーラ村では試合で優勝すれば

図 47 アグスティン家族とフアニートの従弟ペドロ(左) 2010年7月22日.

一万五〇〇〇ペソの賞金が出る。準優勝でも一万ペソだという。アメリカン・リーグの選手に鍛えられただけに、ロセンドはつねに主力メンバーで、彼のチームはどの試合でも一、二位だという。チャムーラ村にかぎらず、他の村々も賞金つきのバスケットの試合を村のイベントとして組んでいる。チームメンバーで分けても、かなりの収入になるという。妻のルシーアも町なかの大型薬局の事務の仕事がみつかった。もう彼女の両親に金の心配もかけないで済んでいる。

一方、ロセンドと同様に二年で切り上げてタンパから村に戻ったアグスティンは、帰国前に借金からは解放され、留守家族へもわずかながら送金もできた。しかし貯金はゼロのまま、以前同様、その日暮らしの生活に戻ったのである。

「これまでアメリカに二回行ったけど、六人の子どもの生活をみるだけで精一杯だ。今の村での仕事は革製品の製造で、サン・クリストバルの町に売りに行く。でも観光客には大して売れなくて、儲けはわずかなもんだが、まあぎりぎり生活はできている。月にいくら稼げるかって？　いやぁー、そんなもん計算したこともない。子どものことを考えると、またアメリカに行かねば、とも思う。(3)」

太りつづけるポジェーロ

二〇一〇年八月、二年ぶりに村を訪ねて目を疑ったのは、チャムーラ村の中心、サン・ファン・チャムーラを取り囲むように、サン・クリストバルの町でも目にしないような二階建て、三階建ての「豪邸」が建ちはじめていたことだ。かつて僕が村へ徒歩で通った頃の山道は、今ではセメントで固めた立派な道路に変身したが、その途中にも、スモークをかけた総ガラス張りの瀟洒な邸宅が目を引く。ロレンソ宅のあるクチュルムティク部落にも、ジャガイモやトウモロコシ畑の中に、「白亜の館」が出現した。村のことを熟知したロレンソによれば、その内のいくつかはポジェーロの家で、いくつかはかつての村ボスの縁者のもの、あるいは野菜栽培と販売で成功した家族のものだという。ロレンソや他の知り合いの村人の噂から推測する以外ないのだが、建築ラッシュの半数

図48　トウモロコシとジャガイモ畑に現われた白亜の館

以上にポジェーロの家がかかわっていると見て、まず間違いなさそうだ。

ポジェーロは、アメリカでの「夢」を振りまくだけではない。たとえ手持ち資金がゼロでも、越境は可能だともちかける。越境の手数料を全額貸し付け、そのうえ到着先で仕事が見つかるまでの出費の必要性を説いて、さらなる借金をさせようとする。つまり彼らは、単に手数料を稼ぐだけでなく、高利貸しとしても莫大な収入を得ているのが実態のようだ。かつて村ボスたちは月利一五％を条件としていたが、ポジェーロの場合は一〇％が平均的な水準である。

先に引用したジャン・ルス夫妻の研究[4]から具体例を紹介してみよう。ポジェーロAは二〇〇四年から〇五年にかけての一年間に、月一回の割合で村から国境まで越境希望者の案内をしている。一回に一〇人から一二人である。斡旋料は越境後の料金を含めて一万八〇〇〇ペソだったが、彼の実質取り分は一人当たり二〇〇〇ペソで、月収はそれだけで二万ペソから二万四〇〇〇ペソにのぼる。越境者たちにいくら貸し付けたかについては明らかではないが、一年後には暖炉つきの自宅を新築し、冷蔵庫、テレビそしてニッサンのツルの新車を購入している。もう一人のポジェーロBは村からフロリダまでの全行程を請け負っている。同じ時期に年六回、その都度八人から一〇人で、斡旋料はAと同様一人一万八〇〇〇ペソ、総額は月平均でも七万二〇〇〇ペソから九万ペソにのぼる。経費の詳細は不明だが、ここから越境者の運搬費用を差し引いても、最低五万ペソの月収があったものと推測される。そのうえ二〇〇〇年に彼が越境者に貸し付けた総額は一〇万ペソ以上で、利息収入だけでも月に一万ペソを下らない。このポジェーロも自宅を新築し、ダッジの小型トラックを購入している。

永住への道

一方、越境者たちの現実はいかなるものか。すでに紹介した三人の例からも十分推測されるとおり、安定した仕事は見つからず、仕事にありつけても、日当はおおよそアメリカの最低賃金の水準だ。ジャン・ルス夫妻の試算によれば、二万ペソを前借りした場合、毎月二〇〇〇ペソの利息を返済しつづけても、完済までに三〇カ月を要し、返済総額は五万六〇〇〇ペソにのぼる。返済が滞れば未払い利息はそのまま負債の元金として追加される。そのため越境者は、なによりもまずこの負債の返済を急ぐ。しかしそれがいかに困難かは、ここで繰り返す必要はないだろう。そのため、留守家族への送金はさらに難しくなる。二〇〇五年のチュル・オシル部落の留守家族への送金額は、二〇〇三年以前に越境したケースでは、月平均で一四二〇ペソから二一五〇ペソである。しかし越境して一年未満の村人の場合は、五三〇ペソから七二〇ペソに留まっている[5]。ちなみに、すでに触れたとおり、村から町へでて庭仕事をしても、月に二〇〇〇ペソにはなるのである。

前借りを前提とする越境、高利による返済圧力、最低賃金水準、しかも安定的な仕事に就ける可能性の薄い米国での労働環境。越境者をとりまくこうした状況にくわえ、村にも「夢」を託せる未来は一向に見えてこない。安定した仕事が見つからなければ、未払い利息は膨らむ一方で、無理して村へ戻っても、仕事が見つかる保証はない。こうした複合的な全体状況のなかに、いったん越境したら簡単に村へは戻れないという、ひとつの構造が見えてくる。二〇〇五年段階で、チュル・オシル部落の未帰還者は八六％に達しているという。スタテン島で働くイリーガルのメキシコ人の群れ、チャムーラが一〇〇〇人規模のコロニーを形成しているというタンパの例は、永住化を余儀なくされた人々の現実の姿だといえるようだ。

村へ戻れないチャムーラの間では、こんな歌もすでに生まれている。

俺は歌うぜ　コリードを　耳を澄まして　聞くがいい
俺の出は　シナロアじゃねぇ　モンテレイでもねぇ
チアパスの片田舎　しかも血は　チャムーラだ
　俺　誇り高きメキシコ人　一〇〇パーセントの　インディオで
　マヤの末裔　そうじゃねぇ？　とんでもねぇよ　絶対に
　どこに行こうが　いつだって　俺　チャムーラのまま生きていく
俺のこの血　恥じるって？　とんでもねぇよ　むしろ俺の　誇りだぜ
俺にとっては　栄光の証　思い知らせて　やろうじゃねぇか
グアダルーペの聖母さえ　好んで肌　浅黒くしただろが(中略)
　ニューヨーク　フロリダ　ジョージア　カリフォルニア
　そこだけじゃねぇ　あちこちに　生きてるぜ　うまく国境越えた連中が
　俺の血の仲間たち　連中と　肩ならべて　生きている
「俺こそ本物メキシコ人」(越境チャムーラのコリード(6))

留守家族とファニート

スタテン島でのファニートの聞き取りから半年、二〇一一年八月、僕は彼の写真と録音した家族宛のメッセージを携えて、一年ぶりにサン・クリストバルの町に住む留守家族を訪ねた。そこは、長年小学校の教員として村で働いたのち、テネハーパ村の役職を務め終えたブランカの両親の家だが、父親は役職時代に身についてしまったアルコール中毒から抜けきれず日中から酒びたりで、その日も顔を見せてはくれなかった。ブランカを筆頭に、ロセンドの妻ルシーアとさらにその下にもう一人末娘がいる。長男は高校に通うまじめな青年だが、末の弟は麻薬に侵されて、学校にも行っていない。母親はそんな問題を身近に抱えつつも、一人ですべてを切り盛りし、いつ会っても心のゆとりを感じさせる穏やかな笑顔を絶やさない。ブランカは高校を卒業した後、両親の後を継いで、チアパス高地の村々の小学校の教師として働いていたが、遠い村の場合は早朝に家をでて、帰宅するのは深夜になる。せめて夜だけは息子たちと一緒にいてやりたい。そんな思いから教師をやめて、数年前から政府筋の女性解放運動にかかわり、ある程度の収入を得ている。

「ロセンドがアメリカから戻って、妹一家はいつも子どもと三人で出かけるでしょ。我慢してきたけど、すごくつらい。ファニートが一緒に居てくれたならと、何度も思うの。でも今はそれは無理。子どもたちと一緒なら頑張らねばと思う。でも、子どもたちにとってもパパは必要なの。時々泣くのよ。マミー、パパに居て欲しい、一緒にお散歩もしたいって。そんな時、抱きしめて言ってやるの。泣きなさい、思いっ切り！　必ずパパは帰ってくる、だからもうちょっと我慢して、って。ジョバンニは、学校の成績もすごく悪くなってしまった。[7]」

ファアニートが妻ブランカに電話したある日、長男のジョバンニが言った。

「僕が六年生になったら、一緒にいてくれるって、いつか約束してくれたよね。パパ、もうすぐ僕は六年生も終わりだよ。」

「六年生が終わったって、まだそのあと中学がある。今パパは、アメリカで働いている。でもそれは、お前たちに勉強を続けて欲しいからなんだ。」

「でもパパ、子どもたちは学校に行くとき、ママかパパが手をつないで一緒に行くよ。僕にはパパがいない。お金なんか関係ない、ここに一緒にいて欲しい。[8]」

涙声で訴えるジョバンニに、ファアニートは返す言葉がなかったという。二〇一一年二月に二度目のスタテン島を訪問した際に、ファアニートの口からまず飛び出してきたのは、砂漠越えのつらさや仕事の話ではなかった。時々彼を襲う孤独感の話だ。

「二週間くらい前だ。二月一四日バレンタイン・デイの日だ、目が覚めたとき、独りだってことが、なんとも悲しかった。おやじの顔はおぼろげに覚えているだけだ。祖父のロレンソのこと、亡くなったロサ叔母さん(ロレンソの娘)のこと、妻のブランカや三人の子どもたちのことを思い出しながら、独りでアメリカにいるってことが、何ともつらくなってきた。久しぶりに独りで酒を飲んだよ。息子のジョバンニの声が聞こえてくるようだった。多分ジョバンニも僕と同じように寂しいんだろうと思う。」

幼くして父親と死別し、祖父のロレンソ夫妻に預けられて育ったフアニートには、いつも優しくしてくれた祖父母の温かさとともに記憶に残るのは、親のいない孤独と貧しさの思い出だけだという。

「ワラチェ(革のサンダル)も靴も買ってもらえない。いつも裸足だった。ようやく買ってもらった運動靴もぼろぼろになってもそのまんま。ズボンもぼろきれみたいだった。お腹が空いても、我慢するしかなかった。そんな昔を思い出すと、どうにかして息子たちには同じ思いはさせたくない。でも、こんな僕の思いは、子どもたちにはわかってもらえないよね。」

既にスタテン島に来て丸六年近くたった頃の話だ。彼の腕の良さも徐々に知れわたり、食うためには不自由しないくらいの稼ぎもある。借金は返済できたし、家族への送金もわずかながら続けている。しかしもしメキシコに帰っても、今の技術を生かせる保証はどこにもない。村役をすぐまた押し付けられる危険もある。しかも、あの命がけの砂漠越えを考えれば、いったん帰ったら、もうアメリカに戻ることはできない。息子たちのために、このアメリカでまだまだ頑張らねばという思い、そして孤独感との狭間で、フアニートの心は揺れ動いているようだ。

村への思い

ところで、すでにアメリカでの生活に慣れたファニートにとって今、村とはどのようなものだろうか。

「僕が生まれ育ったクチュルムティク部落が、今どうなっているか、もうよく分からなくなってしまった。六年近くも村を離れて、その間、村への寄進もしていない。村の一員としても何もしていないんだ。そんな僕を、村の仲間が受け入れてくれるかどうか？　村へ戻っても、仲間とどう話していいものか。もう僕は英語を話すしスペイン語も話す。以前、クチュルムティクにいた頃は、いつもツォツィル語で通していた。でも今は、ツォツィル語で話すのは、ちょっとばかりつらい。ともかく村の人たちとはかなり違ってしまった。」

しかし、村には戻りたい。育ててくれた祖父ロレンソも、かなりの高齢だ。妻に先立たれ、今では耳もかなり遠くなってしまった。それでも村のトラックの駐車場の夜警の仕事で苦労している。彼にも会いたい、恩返しもしたい。

「クチュルムティクにもってる僕の家は、それなりに静かで好きだけど、ともかく狭い。村には戻ってみたいけど、もう村に住むつもりはない。ブランカや息子たち

図49　カーニバルの牛追い　2005年3月.

のいるサン・クリストバルの町、そこに二、三年のうちに家を建てたい。でも週末にはロレンソに会いにあの家に出かけたい。あそこには叔父や叔母たちも住んでいるし。」

「今でもチャムーラだっていう気持ちに変わりはない。もう昔ながらの役職者にこき使われるのはまっぴらだし、村の古臭い政治にかかわることはしたくない。でも、自分がその気でなくても選ばれてしまうこともある。その時はやるしかない。これまで村のためにいくつも役職をやったんで、選ばれる資格も十分あるんだ。ただそうなっても、知識も経験もなく、ただ権威だけ振りかざすこれまでの役職者みたいにはなりたくない。アメリカで本当に世界を見る目が変わったんだ。村に居たころの狭い視野からは想像もできない。できれば大学の法学部に入って勉強をつづけ、その後で村役につくなら、ついてもいいと思う。」

村の行政にはできればかかわりたくないファニートも、カーニバルの役職だけは、捨てがたい願いであるようだ。

「カーニバルを主催する、あのパシオンの役目だけはどうしてもやりたい。もうその時に備えて衣装はそろえてある。金がかなりかかることは目に見えているけど、もしそれがだめでも、神がそのときまで命を預けてくれるなら、マッシュ(猿の意。猿の毛皮の帽子をかぶり、どの祭りにも登場する悪役)になって踊るだけでもいい。あれはかっこいい。牛追いも楽しい。牛を引っ張る、あれもかっこいい。」

別れ際に僕は言った。

「健康だけは気をつけろよ。ブランカも子どもたちも、ロレンソも待っている。帰国の予定をしっかり組むんだな。」

「次にトオルと話すときは、もう俺、サン・クリストバルにいるよ、って言いたいね。向こうで会えたら、チャムーラの祭りの衣装を着て村へでかけ、一緒にマッシュの踊りやりたいね。」

かつての村には戻りたくない。しかしファニートにとって、生まれ育ったチャムーラの村は、今も心の故郷であり、アメリカに居ても、町へ戻っても「チャムーラである」

ことに変わりはない、と言えそうだ。しかしその後も、村にも町にもファニートの姿はなかった。

(1) Chis. 20100812-1 con Rosendo Nicolás Mushan. 以下ロセンドの語りはこの音声資料による。
(2) Chis. 20100812 con Lucía Guzmán López.
(3) Chis. 20100722 con Agustín Gómez.
(4) Diane Rus y Jan Rus, *op.cit.*, pp. 370–373.
(5) *Ibid.*
(6) https://www.youtube.com/watch?v=OdYHh4afxwc
(7) Chis. 20110808 con Blanca Estela Guzmán López.
(8) NY 20110226 con Juan Pérez López.

第5章　二〇一九年、ロレンソ家の今

八〇歳を過ぎたロレンソは、果たしてまだ生きているだろうか。ファニートは、今度こそ家族のもとへ戻っているのでは……。二〇一九年八月、祈るような思いを抱いて、僕は四年ぶりの調査に向かった。

「エエッ!!　オ、オオーーー！　ト、トオルかぁ!!　生きてたのかぁ!!」

あたかも亡霊にでも出くわしたかのようなロレンソの驚き。それも当然だった。四年前の調査の半年後から心臓病やがんを患った僕は考えた。ひょっとしたらもう、村へは戻れないかもしれない。そこで、知り合いに依頼して、直接ロレンソに僕の病状を伝えてもらっていたからだ。がっくりと老いを感じさせるロレンソだが、ともかく生きていてくれてホッとする。しかし、ファニートの姿はない。アメリカに行ったままだという。ロレンソには、まだまだ語って欲しいことが山ほどある。でも今回は、特にファニートの留守家族の聞き取りが欠かせなかった。四年前、ブランカに会った時、彼女は生まれて間もない赤ちゃんを抱いたまま、次のように語ってくれたからだ。

腕のなかの赤ちゃん

「私は突然乳がんだと言われ、絶望と孤独感。そこで子どもたちに言ったの、死ぬかもしれない、今のうちに家の仕事を覚えなさいって。料理、洗濯、掃除、整理整頓、みんなよくやってくれた。私はもう生きる気力もなく、家にこもって寝てた。でも友人がそれじゃダメ、外に出なきゃって。ママにもそう言われたの(1)。」

外に出だしたブランカは、政府関係のある基金で、村の老人に眼鏡を配る仕事に就く。彼女を指導してくれた上司が、実は、腕に抱いていたあの赤ちゃんの父親であった。

「彼も私も子どもをつくるつもりはなかった。ファニートのこと、子どもたちや両親のことも気にかかる。なので、妊娠が分かったとき中絶しようと思った。でもそんなとき、お腹の赤ちゃんが夢に出てきたの。『パパもママも私のこと愛してくれないの？』って泣いてるの。私の叔母さんも同じ夢をみたそうよ。そこで考え直した、中絶はやめよう、一人で育てようって決めたの。でも、息子たちにどう伝えるか迷ったわ。ファニートへの罪意識、でも怒りも重なって苦しんだ。将来についても不安だらけ。でも、悲しい思いにふけると、お腹の赤ちゃんが動き出すの。前向きに生きようよ、って諭してくれたの。」

ブランカは思い切って、ファニートに電話で伝えた。

「なにぃーーー!!　裏切ったなぁ!!」

「私、待ったのよ、一〇年近くも。帰ってきてって、あなたに居て欲しいって何度も言ったわ。子どもたちも待ってるって。でも、全然、分かってくれなかったじゃない！」

「ファニートはその時酔っていたわ。もう死にたいなんて言うの。息子三人はクチュルムティクのロレンソに頼めばいい、お前はその男のもとに行けばいいなんて言うの。でも、そんなことはできない。私がどうなろうと、息子たちは絶対離さない、ずっと私と一緒よ……」

ここまで話すと、ブランカは赤ちゃんを抱きしめたまま、ワッと泣き崩れた。三人の息子たちはその間、無言のままじっと母の話に聞き入っていた。高校生になった長男のジョバンニが突然、母の肩にそっと手を当てて口をはさんだ。

「僕たちには心がある、愛がある。この子は僕たちの妹だよ。」

「最初、子どもたちは嫌がった。とくに末っ子のアンヘリートはやきもちをやいた。子どもたちに言ったの。みんな同じに愛してる、この子の父親と結婚なんかしないって。そう言ったら子どもたちの表情が変わり始めた。この子、エスメラルダっていう名前なの。息子たちは私を愛し続けてくれている。今ではこの子のことも愛してくれてる。私がまだ寝ていたころから、三人で手分けして、いろいろ手伝ってくれた。だから今、私は幸せなの。胸のしこりもなくなって、もう心配はないって。医者が診間違えていたみたい。」

その年の二月、この子の父親に、間もなく生まれる、と電話で知らせたという。しかし彼からはその後なんの音沙汰もない。一方、ファニートとの関係は、元に戻りつつあるかにみえた。

「今ではよく電話もくれて、まずは赤ちゃんのことを尋ねてくれるの。その子のことも僕が責任を取る、心配はいらない、僕が引き受けるって言ってくれるの。一時期途絶えた送金も復活した、ほんの僅かだけど。」

そうは言っても、ファニートの心は揺れつづけたに違いない。その後ファニートからの送金は再び途絶え、電話も通じなくなってしまう。そのまま丸三年が経った二〇一八年二月、ブランカはアメリカ行きを決意する。ファニートが砂漠越えに出かけてから一三年近い。でも行く先は、ファニートのもとではなかった。

妹夫婦のもとへ

この四、五年の間に、ブランカの両親やロセンド夫婦をめぐる状況にも、大きな変化があったようだ。経済的に安定していたはずのロセンドは、二〇一一年、九歳になった一人息子エリックと妻ルシーアとともに、再度砂漠越えにでかけた。無事越境に成功し、以来マサチューセッツ州のスプリングフィールドに腰を据えて、ロセンドは機械工場で、妻ルシーアも別の職を得て、着実に経済基盤を築きつつあるという。すでにサン・クリストバルに土地も家も確保し、義母のために観光客向けの民芸調の靴の作業所もつくってあげた。

ブランカは、一九歳になった長男ジョバンニを一人残し、二人の息子と三歳になったばかりのエスメラルダとともに国境へ向かう。砂漠越えではない。パスポートもないまま、どうして正規のルートで米国へ入国できたのか、詳細は不明だ。ただ、ロセンド夫婦が入国手続きを手伝ってくれたという。それ以来ブランカと子どもたちはロセンド一家と生活を共にして、ブランカは幼稚園に通うエスメラルダの送り迎えを終えてから、三時から夜一一時まで、自動車工場で働いているという。

ブランカの母アントニアは、第4章でも触れたように、女手ひとつで小学校の教師として家計を支えてきた。その間、出身の村テネハーパの村役もこなすなど、かなりのやり手で、ラディーノや地方政治家との付き合いも幅広い。その関係のおかげだろうか、インディオには珍しく、教員をやめて以来、パスポートを手に入れて米国への出稼ぎを繰り返し、帰ってくると靴の作業所の仕事で忙しい。出稼ぎ先はノース・カロライナで、タバコの収穫や畑仕事。同じ村出身の従兄弟が、いつも身元を引き受けてくれて、月に一〇〇〇ペソ、一五〇〇ペソが留守家族に届く。

「おばあちゃんの作業所は始まったばかりだ。でも、すでに注文が殺到して、一人ではどうしようもなくなった。そのため、二日前にアメリカから戻ったばかりなのに、今はホンジュラスへ腕のいい職人を探しに出かけている。叔父のトニーと一緒だ。この町にも職を探している人はたくさんいるけど、知識も技術もないんだ(2)。」

ブランカの父親は、アル中から抜けきれぬまま家族と別れ、一人生まれ育ったテネハーパの村へ戻る。そして妻アントニアは、靴づくりの仕事と米国への出稼ぎを繰り返しながら、三人の息子と末娘のサンドラ、そして孫のジョバンニの生活を支えつづけている。メキシコ社会によくみられるような、たくましい女性の典型的な姿を感じさせる。

支えだった父フアニート

今回の調査で、ブランカの米国行きの経緯を語ってくれたジョバンニは、すでに高校を卒業し、今は祖母アントニアの靴の作業所を手伝いながら、大学への進学を目指している。彼にフアニートから最後に電話があったのは、今年(二〇一九年)の五月だという。経済的に困っているうえ、トランプ政権の排外主義の影響だろうか、法的な問題も抱え込んだようで、持ち物を没収されたり、「ともかく大変な状況にある」という。でもそれ以来、電話をかけてもつながらない。

「もうパパには絶望してるだけだ。僕にとっては支えだった。いつか向こうで成功

図 50　ジョバンニ(右)とサンドラ妹兄

してくれると信じてた。おそらく酒の悪習も問題だよね。酒におぼれると女の問題がつきまとう。で、女ですべてがつぶれてしまう。がっかりしたのはそのことだけだよ。」

同席していたサンドラが口をはさんだ。

「私も思いは同じ、悲しいし怒りも感じる。長い間遠くにいて、子どもたちのことを考えてるなんて思えない。ブランキータだって苦しんだし悲しんだ。よく泣いていたわ。」

インディオの村では半ば当たり前のことだが、酒は代々この一族をも脅かしてきた。ジョバンニの曽祖父に当たるフアン・ペレス・ホローテはアル中で死んでいる。祖父のロレンソも、一時期は酒で金を使いはたし、かなりの土地も売り払ってしまった。で、気づいたときはすでに遅く、村ボスに膨大な借金が溜まっていたのだ。

「僕の家族はバラバラだけど、今はおばあちゃん一家のおかげで、家族に囲まれてるみたいだ。」

最後にジョバンニが口にしたこの一言は、僕にとっての救いだった。聞き取りを終えタクシーを停めて帰ろうとすると、彼は運転手にタクシー代を握らせようとする。貧しいこの世界では、そんなことはあり得ない。もちろん固辞したが、インディオ青年のこの心、なぜそこまで！　と、ただありがたく胸を熱くした。

スタテン島でファニートとの別れ際、僕は彼に言った。曽祖父ファン・ペレス・ホローテの二の舞いはするんじゃないと。彼は一〇歳にして村を離れた。その後メキシコ革命に巻き込まれ、革命勢力を転々とした末に、ベラクルースで混血女性と結婚し二人の子どもをもうけた。でもある時、村への気持ちが甦り、家族を見捨てて二三年振りに村へ戻るが、村の言葉はまったく分からなくなっていた。親代わりのように僕を頼りつづけてくれたジョバンニの父ファニート、かつてはロレンソ一族の希望の星だった彼の今を想像すると、いたたまれぬ思いに襲われる。

「お菓子の家」

いつものように今回の調査でも、まず訪ねたのはクチュルムティク部落のロレンソ宅だったが、なんと彼の敷地の周辺には、色とりどりのペンキも真新しい、セメント造りのモダンな家が三軒。まるで童話に出てくる「お菓子の家」を思わせる。それ以外は、以前と変わらぬトウモロコシ畑。敷地の一番奥にロレンソの粗末な家がひっそりとたたずみ、羊や鶏の鳴き声が聞こえてくる。貧しいながらも牧歌的な村、そこに突然現われた「お菓子の家」。孫たちがつぎつぎと新築した家だった。

ロレンソの孫のなかで、最初に砂漠越えをしたのは、長女の長男マルコスで、ファニートが村を出た二〇〇五年には、すでに村に戻っていた。ファニートの後を追うように、一番年下のマリオ、次は、僕が名付け親になった子の父親サルバドールと兄のアルバロ、いずれもマリオの兄弟だ。

この二人は二〇一二年ノガーレスの西、ソノーラ州のカボルカから越境し、マリオを頼りに、フェニックスからおよそ二四〇〇キロ離れたミシシッピ州のフロウウッドへたどり着く。砂漠越えから就労先までの苦労は、すでに紹介した例とほとんど変わらない。帰国直前のマリオの紹介で、仕事はすぐに見つかった。

「その町には、メキシコやグアテマラ、ホンジュラスなど、いろんな国の連中が働いていた。なかでもチャムーラはべらぼうに多い。だからツォツィル語だけで済んだ。」

「最初は東洋人のレストランだったけど、長続きはしなかった。そこではトルティジャが食えなかったんで、メキシコ料理のレストランに移った。最初は皿洗い、でもそのうちに、テーブルに食事を届けるボーイ役。二週間で六四〇ドルだった。出発したとき借金は全部で一四万ペソだったけど、一年半ですべて返した。(3)」

こう語ってくれたサルバドールは、帰国後また借金をして「お菓子の家」を建てる。そこで一カ月前に再度砂漠越えに挑戦するが国境警備隊につかまりトゥーソンに送られ、ノガーレス経由で送り返される。

「損した総額は五万ペソだ、うまくいったら三カ月で返せる額だった。でもまた行くつもりだ。学校時代の仲間も何人も出かけたよ。ここクチュルムティク部落ではすごい数だ。一〇〇人は出かけた。五〇〇人のうち一〇〇人だ。ともかくアメリカへ行けば、結構稼げるからね。」

彼らの父パスクアルは、息子たちの砂漠越えについて淡々と語る。

「息子は全部で五人だが、みんな砂漠越えを経験してる。危険なのはわかってる、でも、守護神サン・フアン様のおかげだ。みんな二、三年働いてうまく村に戻ってきて、自分たちの家も建てた。ともかくみんなアメリカに行った方がいい。ここには大した仕事がないからね。(4)」

ロレンソには、フアニートのほかにもう一人、養子として育てたドミンゴ・ペレス・ホローテがいる。その彼もフアニートと同様、米国へ行ったままだ。

図 51　サルバドール父子と「お菓子の家」

「亡くなった女房が、生後二日のあの子を養子として受け入れた。わしはその子に、亡くなった長男の名前をつけてやった。土地も娘たちと同じように分けてやった。今の家の改築をしてくれたのはあの子だ。壁はアドベ(日干しレンガ)だったし、屋根も雨漏りがひどかった。今はブロックにトタン屋根だ。ブロックの半分は政府がくれたが、残りはあの子が負担してくれた(5)。」

昔は村のどの家も、サカーテ・パホンと呼ばれるイネ科の植物の藁屋根だった。その屋根のふき替えは、かつて日本の農村にもあった慣習と同様に、部落の村人がお互いに協力しておこなっていた。トタン屋根が普及した今では、その共同労働も廃れてしまった。

「あの子も三年近く前(二〇一二年頃)、合州国(エスタドス・ウニドス)へ行っちまった。一度は警備隊に見つかって送り返され、四、五カ月この村で働いていたが、ポジェーロの世話でもう一度越境した。それ以来ずっとあっちだ。」

彼は時々電話をくれるという。

「生活は安定している。ともかくこっちに落ち着くことにしたよ。お爺ちゃんは、あの僕の家に住めばいい。僕にくれた土地は任せるよ。」

「多分いい連れ合いが見つかって、ましな仕事にもつけたんだろう。この村の寒さにわしらは慣れてるけど、「熱い土地」じゃ、シャツ一枚でいいしね。……ドミンゴはニューヨークのファニートを訪ねたそうだ。すごぉーく遠かったらしい。車で何日もかかったそうだ。あの子が行った合州国(エスタドス・ウニドス)はチャムーラの村みたいに広いらしい。ニューヨークはもっと遠い。トゥクストラやメキシコ市くらい遠いらしいよ。」

村の若者にとり、今や当たり前の出稼ぎ先となったアメリカも、ロレンソにとっては、かぎりなく「未知の土地」のままのようだ。

ロレンソの孫のなかで、わずかな例外は、次女の息子のペドロだ。彼は村の仕事で成功し、越境とは無縁な生活を送っている。

「二年前(二〇一三年)くらいから生活は少しましになった。手に入れた小型トラックで、知り合いの家族がつくった野菜を集めてトゥクストラに売りに行く。サン・クリストバルより高く売れるんだ。ジャガイモ、キャベツ、ラディッシュなんかだ。三人の子どもの学校にも金がかかるけど、俺は多分アメリカへは行かない。ともかく危ないから。(6)」

村では以前から、自家消費やサン・クリストバル市の朝市での販売や物々交換を目的として、トウモロコシ、豆、野菜の小規模な生産はおこなわれていた。しかし一九九〇年代以降、同市をはじめとする近隣都市の市場を対象に、花や野菜の商品作物栽培が徐々に広まり、九〇年代後半には、村の農業は市場向けの生産が主流となった。ペドロはその流れにうまく乗り成功した例だ。かつては日本の三分の一程度の価格だったガソリンは、リッター一三・六ペソで、今では日本とほぼ変わらない。でも十分輸送費はカバーできるという。「お菓子の家」の一軒は彼が建てたものだった。

再婚したロレンソ

「村長の時は月に三〇〇〇ペソの給料をもらえた。収入は減ったが、政治から離れた今は幸せだ。野兎みたいに自由だよ、ヒーッ、ヒッ、ヒッ……(7)」

ロレンソは、二〇〇六年の新聞記者の取材に明るくこう答えている。六年つづけた広場の清掃の仕事の後、以前から好きだった、教会横の庭の手入れの仕事に移ったころの話だ。

「庭師の仕事も六年続けたところで、また別の仕事を与えられた。新しく建った病院があるだろう。あの裏側にある村のトラック置き場の夜警だ。そこで三年ほど働いたが、雨も風も丸一週間以上つづいた時があった。ともかく寒くて、風邪を引き身体を壊しちまった。もううまく歩くこともできなくなってきた。背中も痛い、腕も痛い。そこで仕事はやめることにした(8)。」

「ファニートもドミンゴも戻ってはこない。妻を亡くして一〇年近く独りだった。ともかく寂しくて酒を飲み始めた。そんな時、パスクアル(長女の夫)に言われたんだ。連れ合いをさがそうよって。」

紹介されたのは、ツァハルテティク部落の高齢の女性で、最初の結婚相手も再婚相手も病死してしまう。彼女はそれから八、九年独り身で、二人の子どももすでに自立していた。

「彼女は夜警の仕事場に飯を運んでくれたんだよ。とても性格がいい。前の女房と同じで料理はうまい、縫い物もできる、編み物も、織物もできる。で、三〇〇〇ペソ払って一緒になった。三年前(二〇一二年)のことだ。おかげで今は幸せだよ。」

「今は何も問題もなく穏やかな生活だ。……プス(蒸気風呂)は今でも使ってる。週一回くらいだ。薪を焚いてね。チャムーラの村ではまだほとんどの家で使ってるよ。」

娘たちも孫たちも、ロレンソからもらった敷地の一部に住んでいる。だから彼は、いつも娘や孫、曽孫(ひまご)に囲まれている。僕がロレンソの家を訪ねれば、六、七メートル離れた日陰にあっという間に勢ぞろい。静かに僕たち二人のやりとりを見守りながら、民芸品の編み物の手を休めない。

「今は、四頭の羊の世話と、僅かに残った畑の仕事くらいだ。かつては四、五ヘクタールもあった土地も、娘たちに平等に分けてしまったので、四分の一ヘクタールほどが共同墓地のそばにあるだけだ。」

「娘たちは、わしが分けてやった土地を、それぞれ子どもたちに分けてやった。でもアメリカへ行っちまった孫たちは、共同労働にもでられない。土地もほったらかしだ。そういう土地には村に罰金を払わなきゃならん。

図 52　再婚したロレンソ

年に一〇〇ペソだが、わしがすべて払っている。わしが土地の面倒を見れば罰金は払わないでいいんだが、もう今の身体じゃそれは無理だ。」
「今では耳も遠くなった。目もよく見えてない。州政府が補聴器をくれるらしいんで、来週にはトゥクストラまででかけるつもりだ。でも腹の調子はいい。何でも食べられる。二カ月に一回、村役場で一〇〇〇ペソの支給がある。七〇歳以上の年寄りはみんな一〇〇〇ペソだ。女房と二人で二〇〇〇ペソ。その金でトウモロコシを買う。そんな時はすごい数の年寄りが杖を頼りに集まってくる。そこで、あの薬草が効く、いやあの薬草もいい、なんて話にもなる。」

伝統の守り手パスクアル

ロレンソ一家の貧しさは、昔も今も、基本的に変わることはない。村では、越境や観光開発の影響で、表面的には経済が活性化しつつあるかに見える。ポジェーロをはじめ、経済的に急成長を遂げた村人もいる。しかし、越境者が米国社会の最底辺に置かれたままであるのと同様に、村に残った人々も、メキシコ社会の最底辺に固定化されている現状に変わりはない。しかし、村の内部統治のシステムが、根本的な変化を遂げたことは注目に値する。

ロレンソが村長の職を追われてから、本来彼の任期が終わる一九九六年までに三人の村長の交代が相次いだ。その最後の村長の時代、州政府の仲介により、「伝統派」とプロテスタントとの間で、ついに合意が成り立ち、三〇年以上にわたる追放問題に終止符が打たれた。

「今じゃ、それぞれの部落では双方から五人の委員（コミサリアード）をだして、一緒に部落の運営に当たっている。水委員会、電気委員会、教育委員会なんかだ。プロテスタンテは村や祭りの寄進だけはするようになったが、宗教カルゴはまだ引き受けてくれない。でもこれからだね。時間がたてば、彼らも祭りを引き受けるようになると思うよ。だって、サンタ・クルスの祭り(雨乞いの儀礼)には協力し始めている。独立記念祭には、みんなで集まりみんなで祝う。今はともかく村は静かになった。[9]」

「今じゃプロテスタンテが村人の四分の一で、四分の三がカトリコだ。ここクチュルムティクにも五つのプロテスタンテの教会がある。」

ロレンソの長女の連れ合いパスクアルの二〇一〇年の証言だ。

かつて村人にとり、宗教と行政は一体化したものであった。その全体の運営を支えていたのが村役制で、メキシコ革命以後長年にわたりそれを取り仕切ってきたのが、二家族の村ボスであった。今や村長も、村ボスの指名ではなく村人の投票により選出され、村は行政単位として国家の末端組織として組み替えられた。つまり祭りや教会の管理のみが、カルゴの役割として分離されたのである。二〇一〇年、村ボス、サルバドール・

ロペス・カステジャノスは、九〇歳を超える生涯を閉じる。彼の死は、メキシコ革命以来つづいた村のあり方に幕が下ろされた、象徴的なできごとであった。莫大な遺産を相続した一族も、村の政治から手を引き、商取引の事業に専念しているようだ。

村が激変を繰り返すなかで、村ボスの意のままに翻弄されてきたロレンソだが、村の伝統を純朴に信じつづけていることは、今も変わらない。その彼にとって、長女の連れ合いパスクアルは、心の支えになってきたようだ。パスクアルは幼いころから、「熱い土地」でミルパ(トウモロコシ畑)の仕事や、トゥクストラで土木作業をこなしたのち、一〇歳のころからは、兄弟とともにフィンカ(コーヒー園)で働いた。そこで薬や衣類の行商をしていたラディーノの男と出会う。彼は通訳を探していたのだ。以来一四年、パスクアルはスピーカーを積んだ黄色い車に乗って、通訳として村々を渡り歩く。

「いいボスだったよ。わしの親父みたいだった。おかげで食糧も買えた。お袋に金を渡すこともできた。ところがある日、サン・フアン様の声が聞こえたんだ。「お前に贈り物がある。明日にはチャムーラに戻るように。」夢の中でだ。そこでボスに言った、仕事はもう続けられない、村へ戻るって。(10)」

村へ帰ってみると、ロレンソが長年務めていた教会の管理責任者サクリスタン・マヨールの仕事が待っていた。以来パスクアルは、ロレンソの後を継いで、二〇年以上にわたり教会の管理と祭り全般を取り仕切ることとなる。

図 53　ロレンソ(中央)とパスクアル　ロレンソ宅を背に．2019年9月4日．

「わしは越境はしなかったが、家は建てた。以前はレフレスコ(清涼飲料)やロウソク、ポッシュも売っていたが、もう商売はやめた。役職から離れたからだ。でも食うには困らない。わしももう七五歳だ。自分の歳を考えれば、マヨルドモやアルフエレスはやれない、馬にはもう乗れないから。」(11)

今は、村の最大の祭りカーニバルを取り仕切るアルフェレス・パシオンのヤフベティキル(長老・助言者)だ。そして息子のアルバロは、「幼きキリスト」に仕えるマヨルドモを務めている。パスクアルの家には、昔ながらの立派な祭壇が松脂香の煙に包まれている。

「わしは、ここにひざまずいて祈る

ときは、平和を、安寧を祈る。村は本当に静かになった。神様のお蔭だよ。プロテスタンテも役職を引き受けてくれるようになればと思う。それが村の伝統だからさ。一四八部落すべての伝統なのさ。」

こう語るパスクアルの傍らに、微笑みを浮かべ穏やかに頷くロレンソの姿があった。そして、フアニートが新婚時代を送ったロレンソ宅の隣の空き家では、几帳面に折りたたまれたパシオンの正装一式が、今もフアニートの帰りを待ちつづけている。

（1）Chis. 20150412-1 con Blanca Estela Guzmán López y sus hijos.
（2）Chis. 20190912-1 con Jovanni Pérez Guzmán y Sandra Guadalupe Guzmán López.
（3）Chis. 20190902 con Salvador Gómez Pérez.
（4）Chis. 20190904 con Lorenzo Pérez Jolote y Pacual Gómez Xilón.
（5）Chis. 20150410-1 con Lorenzo Pérez Jolote.
（6）Chis. 20150413 con Pedro Pérez Pérez.
（7）*La Jornada*, 2006. 02. 20.
（8）Chis. 20150410-1 con Lorenzo.
（9）Chis. 20100720 con Lorenzo Pérez Jolote y Pascual Gómez Xilón.
（10）Chis. 20190904 con Lorenzo Pérez Jolote y Pascual Gómez Xilón.
（11）Chis. 20190906 con Pascual Gómez Xilón y Lorenzo Pérez Jolote.

エピローグ

降りしきる火山灰に翻弄されたホテルのボーイ、フェルナンドは、その後どんな人生を歩んだのだろうか。エル・チチョンの噴火から二年後、彼は忽然とホテルから姿を消し、その後の消息はわからないままだ。しかし、彼の仕事仲間だったボーイのミゲルは、その後もずっと同じホテルで働きつづけ、結婚してからは、しばしば僕をスラム街の自宅に招いてくれた。村を追われたプロテスタントのチャムーラだったが、三〇年以上もの彼との付き合いをつうじて、スラム住民の生活の変化や、プロテスタントの実態の一部も見せてもらうことができた。しかし、彼と食事をともにしたのは、二〇一五年が最後。昨年の調査の際に、彼が五〇代の若さで病気で急逝したことを知らされた。

数年前、あのホテルは近代的な高級ホテルへと生まれ変わり、当時の面影はすでにない。しかしミゲルの長男へススは、ユカタン半島のリゾート・ホテルで働いていた経験を買われ、今は父親の後を継いで、同じホテルで働いている。その彼から、父親代わりに結婚式に出て欲しいと、嬉しい誘いがあった。会場はコロニア・デポルティーバと呼ばれる、サン・クリストバルの町でも最高級の住宅街の一角。広大なコロニア全体が防護壁で囲まれ、兵士と見まがう銃をかまえた警備員数人が入口を固め、有力政治家や著名な文化人の瀟洒な邸宅を警護している。

案内されたのは、いわゆる結婚式場でも教会でもなかった。会場は、時折りミゲルの家で食事をともにしたヘススの従兄の自宅。ほんの一五年ほど前までスラムの住民だった彼が、市長の邸宅の斜め前に豪邸を構えている。重厚な扉を開き大理石の玄関を入ると、パティオ(中庭)を埋め尽くした二〇〇人ほどのチャムーラの男女が、司式を担うペンテコステ派教会の牧師の説教に耳を傾けている。牧師がチャムーラなら、出席した女性は全員、チャムーラの民族衣装で着飾っている。

商取引の事業で大成功したという彼は、例外中の例外かもしれない。しかしそれにしても、離村インディオが、このコロニアの一角に豪邸を構えることを許されたとは！　征服以来都市がインディオに対して守り抜いてきた排他的な壁＝コロニアル・フロンティアが、ここまで崩れはじめているとは、思いもよらないことだった。

かつて町に移り住んだインディオは町に取り込まれ、たとえ貧困層にとどまったとしても、町の人間としての意識をもちはじめた。しかし今サン・クリストバルの町は、彼らを都市化する力を、ほぼ完全に失ったようだ。町に移住したインディオは、インディオであることをやめようとはしない。町で生まれ村の生活を知らない新世代のインディオがすでに多数を占める今も、彼らの言語も民族衣装も廃れる気配はない。

町のインディオは、親類縁者が住む出身村落との関係に加え、プロテスタント教会の会派単位のつながりを維持しながらも、政治面ではその枠を越えて、一体化した動きを見せることもある。膨大な人口に加え、彼らの組織の動員力は、当然既成政党の注目の的となる。一九九〇年代に入ると、当時の政権与党「制度的革命党」(PRI)をはじめ、二〇〇〇年の大統領選挙で七〇年にわたる一党独裁体制を打倒することとなる「国民行動党」(PAN)、そして、サパティスタと微妙な関係を維持しつつ躍進する「民主革命党」(PRD)が、離村インディオの取り込みに躍起となる。しかしインディオの指導者たちは、一時的に既成政党からの誘いを受け入れても、インディオとしての立場を放棄することはないようだ。逆にインディオ性を政治的武器に、既成政党への接近、離反を繰り返す。二〇〇一年の市長選挙では、史上はじめて、チャムーラ村出身の離村インディオ組織の指導者の一人が、既成政党とは関係なく立候補を表明するにいたった。州政府はその候補を逮捕、投獄して危機を乗り切るが、支配的社会の象徴でありつづけたサン・クリストバルは、この一件で政治的にも大きく揺らぎ始めた。今やコロニアル・フロンティアを楯に植民地的遺制に安住してきたこの町は、その遺制からの脱却を迫られつつあると言えるようだ。

都市の壁を乗り越えたインディオにとっては、今や米墨の国境を越えることすら当たり前の現実となった。米国に留まりつづけるチャムーラたちは果たして、チャムーラであることをやめるのだろうか。それとも、「アメリカのチャムーラ」あるいは「ラティーノ」の一員として米国社会に定着してゆくのか。同じ村出身者はペドロしかいないファニートの場合、スタテン島のグアテマラ人やその他中米諸国からやってきたイリーガルの人々と、村という枠組み、国という枠組みを越えた新たな集団を形成してゆくのか、それとも、サン・クリストバルの町へ、あるいは村へ戻ってくるのか。その可能性はいずれも否定できない。

すでに述べたように、村も激変を繰り返してきた。町へ移り住んだ人々からも、米国への越境者からも、村に届く外界の生々しい情報は一気に拡大する。教育も急速に普及し、チャムーラ村の場合、村全体で一校しかなかった小学校も、今では一〇〇を超える各部落に設置され、中学も高校も村の中にある。何よりも携帯電話の急速な普及は、村の人々と、越境者や町の人々との日常的な情報交換を可能にしている。こうした中で、かつての空間認識も、「我々の宗教」を軸とする村意識も、ともに大幅に変化した。二家族の村ボス支配の終焉やプロテスタントとの妥協は、その表われの一部だといえる。

ところで、大量の村人の外部世界への移動をはじめ、こうした村の変化は、果たしてインディオ共同体の危機を意味するのだろうか。短期的な現象として捉えるなら、「共同体の解体」「伝統の崩壊」といった短絡的な結論に陥り、歴史におけるその意味を見失うことになるだろう。まずは、今僕たちが目にする「伝統的な村」とは、征服によって再編され、近代化という長い歴史のなかで離合・集散を繰り返してきたという歴史を思い起こしたい。あえて極論するなら、今ある村は、時代の変化に応じて柔軟に自己を再編してゆく、仮の姿だといえる。そのような解釈が可能なら、大量の村人の都市への移動も米国への越境も、メキシコ革命によって空洞化された「村」の緊縛からの自己解放、さらに新自由主義という外圧に対する主体的な対応と捉えることができる。そして彼らは、移動する先々で柔軟にアイデンティティを再構成しながら、インディオとしての生活空間を一気に拡大しつつあると見て、まず間違いはなさそうだ。そして、ロレンソやパスクアルが大切に守り抜こうとしている「村」は、これからも恐らく、村を離れた人々の心のよりどころとして、光を灯し続けることとなるだろう。

しかし言うまでもなく、ここで紹介した植民地的秩序を象徴するコロニアル・フロンティアの危機的状況は、少なくとも現在の時点で、メキシコ社会全体の構造的変化として普遍化することはできない。

そもそも、サン・クリストバル市に限らず、「市民社会」の中核ともいえる近代都市は、つねに都市内部の被差別集団の存在を前提として成立してきた。そして近代国家も、国内外の「後進地域」＝〈南〉の存在があってはじめて発展を維持することができた。そのような理解に立つなら、そう簡単に都市も国家も、「インディオ社会」に対する差別的なフロンティアを放棄するとは思えない。現に今も、チアパスのインディオ社会は、基本的にメキシコの「最果ての〈南〉」であることに変わりなく、米国への越境者たちも、全く同じ状況にある。征服以来五〇〇年にわたる歴史のなかで固定化されてきた「インディオ社会」という「最果ての〈南〉」が、その歴史の重圧から解放されるには、この先も紆余曲折が予想される。サパティスタの運動やラテンアメリカ各地の先住民運動、さらに、近年のボリビアの試みに、その予兆が感じられるとはいえ、まだまだ先は長い。そして、歴史的差別の構造が存続するかぎり、インディオはインディオであることを放棄することもないだろう。

エル・チチョンは、その後噴火することもなく、今では火口にできた湖が、深いヒスイ色の水をたたえている。しかし火口湖周辺のあちこちからは、わずかに立ち上る噴煙とともに、地獄谷の煮えたぎる音がかすかに伝わってくる。今も、歴史の行く末をじっと見守っているかのようだ。

岩波現代文庫版あとがき

一九七九年以来、僕はチャムーラ村とロレンソ一家、そしてサン・クリストバルの町の変化を見つめつづけてきた。地方の歴史、個人の歴史というこの「小さな歴史」＝ミクロに焦点を絞ることによって、「大きな歴史」＝マクロはどのように見えてくるか、「大きな歴史」はどこまで相対化され、その行く末はどのように見えてくるのか、その可能性を追求してきた。この意図がどこまで叙述に反映できたか。それは読者の皆様の判断にゆだねる以外にない。

ロレンソとの出会いを機に、僕は文献研究からフィールドワークと聞き取りへと研究の主軸をシフトした。以来これまでの過程で確信を得たことがひとつある。それは、いかなる語りもいかなる過去の事実も、それらを取り巻いている「風景」の中にあるという問題だ。文献を基礎とする歴史学の叙述では、史料を支えているはずの「風景」が語られることはきわめて稀だ。まして、書き手の姿は、「客観的」とされる歴史叙述には登場しない。

「風景」とは、具体的な景色のみを意味するわけではない。語りの場に聞こえてくる雨音や羊の鳴き声、祭壇の香炉から立ちのぼる煙の香りや祈りの声、土間の囲炉裏ではじける薪の音や料理の匂い、さらには聞き手の僕の脳裏をよぎるざわめきや嘆きや叫び……。さらに、史実とは異なる「語り」、ひとつの「語り」とは対立する別の「語り」、語りのなかにしばしば登場する「間」や沈黙の緊張感……、そうしたすべてを「風景」として注目するなら、限られた史実のみで描かれる「客観的」歴史、「学術的」歴史より、生き生きとしたリアルな歴史の姿が浮かんでくる。フィールドワークとは、そうした風景に身をひたすことにこそ意味がある（清水透「風景のなかから、インディオとともに問いかける『エル・チチョンの怒り』」渡邊勲編『三十七人の著者　自著を語る』知泉書館、二〇一八年参照）。

ただ当然のことながら、時の流れとともに、語り手自身の価値基準も世界観も微妙に変化してゆく。語り手の彼らと同様、この四〇年で、僕自身の価値観、歴史観も変遷を遂げてきたはずだ。なかでも阪神・淡路大震災は、歴史学の意味について改めて考えなおす貴重な機会であった。そして、あの大震災と同じ年の娘の他界、さらにその後の自分自身の臨死体験は、歴史を〈いのち〉から再考する貴重な機会となった。その意味で本書には、語り手の彼らが生きた時代と僕が生きた時代がともに反映されており、双方の価値観の変遷とねじれが、叙述の背景に埋め込まれているはずだ。

フィールドワークを通じて練り上げてきた歴史の方法、そこにいくつかの限界があることも事実だ。四世代記を意識しながらも、ついにロレンソの次の世代の聞き取りはできないまま、彼の孫フアニートへと話は移行した。ロレンソの一人息子ドミンゴは、僕が調査を始めた直前に病死している。そしてロレンソの娘たちには、一対一の聞き取りに応じてもらうことは遂にできなかった。もし僕が女性だったなら、彼女たちの聞き取りもでき、女性からの視点を、歴史叙述に生かすことができたかもしれない。

個の語りにこだわり、長期にわたるフィールドワークをベースとする研究スタイルには、もうひとつの限界がある。二〇一九年の調査で、はじめて突きつけられた問題だ。ロレンソと接触したころ四二歳だった彼も、すでに八〇歳を超えた。やはり衰えは隠せず、耳はほとんど聞こえない。そこで、レコーダーの音量を最大にして、モニターから流れる音をイヤホンで聞いてもらう。すると皺だらけの顔に、ニッコリと笑顔、かつての生き生きとした語り口調が戻ってくる。しかし、僕の質問はどこへやら、若いころの思い出話が延々と繰り返され、なかなか会話は成立しない。懸命に過去の思い出にすがって生きようとしているかのロレンソ、村の激変から置き去りにされたかのような痛ましい姿がそこにあった。

生身の人間が生身の人間から話を聞き、生身の村を追い続けること、それは文献を基礎とする研究とは大きく異なる。僕は、四〇年間にわたり練り上げてきたこれまでの方法、その限界を突きつけられた思いを禁じえなかった。「潮時」という言葉がふと心をかすめた。ここで一呼吸入れて、この方法が従来の歴史学にいかなる問題を提起できたか、エスニック集団、「共同体」あるいは「民衆」の歴史におけるありかたをめぐって、新たな視座を提供できたか否かなど、じっくり反芻すべき時なのかと思う。

＊

第Ⅰ部の「あとがき」に当時までお世話になった人々の名を記させていただいた。本書はさらに多くの人々に支えられている。チアパスに関する歴史研究の基礎を築いたともいえるベルギー出身のジャン・デ・ボス。晩年のおよそ一〇年は、調査のたびに彼の自宅で生活を共にさせていただいた。定宿だったあのホテルのボーイ、ミゲル、そしてホテルのオーナー、ピネーダ家の家族とは三世代にわたりお世話になった。また、帰国前にフィールドワークの疲れをつねに癒して下さったのは、メキシコ市に住む齋藤清さんと奥様の洋子さんだ。言うまでもなく、ロレンソ一家の人々は、僕の研究生活を一貫して支えてくれた。そして、各章ごとに原稿を読み、その都度研究会で刺激的なコメントをくれた若手研究グループFOKUS研の面々は、僕の緊張感を支えつづけてくれた。さらに『ラテンアメリカ五〇〇年――歴史のトルソー』『インディオの村通い40年――〈いのち〉みつめて』の出版に続き、三〇年前の作品『エル・チチョンの怒り』に注目し、この増補版の企画を下さった岩波書店の入江仰さんにも、心から御礼申し上げたい。

本書の執筆の途中から、世界的な新型コロナの騒動が始まった。感染者、死者数で世界第一の米国では、最大の犠牲者が貧困層の黒人、ついでアメリカン・ネイティヴ、そのつぎが越境者を含むヒスパニックスだ。この「マイノリティ」集団をはじめとする貧困層に医療サービスを拡充しないまま、経済活動を優先するとは、コロナをおぞましいエスノサイド(民族浄化)に利用していると見做されても致し方あるまい。チアパスでは、急遽帰国した越境者から、感染が広まった可能性が強いという。感染が分かった途端村に入れてもらえず、医療機関からも処方を受けられず、村の外れで自殺したという悲惨な事件も伝わってくる。

今、ファニートは、ブランカと子どもたちは、パスクアルの息子たちは、そして無数の越境者のインディオは、この危機のもとでどうしているだろうか。いたたまれぬ思いを抱きつつ、彼らと、ロレンソをはじめ村の人々の無事を心から祈り、筆を置く。

二〇二〇年七月

清　水　透

本書について

•本書の第Ⅰ部は清水透『エル・チチョンの怒り――メキシコにおける近代とアイデンティティ(「新しい世界史」10)』(東京大学出版会、一九八八年刊)を、第Ⅱ部は清水透「砂漠を越えたマヤの民――揺らぐコロニアル・フロンティア」(増谷英樹・富永智津子・清水透共著『オルタナティヴの歴史学(「21世紀歴史学の創造」6)』(有志舎、二〇一三年刊所収)を、それぞれ底本としている。

•第Ⅰ部・第Ⅱ部ともに、全体にわたって底本に若干の加筆・修正を施した。とくに第Ⅱ部については章の構成も一部変更した。

•岩波現代文庫への収録に当たり、「まえがき」および「岩波現代文庫版あとがき」を新たに加えた。

増補 エル・チチョンの怒り
——メキシコ近代とインディオの村

2020年12月15日　第1刷発行

著　者　清水　透（しみず　とおる）

発行者　岡本　厚

発行所　株式会社　岩波書店
〒101-8002 東京都千代田区一ツ橋 2-5-5

案内 03-5210-4000　営業部 03-5210-4111
https://www.iwanami.co.jp/

印刷・精興社　製本・中永製本

ISBN 978-4-00-600427-9　　Printed in Japan

岩波現代文庫創刊二〇年に際して

二一世紀が始まってからすでに二〇年が経とうとしています。この間のグローバル化の急激な進行は世界のあり方を大きく変えました。世界規模で経済や情報の結びつきが強まるとともに、国境を越えた人の移動は日常の光景となり、今やどこに住んでいても、私たちの暮らしは世界中の様々な出来事と無関係ではいられません。しかし、グローバル化の中で否応なくもたらされる「他者」との出会いや交流は、新たな文化や価値観だけではなく、摩擦や衝突、そしてしばしば憎悪までをも生み出しています。グローバル化にともなう副作用は、その恩恵を遥かにこえていると言わざるを得ません。

今私たちに求められているのは、国内、国外にかかわらず、異なる歴史や経験、文化を持つ「他者」と向き合い、よりよい関係を結び直してゆくための想像力、構想力ではないでしょうか。

新世紀の到来を目前にした二〇〇〇年一月に創刊された岩波現代文庫は、この二〇年を通して、哲学や歴史、経済、自然科学から、小説やエッセイ、ルポルタージュにいたるまで幅広いジャンルの書目を刊行してきました。一〇〇〇点を超える書目には、人類が直面してきた様々な課題と、試行錯誤の営みが刻まれています。読書を通した過去の「他者」との出会いから得られる知識や経験は、私たちがよりよい社会を作り上げてゆくために大きな示唆を与えてくれるはずです。

一冊の本が世界を変える大きな力を持つことを信じ、岩波現代文庫はこれからもさらなるラインナップの充実をめざしてゆきます。

（二〇二〇年一月）